U0509718

杜仲产业绿皮书

GREEN BOOK OF
EUCOMMIA INDUSTRY

中国杜仲橡胶资源与产业发展报告（2014~2015）

THE REPORT ON DEVELOPMENT OF CHINA'S EUCOMMIA
RUBBER RESOURCES AND INDUSTRY (2014-2015)

顾　问／李景源　张守攻　胡恒洋　孙伟平　李芳东
主　编／杜红岩　胡文臻　俞　锐
副主编／乌云塔娜　李　钦

社会科学文献出版社
SOCIAL SCIENCES ACADEMIC PRESS（CHINA）

图书在版编目（CIP）数据

中国杜仲橡胶资源与产业发展报告. 2014~2015/杜红岩，
胡文臻，俞锐主编.—北京：社会科学文献出版社，2015.1
（杜仲产业绿皮书）
ISBN 978-7-5097-6902-7

Ⅰ.①中…　Ⅱ.①杜…　②胡…　③俞…　Ⅲ.①杜仲胶-
产业发展-研究报告-中国-2014~2015　Ⅳ.①F326.23

中国版本图书馆 CIP 数据核字（2014）第 289373 号

杜仲产业绿皮书
中国杜仲橡胶资源与产业发展报告（2014~2015）

主　　编/杜红岩　胡文臻　俞　锐
副 主 编/乌云塔娜　李　钦

出 版 人/谢寿光
项目统筹/王　绯
责任编辑/赵慧英

出　　版/社会科学文献出版社·社会政法分社（010）59367156
　　　　　地址：北京市北三环中路甲 29 号院华龙大厦　邮编：100029
　　　　　网址：www.ssap.com.cn
发　　行/市场营销中心（010）59367081　59367090
　　　　　读者服务中心（010）59367028
印　　装/北京季蜂印刷有限公司

规　　格/开　本：787mm×1092mm　1/16
　　　　　印　张：20.25　字　数：325 千字
版　　次/2015 年 1 月第 1 版　2015 年 1 月第 1 次印刷
书　　号/ISBN 978-7-5097-6902-7
定　　价/85.00 元

皮书序列号/B-2013-316

国情调研重大项目杜仲项目课题组

组长、专家委员会主任　李景源

第一副组长、专家委员会副主任　孙伟平

副组长、专家委员会副主任　胡恒洋　黎云昆　李芳东　杜红岩　胡文臻

俞　锐　刘举科　朱廷春（特邀）

于川信（特邀）　赵洪利（特邀）

刘金会　李银环　吴进才（特邀）

路传军　谢春华　舒泽南

国情调研杜仲橡胶项目调研办公室主任　胡文臻
国情调研杜仲橡胶技术应用办公室主任　杜红岩
专家委员会专家组成员　李景源　胡恒洋　孙伟平　杨通进　黎云昆

李芳东　杜红岩　严瑞芳　胡文臻　乌云塔娜

李　钦　俞　锐　刘举科　刁兆峰　朱廷春(特邀)

于川信（特邀）　赵洪利（特邀）　刘金会

李银环　路传军　程光德　高均凯　李英华

李艺英　王　绯　周　琼　于晓霞　舒泽南

滕晓萍　单永莉　陈　剑

国情调研杜仲橡胶项目调研办公室　中国社会科学院社会发展研究中心
　地址：北京　联系人：胡文臻
杜仲培育技术应用研究办公室　国家林业局杜仲工程技术研究中心
　地址：郑州　联系人：杜红岩
《中国杜仲橡胶资源与产业发展报告（2014－2015）》编辑部　郑州
　暂设在中国林业科学研究院经济林研究开发中心
　联系人：杜红岩　胡文臻

电话：0371 – 86139032

组稿邮箱：duzhchylpsh@126.com

中国杜仲项目行业管理机构　北京　中国林产工业协会杜仲产业分会（筹备审批中）

　　　　　　　　　　　　　　负责人：黎云昆

国情调研杜仲项目创新工程与实践研究办公室主任　胡文臻　杜红岩

杜仲橡胶资源种植造林碳汇管理项目组组长　闫文德　俞　锐

技术研究与实践应用专业组：

1. 杜仲橡胶树种植培育技术组负责人：杜红岩　乌云塔娜

2. 杜仲橡胶技术民品应用组负责人：杜红岩　胡文臻　刘金会（相关橡胶企业集团专家名单略）

3. 杜仲橡胶军民品应用技术组负责人：于川信（特邀）　赵洪利（特邀）　朱廷春（特邀）　杜红岩　胡文臻　刘金会　俞　锐　单永莉（根据应用需要邀请军民品科研机构专家）

4. 杜仲橡胶培育与应用标准检测实施负责人：杜红岩　胡文臻　刘金会

5. 生态资源环境建设组负责人：闫文德　胡文臻　杨通进　周　琼　于晓霞　赵慧英　胡若音（邀请相关科研机构专家、学者、研究生参与研究）

6. 企业投资建设杜仲橡胶资源新品种培育基地负责人：杜红岩　乌云塔娜　李银环　刘金会　俞　锐　高瑞文　赵海宇　胡文健

7. 杜仲新造林碳汇管理项目评估报告负责人：闫文德　胡文臻　杜红岩　俞　锐

8. 杜仲橡胶资源新品种培育项目和企业申报国家扶持项目（资金）可行性研究、评估（推荐）组成员：杜红岩　闫文德　胡文臻　谢春华　乌云塔娜　李　钦（依据国家规定申报程序，邀请相关部委评审专家评审）

国家林业局杜仲工程技术研究中心理事长单位：

　　中国林业科学研究院经济林研究开发中心

国家林业局杜仲工程技术研究中心副理事长单位：

　　中国社会科学院社会发展研究中心、河南大学药学院、山东贝隆杜仲生

物工程有限公司、上海华仲檀成杜仲种植科技开发有限公司、甘肃润霖杜仲种值产业开发有限公司、

　　国家林业局于 2012 年 6 月 25 日组织专家评审通过成立"国家林业局杜仲工程技术研究中心"，2013 年 1 月 13 日下文批复成立"国家林业局杜仲工程技术研究中心"，与中国林业科学研究院经济林研究开发中心合署办公。

中国社会科学院国情调研杜仲项目课题组、

国家林业局杜仲工程技术研究中心科研组、专家联合工作组：

1. 社会科学研究杜仲项目专家工作组。组长：李景源。副组长：孙伟平，黎云昆，胡恒洋、杜红岩，胡文臻（兼杜仲项目推动协调办公室主任），俞锐。成员邀请各部委、机构、科研院所（含军队系统）、地方政府专家、学者、领导及企业负责人（名单略）。办公室设在中国社会科学院社会发展研究中心。

2. 杜仲产业项目科学研究专家工作组。组长：李芳东。副组长：杜红岩（兼杜仲项目推动协调办公室主任）、乌云塔娜、李钦、胡文臻。成员邀请各部委、机构、科研院所（含军队系统）、地方政府专家、学者、领导及企业负责人（名单略）。办公室设在中国林业科学研究院经济林研究开发中心、国家林业局杜仲工程技术研究中心。

3. 企业投资推动杜仲项目建设专家协调组。组长：胡文臻、杜红岩。副组长：高瑞文、刘金会、赵海宇、舒泽南。项目实施及杜仲产品产供销经营监管：杜兰英、孙志强（经济林中心），唐复勋、曹俊海（润霖公司），俞锐、陈刚、徐婉球（上海华仲檀成公司），路传军（金寨农林公司），浦苑（湖北杜仲橡胶资源培育投资公司），舒泽南、陈剑、滕晓萍、舒靖（湖南省长沙杜仲种植苗木基地）（其他相关企业成员名单略）。

4. 杜仲项目科研、生产加工、销售法律监督指导：国情调研杜仲橡胶项目课题组严格要求投资企业遵守国家产业项目投资建设法律法规，自愿考察投资建设，接受地方政府的监管，遵守合作研究科研单位的合同，接受合理化建议。建议聘请法律部门专家指导、规范运行。

国情调研重大项目杜仲项目
专家委员会主要成员简介

以成立课题组，邀请、推荐相关专家加入研究指导时间顺序排列

李景源　全国政协委员，中国社会科学院学部委员，中央马克思主义研究工程首席专家，中国社会科学院文化研究中心主任、研究员、博士生导师。国情调研重大项目杜仲项目课题组组长。

孙伟平　中国社会科学院机关党委副书记（正局级），中国社会科学院社会发展研究中心主任，研究员，博士生导师。国情调研重大项目杜仲项目课题组第一副组长。

胡文臻　中国社会科学院社会发展研究中心副主任，中国社会科学院文化研究中心副主任、副研究员、特约研究员。国情调研重大项目杜仲项目课题组副组长兼项目调研办公室主任。

杜红岩　我国著名杜仲橡胶资源培育专家，中国林业科学研究院经济林研究开发中心（国家林业局杜仲工程技术研究中心）副主任、研究员、博士生导师。国情调研重大项目杜仲项目课题组副组长兼技术应用办公室主任。

胡恒洋　国家发展和改革委员会农经司副司长（正司级），研究员。国情调研重大项目杜仲项目课题组副组长。

杨通进　中国社会科学院哲学所研究员，中国社会科学院社会发展研究中心副主任，博士生导师。联合国环境伦理专家组成员。国情调研重大项目杜仲项目专家组成员。

黎云昆　国家林业局造林司司长，国家林业局科技中心原主任，高级工程师，国情调研重大项目杜仲项目课题组副组长。

李芳东　中国林业科学研究院经济林研究开发中心（国家林业局杜仲工程技术研究中心）主任，研究员，博士生导师。国情调研重大项目杜仲项目课题组副组长。

李银环　河南恒瑞源实业有限公司（汝州杜仲基地）董事长。

刘金会　甘肃润霖杜仲种植产业开发有限公司董事长。

俞　锐　上海华仲檀成杜仲种植科技开发有限责任公司董事长，杜仲种植和杜仲橡胶联合研究（与中国林科院经济林研究中心合作）、杜仲饲料研究、新杜仲造林碳汇模块与方法研究总经理。国情调研重大项目杜仲项目课题组副组长。

乌云塔娜　女，中国林业科学研究院经济林研究开发中心（国家林业局杜仲工程技术研究中心）教授，首席专家，博士生导师，长期开展杜仲育种研究。

李　钦　河南大学药学院院长，教授，研究生导师，长期开展杜仲中药与保健品研究与开发。

闫文德　南方林业生态应用技术国家工程实验室主任，中南林业科技大学教授，博士生导师，长期从事森林生态与碳汇研究。

严瑞芳　中国科学院化学研究所研究员，杜仲橡胶专家。

刁兆峰　武汉理工大学管理学院副院长，教授，博士生导师，国情调研重大项目杜仲项目课题组专家委员会副主任。

刘举科　甘肃城市发展研究院副院长，兰州城市学院常务副院长，教授。《中国生态城市建设发展报告》主编。国情调研重大项目杜仲项目课题组专家委员会副主任。

王　绯　女，社会科学文献出版社政法分社社长，高级编审。

高天鹏　《中国生态城市建设发展报告》主编助理，兰州城市学院科研处处长、教授。

朱廷春（特邀）　国防大学军队建设与军队政治工作教研部教授，博士，研究生导师，军队政治工作教研室副主任，大校军衔。国情调研重大项目杜仲项目课题组副组长兼杜仲橡胶军民品应用技术组副主任。

于川信（特邀）　中国军事科学院军队建设研究部国防综合研究室主任；军民融合研究中心秘书长，研究员，博士生导师，管理学博士，举办三届全国全军军民融合式发展论坛。国情调研重大项目杜仲项目课题组副组长兼杜仲橡胶军民品应用技术组副主任。

赵洪利（特邀）　中国卫星发射测控系统部通信部部长，教授、博士生导师，国情调研重大项目杜仲项目课题组副组长兼杜仲橡胶军民品应用技术组副主任。

吴进才（特邀）　国务院军转干部培训中心处长，国情调研重大项目杜仲项目课题组副组长成员。

舒泽南　湖南九九慢城实业有限公司董事长。

（参与研究的相关部委、科研单位院校专家、研究生简介名单略）

《中国杜仲橡胶资源与产业发展报告（2014~2015）》编委会

主要编撰者简介

主　编

杜红岩　《中国杜仲橡胶资源与产业发展报告（2014～2015）》主编，中国林业科学研究院经济林研究开发中心（国家林业局杜仲工程技术研究中心）副主任，研究员，博士生导师。国情调研重大项目杜仲项目课题组副组长。

胡文臻　《中国杜仲橡胶资源与产业发展报告（2014～2015）》主编，中国社会科学院社会发展研究中心副主任，特约研究员；中国社会科学院文化研究中心副主任，副研究员。国情调研重大项目杜仲项目课题组副组长。

俞　锐　上海华仲檀成杜仲种植科技开发有限责任公司董事长，国情调研重大项目杜仲项目课题组副组长。

副主编

乌云塔娜　女，《中国杜仲橡胶资源与产业发展报告（2014～2015）》副主编，中国林业科学研究院经济林研究开发中心（国家林业局杜仲工程技术研究中心）研究员，首席专家，博士生导师。

李　钦　《中国杜仲橡胶资源与产业发展报告（2014～2015）》副主编，河南大学药学院院长，教授，研究生导师。

摘 要

杜仲是我国十分重要的国家战略储备资源。近年来，我国在杜仲橡胶资源培育和产业发展方面取得了长足的发展，也得到了社会各界的广泛关注。特别是2013年《杜仲产业绿皮书》首次发布以后，新华社、中央电视台、《人民日报》、《光明日报》、中国网等30家新闻媒体给予了极大关注与支持。杜仲产业发展得到了国家有关部委的普遍重视，也受到了社会的空前关注，一些大型企业对参与杜仲产业发展表现出浓厚兴趣，民间资本要求参与杜仲产业发展的呼声越来越高。杜仲果园化高效栽培等新型杜仲橡胶资源培育技术逐步得到有关部门的关注。

一年多来，我国杜仲核心研究团队取得了重要研究成果：（1）在木本植物上首次将第三代测序技术与第二代测序技术有机结合，完成了杜仲全基因组精细图绘制（这是我国完成的第一个天然橡胶植物基因组精细图，也是世界上第一个木本药用植物基因组精细图），将杜仲作为橡胶用和木本药用植物的模式植物，搭建了分子遗传学和育种研究的关键技术平台，对杜仲研究具有里程碑意义；（2）大型图片型专著《中国杜仲图志》出版发行，《图志》紧密结合我国杜仲产业化开发的需要，首次以图片的形式，全面系统、以文解图、以图释文、通俗易懂地介绍了我国最新的杜仲研究成果，对新型杜仲橡胶资源培育与产业发展具有良好的指导作用；（3）在杜仲橡胶资源培育和综合利用技术方面，多个杜仲良种通过国家级和省级审定，同时研发出一批具有良好产业化前景的专利技术和专有技术成果，积极推动了杜仲产业的持续健康发展。

但是新型杜仲橡胶资源培育基地建设依然缓慢，缺乏大型企业推动，国家在杜仲产业政策和资金等方面支持力度明显不足，这已经成为影响杜仲产业发展的最关键瓶颈问题，快速培育新型杜仲橡胶资源是今后一段时间杜仲产业发展最重要的环节，迫在眉睫。我国杜仲产业发展过程中的科技支撑能力和科技支持力度也亟待加强。报告提出了我国新型杜仲橡胶资源培育与产业发展的指导意见。

序　言

李景源　孙伟平

杜仲是我国特有的"化石级"树种，其产业开发前景不可限量。近年来，杜仲橡胶资源培育和产业发展取得了长足的进步，也得到了社会各界的广泛关注和大力支持。在全国人大、政协"两会"期间，全国政协委员李景源研究员三次牵头提出促进杜仲产业发展的提案，得到相关部门的高度重视。中国社会科学院杜仲项目国情调研组长期跟踪调研杜仲产业发展状况，推动了杜仲橡胶新品种资源的种植培育工作，并获得了国家发改委、国家林业局（包括中国林业科学研究院）等部委的大力支持，逐步探索出一条跨学科合作研究、推动重大社会现实问题解决的新路径。2013年《杜仲产业绿皮书》首次发布后，新华社、中央电视台、《人民日报》、《光明日报》、中国网等300多家新闻媒体及时报道，在社会上引起了极大关注。

2014年，我国杜仲事业迎来了快速发展的关键一年。

2014年3月"两会"期间，全国政协委员、中国社会科学院学部委员、杜仲项目国情调研组组长李景源研究员向全国政协提交了"关于尽快成立'杜仲产业发展办公室'的建议"的提案。2014年5月，国家林业局和中国社会科学院联合召开了杜仲产业发展座谈会，专题研究杜仲产业的发展问题。会议充分肯定了杜仲产业发展的战略意义，并就建立国家杜仲橡胶战略储备制度、加强杜仲产业调研、成立杜仲产业发展办公室、完善杜仲工程技术产业科技创新体系、加强国家杜仲工程中心和杜仲产业联盟等平台建设、将杜仲产业研发纳入国家重大科技支撑计划、进一步加大对杜仲产业的科技支撑等进行了深入讨论。同时，国家林业局造林司与科技司协商，由造林司、中国林业科学研究院经济林研究开发中心（国家林业局杜仲工程技术研究中心）、河南省林业厅组成联合调研组对杜仲产业进行调研，撰写调研报告呈报国家林业局有关

领导。国家林业局赵树丛局长等主要领导对杜仲产业发展做出重要批示，由国家林业局计资司牵头制定杜仲产业发展规划，整体谋划杜仲产业发展。这一切对指导和推动我国杜仲产业持续健康快速发展具有十分重要的意义。

以中国林业科学研究院经济林研究开发中心为核心的杜仲研究团队，30年来一直执着于杜仲理论和产业开发研究。一年多来，研究团队在中国社会科学院社会发展研究中心支持下，整合力量，"重拳出击"，锐意创新，又取得了一系列重要研究成果：完成了世界上首个"杜仲全基因组精细图绘制"，这是世界上第一个天然橡胶植物基因组精细图，也是第一个木本药用植物基因组精细图，将杜仲作为橡胶用和木本药用植物的模式植物，搭建了分子遗传学和育种研究的关键技术平台，对杜仲研究及产业发展具有里程碑意义；出版了大型图片型专著《中国杜仲图志》，首次以图片的形式，全面系统介绍了杜仲育种、高效栽培、综合利用与产业化开发等方面的最新研究成果；此外，还发表了一大批研究杜仲产业发展的专著、论文，专利申报等也捷报频传。

为了攻克杜仲橡胶利用的难题，以中国林业科学研究院经济林研究开发中心为核心的杜仲研究团队，在杜仲定向育种、栽培模式与高效培育技术创新、资源综合利用、产品研发等领域取得了多项重大成果。团队对杜仲资源培育方式进行了革命性的创新，杜仲产业发展方式由粗放、低产、低效、单一转向精细、高产、高效、综合，为传统杜仲产业向现代杜仲产业转变和持续健康发展提供了强有力的科技支撑。这方面取得的主要研究成果有：（1）坚持科学育种，已审定推广一批定向培育的杜仲优良品种；（2）创新栽培模式，解决了杜仲资源产业化利用的瓶颈制约；（3）重视产品研发，为杜仲资源综合利用找准市场定位；（4）跨界协作攻关，杜仲产品的应用领域得到不断延伸；（5）以企业主导、综合利用为基础建设现代杜仲产业资源培育基地，切实保护农民利益不受损害。

国家林业局杜仲工程技术研究中心组建了以中国林业科学院经济林研究开发中心和中国社会科学院社会发展研究中心专家为核心的技术、调研支撑专家团队，是新品种杜仲橡胶资源种植培育、设计评估、规划研究的权威机构，负责全国"国审杜仲良种"橡胶资源的种植培育的技术应用与推广和杜仲产业的规划发展。对各地推荐的具备条件的杜仲产业相关企业，经专家组对土地、环境进行科学评估后，中心进行适宜的新品种配置，开展科学、合理的杜仲橡胶资源培育种植及高效栽培技术的应用推广。

自 2013 年首部《杜仲产业绿皮书》发布以来，杜仲产业受到了社会的空前关注，一些大型央企对参与杜仲产业发展表现出浓厚兴趣，民间资本要求参与杜仲产业发展的呼声越来越高。通过到中国林业科学研究院经济林研究开发中心及其示范基地参观学习，有关领导、专家和企业家对杜仲的传统认识发生了根本性的改变，各地对发展新型杜仲橡胶资源充满信心。目前，国家林业局杜仲工程技术研究中心、中国林科院经济林研究开发中心重大科研成果国审杜仲良种橡胶资源培育基地在河南、山东、甘肃、安徽、河北、湖南等杜仲产区开始加速发展。

以杜仲项目国情调研课题组的研究为基础，相关方面通力合作，探索出了一种自然科学与社会科学紧密结合的跨学科研究模式，开辟了一条杜仲事业发展的新道路。这是加强杜仲橡胶资源培育、促进杜仲产业和杜仲造林碳汇发展的科学途径与方法，更加科学、合理地推动了杜仲事业的快速发展。

当然，由于现代杜仲产业是一个"新事物"，可资借鉴的经验不多，在发展过程中还存在不少亟待解决的问题：（1）符合现代杜仲产业发展的新型杜仲橡胶资源严重不足，这已成为制约杜仲产业发展最主要的瓶颈因素；（2）企业发展杜仲产业的积极性日渐高涨，但有些地方政府尚持观望态度，这是影响杜仲产业发展的又一重要因素；（3）关联产业、消费者对杜仲的价值及应用前景尚未形成广泛共识；（4）杜仲橡胶及其综合利用技术有待突破，产品与市场尚未有效对接，产业集聚及专业化分工协作有待整体谋划。

解决上述问题，推动杜仲事业健康发展，需要社会各界多方协作，群策群力。其中，建立杜仲橡胶国家储备制度、培育新型杜仲橡胶资源，对于满足天然橡胶资源巨大需求，扭转我国天然橡胶严重受制于人的局面，维护国家安全，促进我国经济社会可持续发展具有深远的意义。而建立杜仲橡胶战略储备制度，核心是资源培育，重点应从以下三个方面入手：（1）加强新型杜仲良种与高效栽培技术的推广，建立符合现代杜仲产业需求的新型杜仲橡胶资源培育基地；（2）大力支持杜仲橡胶系列产品研发及产业化；（3）储备杜仲橡胶产品。我们认为，可由国家发改委、中国海关等部门制定政策，明确禁止天然

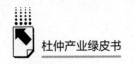
杜仲橡胶出口，并按照天然杜仲橡胶年需求量的 30% 储备相关产品。

综合来看，当今杜仲事业已迎来了最好的发展时期，国务院和有关部委空前重视，新杜仲良种不断涌现，新技术不断突破，企业和社会的关注参与度迅速提高，杜仲产业正发挥前所未有的生态、经济、文化和社会效益。我们衷心希望《杜仲产业绿皮书》（2014～2015）的出版，将对我国新型杜仲橡胶资源培育与产业发展起到有力的推动作用，为实现杜仲产业的综合效益，实现中华民族伟大复兴的中国梦，贡献广大杜仲人的一份力量。

2014 年 11 月 26 日

目 录

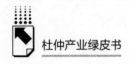

ⅡGⅡ　分报告

ⅢGⅢ　专题报告

ⅣGⅣ　质量标准

Ｇ Ⅴ　提案与案例

Ｇ Ⅵ　附录

皮书数据库阅读使用指南

总 报 告

General Report

G.1
中国杜仲橡胶资源培育与产业发展报告

叶 智 孙伟平 朱廷春 杜红岩 胡文臻 俞 锐

一 发展新型杜仲产业是我国发展生态资源经济的战略需要

生态资源经济是生态经济与资源经济的结合，是既有利于生态环境又可扩大资源范围的新型经济形态。在全球化资源紧张、环境恶化的背景下，大力发展生态资源经济无疑具有重要的战略意义。

杜仲是我国特有的林业树种，它除了具有其他林业树种的绿化、碳汇等生态功能，还具有极高的食用价值和药用价值，同时能够生产和提供工业用橡胶资源，是可以发展生态资源经济的为数不多的物种之一。

（一）生态农业是国家经济发展的重要内容

农业是国家发展的基础，为人类生活提供必需的生存条件和环境。农业建设与发展的好坏直接影响国民经济发展的全局。农业是国民经济中最基本的物

质资料生产的基础，是工业、消费与服务业以及非物质生产发展的基础。

据相关资料的介绍，我国工业活动中，直接由农业提供的原料约占全部加工工业原材料的46%，约占加工轻工业原材料的72%。其中重工业中的合成橡胶来自石油，橡胶工业的原材料来自三叶橡胶树的种植与采割；轻工业中的药品、食品、纺织、皮革、烟酒业等所用的原材料也分别来自粮食、树木、烟叶、动物等农产品。

近年来，在全球气候变化加剧、环境恶化的大背景下，发展生态农业、建设生态文明、创造美好生活环境成为我国政府与国民的共识，生态农业成为今后农业发展的主要方向。十八大提出的加快"生态文明建设"的国策，为我国加快生态农业发展提供了政策支持。

生态农业，是相对于传统农业来说的，指的是在保护、改善农业生态环境的前提下，遵循生态学、生态经济学规律，运用系统工程方法、现代科学技术，集约化经营的农业发展模式，是能够获得较高的经济效益、生态效益和社会效益的现代化农业。

习近平总书记十八大以来关于"三农"问题的系列重要讲话，对发展新形势下的生态农业提出了很多新理念、新论断、新举措。习近平总书记反复强调要有战略思维，要胸怀大局、把握大势、着眼大事，从定国安邦的高度认识粮食安全问题、农业发展问题。

从全面建设小康社会的高度来认识，生态农业不仅对解决环境问题有巨大作用，也是解决农业增收问题的重要途径，是积极解决"三农"问题的有效手段。因此说，生态农业是国家经济发展的重要内容。

（二）培育杜仲生态产业链符合生态农业发展和生态资源经济发展的要求

从广义上说，生态林业属于生态农业的范畴，是生态农业的一个重要类别，因此，发展生态林业是建设生态农业、实践生态文明的重要内容。积极培育杜仲生态产业链则是我国发展生态林业的重要组成部分。

杜仲不仅具有一般树种都具有的生态价值，还具有食用、药用等农业价值以及杜仲橡胶等工业价值，可以作为一种重要的生态资源，满足发展生态资源经济的要求。

1. 杜仲的生态价值

作为一种生态植物，杜仲多生长于海拔 300～500 米的低山、谷地或低坡的疏林里，对土壤的选择并不严格，适应性广，在我国 27 个省、自治区、直辖市都可以种植。另外，最近完成的杜仲全基因组测序工作发现，杜仲基因组中拥有耐热、抗寒、抗旱、耐水涝、抗盐碱、抗虫、抗病等逆境胁迫相关基因和转录因子，因此，杜仲的天然虫害、病害极少，只有一种天然虫害，易于管理。且杜仲树形美观，适宜作为城市观赏树种或行道树。杜仲还可大量吸收空气中的二氧化硫和氯气等有毒有害气体，因而具有较高的生态价值。

2. 杜仲的农业价值

杜仲全身都是宝，含有少量蛋白质，是和绝大多数食品类似的完全蛋白，即能够水解检出对人体必需的 8 种氨基酸，还含有目前能够测定出的 15 种矿物元素，如锌、铜、铁等微量元素，及钙、磷、钾、镁等宏量元素。因此，杜仲具有很高的药用价值和食用价值。药用方面，杜仲能补肝肾、壮腰膝、强筋骨、安胎，对人体健康大有裨益。食用方面，杜仲可以用来煎汤、泡药酒、入菜肴。近年来，相关企业研制出杜仲鸡蛋、杜仲茶、杜仲饲料等新型杜仲产品，使杜仲的价值得到进一步的发挥。而种植杜仲，也能够给相关农户带来可以预期的丰厚的经济回报，有助于相关地区三农问题的更好解决。

3. 杜仲的工业价值

杜仲的工业价值主要指杜仲橡胶资源可预期的广泛应用带来的价值。杜仲树的皮、果、叶的橡胶含量都很高，而且橡胶质量好，特色鲜明，非常有希望代替传统三叶橡胶，结束我国橡胶工业长期大量依赖进口的局面。但由于长期以来杜仲胶的提取、加工等工艺不成熟，杜仲的橡胶资源价值一直未受到应有的重视。随着科技的不断发展进步，目前杜仲橡胶的提取、加工技术已经有了关键性突破，为将来杜仲橡胶的广泛应用奠定了基础。因而杜仲工业价值的实现有着极其光明的前景。

综上，杜仲作为一种有多种应用价值的树种，更具有发展生态资源经济的战略价值，值得大力推广。

（三）杜仲生态资源经济的发展

杜仲是我国的特有树种，欧洲、日本等国家和地区虽也有栽培，但数量极少，目前我国的杜仲栽培面积占世界杜仲资源总面积的99%以上。事实证明，我国适合种植杜仲的地理区域非常广泛，而另一方面，要满足用杜仲橡胶充分代替三叶橡胶，实现我国橡胶工业的战略转型，目前的杜仲种植资源远远不够（据估计，约需要300万公顷的杜仲种植面积，而我国目前仅有36万公顷，存在约90%的缺口）。因而，我国发展杜仲生态资源经济具有天然优势。

不过，我国杜仲产业的全面发展目前还存在几个方面的阻碍因素：第一，杜仲橡胶的制取、应用，多种杜仲产品的开发、推广仍有很多技术问题需要进一步深化研究，需要加大科技支撑力度，但目前从事杜仲专业化研究的团队较少、力量较为薄弱，相关人才非常缺乏。第二，要大量扩充杜仲的种植面积，大力发展杜仲相关产业，在土地政策、企业支持等方面都需要相关政府部门给予协调、配合，仅靠现有科研部门的力量远远不够。第三，我国过去的杜仲种植与产业化经营大都以杜仲药材应用为主，运作方式较为粗放，不适应发展杜仲产业、提高各种特色杜仲产品产量的需要。

因此，发展杜仲生态资源经济应从以下几个方面着手。

1. 尽快转变杜仲培育模式，根据发展目的，对现有杜仲资源尽快实施改造或重新培育新品种，采用果园化栽培模式、雄花园栽培模式、叶用林栽培模式、材药兼用栽培模式、立体经营模式以及杜仲嫁接繁育技术、杜仲剥皮再生技术、主要病虫害防治技术等一系列新技术，提高杜仲的生长质量以及杜仲各种有用资源的利用效率。

2. 加快相关企业的培育。杜仲产业快速发展的各个环节，不论是杜仲橡胶新品种的种植，还是杜仲产品的开发、生产和推广应用，都离不开相关企业的参与和推动。企业作为市场活动的主体，在合理利润的驱动下，最有可能通过各种措施实现资源的合理配置，推动产业的快速成长。杜仲生态资源经济体系的培育目前仍处于起步阶段，更需要各类相关企业的积极参与。相关部门应加大推广宣传力度，让更多的企业充分认识到杜仲资源的价值和盈利空间，积极推动杜仲产业的进一步发展。

3. 加快相关人才的培养力度。人类社会中的各种活动，都需要有合适的人来具体执行和实施。杜仲产业的发展，需要有强有力的科研力量给予足够的支撑。在作物种植、企业生产大力发展的同时，如果没有相关科学研究的及时跟进，很可能形成由于关键因素的短板效应产业不能整体有效推进的局面。因此，应加快相关人才的选拔与培养，吸引更多的相关人才到相应的企业、科研院所学习和工作，为杜仲生态资源经济体系的培育奠定坚实的科技基础。

4. 继续争取政府部门的大力支持。在我国社会主义市场经济体制的运行模式下，政府在资源调配、部门之间关系协调等方面有着其他组织和部门无法替代的功能和力量。杜仲产业在今后快速发展的过程中，土地资源的使用、相关科研力量的加强、相关企业培育等方面都需要相应政府部门给予资金、政策等方面的大力支持。要让相应部门意识到杜仲生态资源经济体系对我国国民经济建设和国家安全的重大战略意义，及早对杜仲产业的发展做出规划部署，推动杜仲产业的快速发展。

5. 继续加强国情调研杜仲项目组跨学科研究的力量，在保证质量、实现杜仲橡胶新品种培育总目标的建设中，重视生态资源经济体系建设中生态区域、生态文化、生态消费等核心问题研究。

二 我国新型杜仲橡胶资源培育与科技支撑能力评价

杜仲作为我国十分重要的国家战略储备资源，近年来在杜仲橡胶资源培育和产业发展方面取得了长足的进步，也得到了社会各界的广泛关注，特别是2013 年《杜仲产业绿皮书》首次发布以后，新华社、中央电视台、《人民日报》、《光明日报》、中国网等 30 家新闻媒体给予了极大的关注和支持，各地300 多家网络媒体和地方媒体给予了关注和报道。杜仲产业发展也得到了国家有关部委的普遍重视。2014 年 5 月，国家林业局召开杜仲产业发展座谈会，专题研究杜仲产业的发展。国家林业局有关领导做出重要批示，要求经过充分研究后，制定杜仲产业发展规划，整体谋划杜仲产业发展。杜仲产业还受到了社会的空前关注，一些大型央企对参与杜仲产业发展表现出浓厚兴趣，民间资

本要求参与杜仲产业发展的呼声越来越高。

第一本《杜仲产业绿皮书》发布一年多来，杜仲果园化高效栽培等新型杜仲橡胶资源培育技术逐步得到有关部门的关注，有了一定的发展。近年来我国杜仲主要产区逐步对发展新型杜仲橡胶资源表现出浓厚的兴趣。通过到中国林业科学研究院经济林研究开发中心及其示范基地参观学习，有关专家、领导和企业对杜仲的传统认识发生了根本性的改变，各地对发展新型杜仲橡胶资源充满信心。目前，新型杜仲橡胶资源培育基地在河南、山东、甘肃、安徽等产区开始加速发展，但全国其他杜仲产区特别是贵州、湖南、陕西、四川、湖北等传统主产区新型杜仲橡胶资源培育基地建设缓慢，全国范围内适应现代杜仲产业发展的新型杜仲橡胶资源严重匮乏，这已成为影响杜仲产业发展的瓶颈问题。加速培育新型杜仲橡胶资源，加快杜仲橡胶国家战略储备制度建设，是今后一个时期杜仲产业最紧迫的工作，建议国务院和有关部门、地方政府高度重视。

科技支撑能力对杜仲产业的持续健康快速发展极其重要。以发表论文、出版著作、授权专利、审定的良种、获奖科技成果、颁布标准等主要科研产出作为评价指标，我们对不同时期国内从事杜仲研究主要机构的杜仲产业科技支撑能力进行了评价。

科技支撑在不同时期对我国杜仲产业的发展都起到了良好的推动作用，改革开放以来科研产出的数量和质量均呈现快速增长的趋势，特别是2010年中国社会科学院组织杜仲国情调研重大项目，开展跨学科研究以来，我国杜仲产业的科技支撑能力有了显著提高。无论是发表论文的数量和质量、授权专利的数量和涉及领域，还是杜仲良种审定数量和级别、获奖成果数量和等级等都有了大幅度提升。

中国林业科学研究院经济林研究开发中心、河南大学、兰州大学等国家级科研单位和高等院校在杜仲产业发展过程中起到了十分重要的科技支撑作用。特别是近年来企业参与杜仲产业的积极性明显提高，同时在产业发展过程中注意技术创新和知识产权保护，以企业为主体获得专利授权的数量快速增加。

科技在杜仲产业中的贡献率在逐步提高，杜仲产业正逐渐迈向科技支撑产业发展的良性轨道。但是，我们应该清醒地看到，我国杜仲产业的科技支撑能力仍比较薄弱，研究队伍少，研究水平良莠不齐，杜仲育种和高效培育等杜仲产业最基础的研究工作还需要大大加强，支撑产业发展的杜仲橡胶提取及系列产品研发技术需要大的突破，国家各级管理部门对杜仲产业科技支撑的支持力度亟待加强。要助力300万公顷种植规模，综合效益达10000亿元以上的庞大杜仲产业的发展，我国杜仲产业的科技支撑任重而道远。

三 我国杜仲全基因组测序取得的重要研究成果

杜仲是第四纪冰川留下来的古老树种，也是我国特有的名贵中药材和全世界唯一的硬性橡胶树种，是除三叶橡胶外最具开发潜力的天然橡胶资源和国家战略储备资源。为全面解析杜仲基因组结构、开展重要功能基因的挖掘、探索杜仲的起源和进化过程、揭示杜仲的遗传密码等，2012年7月，中国林业科学研究院经济林研究开发中心在武汉未来组生物信息科技有限公司的技术支持下，率先启动了杜仲全基因组测序和精细图绘制项目。这是到目前为止第一个完成全基因组测序的木本药用植物。在木本植物中首次将第二代与第三代测序技术有机结合，完成了杜仲全基因组测序工作，绘制了杜仲基因组精细图，取得了对杜仲研究和杜仲产业具有里程碑意义的研究成果。突破了复杂基因组测序策略和组装方法；解析了杜仲重要的功能基因；揭示了杜仲不同环境广泛适应的分子基础。

研究结果表明：杜仲基因组大小约为1.02G，杂合度高达0.9%~1.1%，重复序列高达66%，表现出基因组大、杂合度高、重复序列多等极其复杂的植物基因组特征。研究组首次通过第二代和第三代测序技术的序列相互矫正和多种组装软件相互矫正的方法，克服了杜仲基因组的高度复杂性，使Scaffold N50达到932Kb，突破了高度复杂基因组Scaffold组装过短的瓶颈；解析了杜仲的重要功能基因，注释得到26000多条功能基因和3377多条非编码RNA；发现了大量杜仲橡胶合成相关基因，鉴定出杜仲橡胶高效积累的关键基因，确定了杜仲橡胶合成的上游调控途径；鉴定了重要活性成分如苯丙素类、黄酮类、α-亚麻酸等合成的基因家族成员；发现了杜仲基因组中拥有耐热、抗寒、抗旱、耐水涝、抗盐碱、抗虫、抗病等逆境胁迫相关基因和转录因子，揭

示了杜仲对不同环境广泛适应的分子基础；发现了性别决定相关基因，有助于探讨杜仲雌雄异株性别决定模式等。对杜仲全基因组序列信息的全面解读，将为高效合成杜仲橡胶、解释杜仲药用成分的高效积累机理、提高杜仲抗逆性、破解杜仲性别决定模式、研究杜仲的起源和进化等提供重要的理论依据，对颠覆性突破现代杜仲育种技术、科学指导新型杜仲橡胶资源培育都具有十分重要的里程碑意义。

四　我国重要杜仲产区的杜仲资源培育与产业发展情况

根据我国各杜仲产区的杜仲产业发展情况，选择具有代表性的河南省、湖南省、甘肃省为典型，梳理总结杜仲橡胶资源培育与产业发展情况。

河南省是我国杜仲传统栽培模式主产区之一，也是新型杜仲橡胶资源培育模式（果园化栽培模式等）示范与推广最早和规模最大的地区。杜仲在河南省分布广泛，涉及 102 个县（市），在海拔 25～1150 米之间，除在贫瘠、干旱、岩石裸露的山脊外，均能生长良好。2010 年 12 月，国情调研杜仲课题组第一站选择赴河南省调研汝州杜仲种植基地生态示范园项目建设情况，这也是中国社会科学院社会发展研究中心杜仲项目国情调研课题的第一个合作研究项目。随后几年，一批民营企业迅速崛起，国有林场也参与了新型杜仲橡胶资源培育基地建设，多种形式的杜仲生产基地相伴出现。目前，河南省杜仲栽培总面积约为 3.40 万公顷。

杜仲在河南省栽培历史悠久，分布地域广泛，杜仲资源比较丰富，群众有良好的经营习惯。早期河南省的杜仲栽培方式主要有矮林作业（皮、叶和把柄材兼用）、头林作业（皮、叶等兼用）、乔林作业（传统药用栽培模式）。根据杜仲生产和产业发展的需要，河南省率先实施了新型杜仲橡胶资源培育模式，包括果园化栽培模式、雄花园栽培模式、叶皮兼用林栽培模式等。同时，为了充分利用杜仲林地的立体空间，提高杜仲林的整体效益，各产区总结出不同的杜仲立体经营模式。包括杜仲、草本药材立体经营模式，杜仲、食用菌立体经营模式，丘陵山区杜仲、茶园立体栽培模式，杜仲、家畜家禽立体种养模式等。

河南省拥有驻豫中央科研单位中国林业科学研究院经济林研究开发中心和

河南大学的技术优势。河南省杜仲研究团队经过近30年的生产实践，研究出多种杜仲经营模式与技术，如宽窄行带状栽植、叶皮兼用杜仲园、杜仲果园化（园艺化）栽培、杜仲雄花园等新的栽培模式和杜仲无性繁殖技术、平茬技术、剥皮再生新技术、高接换优技术、营养调控和促花促果新技术等高效培育技术。中国林业科学研究院经济林研究开发中心和河南大学共同开展了杜仲综合利用与系列功能产品的研发，研发的主要功能产品有：杜仲雄花茶、杜仲α-亚麻酸软胶囊、杜仲雄花茶饮料、杜仲雄花酒、杜仲雄花干红（半干红）、杜仲种子酒、杜仲提取物、杜仲养生挂面、杜仲养生饼干、杜仲香菇、杜仲木耳、杜仲灵芝、杜仲蛋（鸡）、杜仲猪肉、杜仲豆芽、杜仲化妆品等。

在科技支撑的带动及政府和相关科研单位的扶持下，一批民营企业迅速崛起，国有林场也参与了新型杜仲橡胶资源培育基地的建设，多种形式的杜仲生产基地相伴出现。河南省有关部门应继续加强对杜仲产业和杜仲研究的支持力度，河南省政府和行业主管部门应将杜仲产业发展列入河南省重点支持的领域给予大力支持。

湖南省是我国杜仲主要产区之一，栽培面积约3.36万公顷。但是栽培模式一直沿用乔木林的经营模式，粗放、低产、低效、单一是湖南省杜仲发展的典型特点。目前湖南省杜仲绝大多数为传统种植模式，主要提供皮、叶资源，管理粗放，生产技术含量低。传统种植模式下，杜仲树体高大，不仅采摘难度大、土地、人力资源浪费严重，生产成本高，而且产量低，产品质量、经济效益不高，影响企业、林场、农民种植杜仲的积极性，导致杜仲种植面积减少，产量降低，相关产品难以实现工业化大批量生产。杜仲果园化栽培等新型培育模式的示范在湖南刚刚起步，从建园到管理都需要进一步规范。

从科技支撑能力看，湖南省的杜仲研究主要集中在杜仲药用成分的分离提取和药理作用的研究上，其次是杜仲籽油的提取和杜仲繁殖技术，对杜仲橡胶的特性及其变异规律研究较少，杜仲育种和高效栽培模式研究几乎没有开展。这反映了目前湖南省杜仲研究的基本情况和学术状态，为了带学生完成学位论文对某一方面进行片面研究的较多，对杜仲育种、栽培与综合利用等进行系统和连续研究的较少。另一方面也反映了科技支持力度不够和研究经费的不足。

目前缺乏起带头示范作用的龙头企业、缺少规划统筹的组织机构也是造成

湖南杜仲产业一直原地踏步、停滞不前的重要因素。主产区长沙县相关企业进行规划研究、转变传统观念、加强科技支撑，地方政府给予大力支持，是湖南省杜仲产业今后一个时期可以探索发展的一条路子。

甘肃省杜仲产业资源主要分布在陇南地区。国情调研杜仲项目课题组在陇南市人民政府、康县人民政府支持下，于2010年5月开始合作探究陇南地区杜仲资源的发展情况。甘肃润霖杜仲产业开发有限公司积极申请列入国情调研杜仲产业项目研究课题，获得了甘肃省人民政府、陇南市人民政府、康县人民政府的重大项目扶持。省市县三级政府不定期地进行调研总结，帮助企业解决发展中的困难和问题。陇南市人民检察院、康县人民检察院将其列入重点促进联系企业，为企业健康有序、合规合法发展保驾护航，成为全国首例。

经过科研机构的多次实验和药检部门的严格调整工艺检验，公司报送的杜仲雄花茶工艺技术经过调整实验后，获得了唯一的杜仲健康产品药食准字号生产许可证，探索了企业与科研单位合作降低投资风险的途径。甘肃润霖公司的杜仲产业开发项目是在国情调研杜仲项目课题研究中，由企业遵循市场经济规律，逐步投资建设开发的。在杜仲产业发展过程中，公司遇到了一些具体问题，但它采纳科学合理的发展建议，探索出了一条因地制宜、可持续发展的新型生态杜仲资源经营模式。

甘肃润霖杜仲产业开发有限公司与中国林业科学研究院经济林研究开发中心合作研究的杜仲雄花茶技术和加工工艺，经过润霖公司两年的技术工艺创新和跟踪数据观察，通过了甘肃省食品药品监督管理局的成果鉴定。公司也成为我国第一个取得杜仲雄花茶药食准字号生产许可证的企业。填补了国内外杜仲雄花茶药食饮加工技术的空白。

甘肃润霖杜仲产业开发有限公司与中国林科院经济林研究开发中心合作开发了杜仲功能饲料、杜仲香菇、杜仲雄花茶饮料等产品。目前润霖公司已投资购买了现代化的杜仲饲料加工设备和菌类生产设备，并已完成调试，在经济林研究开发中心指导下，已具备投产条件；天水杜仲饮料生产线已经完成设备调试安装，年产杜仲雄花茶饮料100万吨，设备先进，技术领先。该产品是我国第一个利用生态杜仲资源加工的新型功能饮料。填补了国内外杜仲饮料技术产品的空白。

甘肃润霖杜仲产业开发有限公司与中国林科院经济林研究开发中心合作培育了新型杜仲橡胶资源品种基地。育苗基地计划规模5000亩，所育苗木可供种植杜仲橡胶资源50万亩左右。流转合作林地、山地可以实现造林面积20万亩，实现碳汇22万吨，增加氧气17万吨，杜仲造林及资源综合利用经济价值可达16亿元。国情调研组推荐并积极参与了新造林国家碳汇管理交易试点建设，甘肃润霖杜仲产业开发有限公司与上海华仲檀成杜仲种植科技发展有限公司进行合作，建立了碳汇产品的管理机制。

甘肃润霖杜仲产业开发有限公司与兰州大学合作，已经完成了杜仲橡胶生物提取技术，即"杜仲橡胶低温萃取工艺研究技术"的开发。通过分析杜仲橡胶的溶解特性，比较现有提取方法的优劣，提出了一种新的提取工艺。即采用卤代烃为溶剂，运用亚临界流体进行萃取，得到了较高纯度的杜仲橡胶，同时有效保护了原料中的杜仲绿原酸等其他有效成分。该项技术填补了杜仲橡胶生物法提取的空白。

甘肃润霖杜仲产业开发有限公司与兰州通用机器公司合作研究开发的杜仲橡胶加工成套设备也已经制造完成。

五 现代杜仲产业发展和资源培育情况调研成果

为了解现代杜仲产业的发展潜力，总结和分析现代杜仲产业基地建设的经验和问题，探讨推进现代杜仲产业发展的有关政策，在国家林业局科技司的支持下，国家林业局造林司、中国林科院经济林研究开发中心、河南省林业厅组成联合调研组，于2014年5月5～9日赴河南省进行了深入调研。

1. 现代杜仲产业发展潜力极大。集中体现在4个方面：（1）杜仲橡胶及相关产业。杜仲橡胶具有其他任何高分子材料都不具备的"橡胶—塑料二重性"，开发出的新功能材料具有热塑性、热弹性和橡胶弹性等特性，以及低温可塑、抗撕裂、耐磨、透雷达波、储能、吸能、换能、减震、形状记忆等功能。杜仲橡胶资源的战略价值，已引起国际社会的高度关注。世界最大的轮胎企业美国固特异轮胎橡胶公司准备从我国大量进口杜仲橡胶用于改善产品性能，提高市场份额和竞争力；日本经济产业省新能源产业部已瞄准我国杜仲橡胶资源,并在河南灵宝和陕西杨凌等地建立了杜仲橡胶生产基地。(2)制药及保健产业。除传统药材杜仲皮外,杜仲的叶、花、果等也具有很高的食用和药用价值。杜仲叶富含绿原酸、京尼平苷酸等活性成分;杜仲雄花氨基酸含量达21.88%,为松花粉的2倍以上,杜仲黄酮含量达3.5%~4.0%,为银杏叶的4~5倍;杜仲种仁油α-亚麻酸含量高达67.6%,为橄榄油、核桃油、茶油的8~60倍。这些活性成分,在降血脂、降血压、促进睡眠、防辐射和防突变、预防骨质疏松和抗衰老、预防心肌梗死和脑梗死、保护视力、增强智力、抑制过敏反应、抗菌消炎、抑制癌细胞发生和转移等多方面具有显著功效,是开发现代中药、保健品、功能食品等的优良原料,已经被列入国家新食品原料(新资源食品)目录和国家药典。广泛开发利用杜仲产品,满足改善国民身体素质、提高生活质量的市场需求和社会需求,既能够提高国民幸福指数,也有利于减轻老年化对我国现代化带来的不利影响,同时还对地方产业发展具有重要推动作用。(3)健康饲料和安全食品产业。杜仲叶是十分理想的功能饲料,对提高畜禽及鱼类免疫力、减少抗生素应用、提高肉蛋品质效果显著。(4)生态建设和城乡绿化产业。杜仲是我国乡土树种,树姿好,干形笔直,树冠浓密,寿命长、生长快、材质好,在广东韶关以北、吉林通化以南的27个省(自治区、直辖市)均可栽培,是理想的生态建设和城乡绿化树种,在我国生态建设和城镇化建设中具有较好的应用前景。

2. 我国杜仲资源培育及开发方式实现了革命性创新。为攻克杜仲橡胶利用的难题,我国在杜仲定向育种、资源培育利用、产品研发等领域取得了非凡的成就。在杜仲定向育种、栽培模式与高效培育技术创新、资源综合利用、产品研发等领域取得了多项具有里程碑意义的重大突破,对杜仲资源培育方式进行了革命性的创新。杜仲产业发展方式由粗放、低产、低效、单一转向精细、高产、高效、综合,为传统杜仲产业向现代杜仲产业转变和持续健康发展奠定了坚实的基础。(1)坚持科学育种,已经审定推广了一批定向培育的杜仲优良品种;(2)创新栽培模式,解决了杜仲资源产业化利用的瓶颈制约;(3)重视产品研发,为杜仲资源综合利用找准了市场定位;(4)跨界协作攻关,杜仲产品的应用领域得到不断延伸;(5)以企业主导、综合利用为基础建设现代杜仲产业资源培育基地,切实保护农民利益不受损害;(6)新型的政府管理机制激发了社会资本投资的积极性，现代杜仲产业呈现出蓬勃发展的态势。

3. 现代杜仲产业发展中还存在一些突出问题。困扰现代杜仲产业发展的技术障碍已经成功破除，但还存在一些问题，甚至举步维艰。主要问题包括：（1）杜仲橡胶资源严重不足，这已经成为制约杜仲产业发展最主要的瓶颈因素；（2）各级政府和林业部门对现代杜仲产业的特点、内涵缺乏基本认识，有待进一步提高；（3）关联产业、消费者对杜仲的价值及应用前景还没有形成广泛的共识；（4）产业集聚及专业化分工协作有待整体谋划。

六　建立杜仲橡胶国家战略储备制度

天然橡胶是现代社会的基础工业原料和重要战略资源，在全球经济竞争和军事竞争中地位重要。2013 年版《杜仲产业绿皮书》指出，新中国成立后，周恩来等党和国家领导人曾高度重视橡胶工业发展，但受自然条件等因素限制，国内天然橡胶需求依赖进口的局面一直无法改变。开发我国特有的杜仲橡胶资源，建立杜仲橡胶国家储备制度，扭转我国天然橡胶供应受制于人的状况，不仅有利于维护国家安全，而且对于提升我国装备制造水平、缓解资源环境约束、打造具有自主知识产权的经济产业升级版意义重大。中国社科院将杜仲橡胶开发利用列入国情调研重大项目，并得到了发改委、国家林业局等部门和军队、橡胶企业及科研部门等组织机构的积极支持和配合。

（一）我国天然橡胶供给安全潜在风险很大

我国是世界上最大的天然橡胶消费国和进口国，2013 年天然橡胶消耗量超过 400 万吨，连续 13 年居世界第一，但主要依靠进口，对外依存度超过 80%，导致我国天然橡胶供给长期存在不安全因素。

从国内来看，尽管突破了传统的种植区域限制，我国也仅有海南和云南的西双版纳等两个狭窄区域适合栽培，年产量最高只有 80 万吨左右，仅占国内需求的 20%，未来产能扩大的可能性不大，但国内需求还会进一步提高。从国际来看，东南亚的泰国、马来西亚等天然橡胶主要生产国已组建成立产业同盟，垄断并控制着全球天然橡胶的价格和供应。近年来，东南亚国家因南海问

题与我国的摩擦呈升级趋势，天然橡胶进口的潜在风险不可忽视。此外，我国石油进口运输必经东南亚的马六甲海峡，对国内石化合成橡胶生产也存在一定的不利影响。

对我国天然橡胶长期受制于人的现实情况必须高度警惕。未来一旦与东南亚国家产生激烈的经济或军事冲突，加之美、日的影响，天然橡胶进口可能会面临很大的风险。二战期间，盟军曾切断德国的橡胶进口，加快了德国的战败。着手开发天然橡胶替代胶源已成为我国亟待解决的重要课题。

（二）杜仲橡胶可以替代传统三叶橡胶

国际上公认能够替代传统三叶橡胶的植物只有杜仲树，其果、叶、皮、根等不同部位均可提取杜仲橡胶，其中杜仲果壳含胶丰富，达17%以上，国际上称为古塔波胶。

20世纪80年代，我国已经在杜仲橡胶硫化工艺研究方面取得突破性进展，并获国际专利。研究表明，杜仲橡胶具有其他任何高分子材料都不具备的"橡胶—塑料二重性"，可开发出独具热塑性、热弹性和橡胶弹性的新功能材料，具有低温可塑、透雷达波、储能、吸能、换能、减震、形状记忆等多种特性和功能，在高铁制造、精密仪器、国防军事、汽车轮胎、运动医学等重大国计民生战略领域已经试验成功并取得多项技术成果。用杜仲橡胶制造的汽车轮胎，具有抗撕裂、耐磨、滚动阻力小等优点，油耗降低2.5%，使用寿命提高20%，安全度大幅提高。1吨杜仲橡胶轮胎可以减少70吨汽油消耗，被国际社会誉为安全、长寿、节能的"绿色轮胎"。预计未来可以广泛应用在航空航天、国防和军工、交通、通信、医疗、电力、水利、建筑、运动竞技等领域。

杜仲橡胶作为一种新型橡胶功能材料，其独特性及战略价值已引起国际社会的高度关注。美国固特异公司、日本经济产业省新能源产业部都已开始瞄准我国的杜仲橡胶资源。

（三）我国已经攻克杜仲橡胶资源培育的技术难题

国家林业局杜仲工程技术研究中心杜红岩创新团队经过近30年的持续研究，在杜仲育种、栽培、提胶、综合利用等方面取得重大成果。传统珍贵药用树种杜仲，通过良种选育和果园化栽培模式，每公顷杜仲橡胶产量可达400～600千克，在国际橡胶界产生轰动。该团队开发的杜仲籽油、杜仲叶饲料等综合利用技术和产品，对充分利用杜仲果壳、叶、皮中的胶质，降低成本提供了条件，杜仲橡胶工业化生产成为可能。杜仲是我国特有的珍贵孑遗树种，目前99%的资源分布在我国。与三叶橡胶种植区土地紧张、生态矛盾突出的状况不同，杜仲在我国的适生范围达27个省份，初步估计适合发展的荒山荒地达到1.5亿亩以上，中国社会科学院、中国林业科学研究院、国情调研杜仲项目课题组重点推荐推广的杜仲橡胶新品种培育潜力很大，逐步替代三叶橡胶已经具备现实可行性。

此外，杜仲的皮、叶、花、果还富含活性物质，具有很高的食用和药用价值，在降血脂、降血压、防辐射和防癌变、抗衰老、预防心脑血管疾病等多方面具有显著功效，是开发现代医药、保健品、功能食品、功能饲料等的优良原料，已经被列入国家药典和国家新食品原料（新资源食品）目录。围绕杜仲橡胶、医药保健、饲料食品、生态建设等四大主导产业，未来将有可能形成以杜仲为基础工业原料、具有我国自主知识产权、直接产值数千亿元、间接关联产业产值数万亿元的战略性庞大绿色产业集群。

（四）建立国家杜仲橡胶战略储备制度

鉴于我国天然橡胶短缺的国情，在国家层面建立杜仲橡胶战略储备制度，培育杜仲资源，对于维持天然橡胶资源供给稳定，解决对外依存度过高，有效应对国际局势特别是东南亚局势，维持我国经济社会可持续发展意义重大。同时也对打造拥有自主知识产权的现代橡胶工业体系、支撑经济社会发展、缓解资源环境压力、增强国际竞争力意义重大。

目前，我国大规模开展杜仲橡胶生产还面临三个问题。一是资源严重不足，目前全国杜仲种植面积只有近36万公顷，无论从品种、培育方式还是资源总量上，都无法支撑杜仲橡胶及相关产业发展。二是产业集中度及资源综合利用度较低，企业规模小、专业化程度不高、布局分散，提胶成本高且利用率低。三是规模化工业生产准备不足，推广模式及政策不明确，工业化提胶的生产设备尚未开发研制，产品中试和应用有待在更大范围内开展。

我们认为，建立杜仲橡胶战略储备制度，核心要围绕杜仲新品种培育，重点从以下4个方面入手。

1. 发展符合现代杜仲产业需求的新型杜仲橡胶资源培育基地。

据测算，按照目前杜仲的产胶能力，替代50%的三叶橡胶进口，我国需要建设330万公顷杜仲林。这意味着要对现有36万公顷杜仲林进行科学改造，并按照良种、新法再培育300万公顷左右的杜仲林。建议：一是在深入论证的基础上，由发改委、财政部、国家林业局等部门组织制定杜仲橡胶资源培育规划及相关政策；二是成立国家杜仲产业发展办公室，统筹谋划和管理现代杜仲产业资源基地建设；三是强化知识产权保护，加强对杜仲良种、橡胶出口的管制，依照国际惯例保护我国在杜仲橡胶领域的领先地位和对杜仲橡胶制品的优先使用权。

2. 继续加强杜仲橡胶资源培育工作。

杜仲育种、培育等创新技术成果，是现代杜仲产业化的基础。国家林业局已经连续有5个五年计划支持杜仲科研，今后仍须坚持并加大支持力度。一是批准设立国家杜仲工程中心和协同创新中心等平台，集中优势，加快高产品种的育种选优；二是将杜仲产品研发纳入国家重大科技支撑计划，加大财政资金支持力度，重点解决带有全局性的问题；三是完善杜仲工程技术产业科技创新体系，形成政府、科研机构、高校、企业、金融机构等主体的良性互动和产学研战略联盟，实现杜仲产业资源的有效集成和合理配置；四是支持现代杜仲产业相关产品标准的制定，为杜仲产品进入市场提供标准支持。

3. 大力支持杜仲橡胶生产设备、相关产品的研发及推广。

采用良种、新法培育的杜仲林，五年即可以进入盛产期。如果从现在开始部署，预计十年以后就可见到明显成效，必须从现在开始加快杜仲橡胶产业技术、设备的研发。建议：一是在更大范围内开展杜仲橡胶产品中试。二是研究开发杜仲橡胶提取、加工等配套成型机械设备。三是组织中国工程院、中国医科院等权威机构论证杜仲产品的功效。

4. 储备杜仲橡胶产品。

建议由发改委、中国海关等部门制定政策，明确禁止天然杜仲橡胶出口，并按照天然杜仲橡胶年需求量的30%储备相关产品。

七 着力解决我国杜仲橡胶战略储备与
产业发展的瓶颈问题

杜仲是我国十分重要的国家战略储备资源，在产业升级过程中，遇到了许多瓶颈问题。资源瓶颈主要是现有杜仲资源无法进行杜仲橡胶产业化开发；技术瓶颈包括培育技术进一步研究与创新的空间有限，杜仲橡胶绿色提取及其产品研发技术突破较难；在企业人才与管理方面，目前参与杜仲橡胶资源培育及产业开发的企业，无论从企业规模、人才储备还是产品研发、管理水平等方面，与现代化企业的要求和标准都还有相当大的差距；在国家政策和行业管理等方面则有政策滞后、行业协调困难等瓶颈问题。建议强力推进新型杜仲橡胶资源培育与基地建设；林业行业管理部门承担起杜仲产业发展的重任；加大中央财政对杜仲橡胶资源培育和新产品研发的投入；加大对杜仲产业发展的财政补贴力度和税收优惠力度；拓宽杜仲橡胶资源培育的投融资渠道；发挥行业协会的组织作用；制定并逐步完善杜仲培育技术和新产品的质量标准，促进我国杜仲橡胶资源与产业的健康发展。

1. 强力推进杜仲橡胶资源新品种的培育。杜仲橡胶资源是整个杜仲产业发展的基础。目前杜仲橡胶资源严重不足，已经成为制约杜仲产业发展的瓶颈因素。应创新适应现代杜仲橡胶资源及其产业发展的新的培育模式和技术。高产杜仲橡胶良种和果园化高效培育技术等是新型杜仲橡胶资源培育的必由之路，必须采用高产杜仲橡胶良种和果园化高效培育技术，强力推进杜仲橡胶资源的培育，才能满足300万公顷以上杜仲橡胶资源战略储备的需要。在新型杜仲橡胶资源培育基地建设过程中，国家和地方政府应出台支持杜仲橡胶资源培育的鼓励政策，同时强化对现代杜仲橡胶资源基地建设的科学指导，促进杜仲橡胶资源国家战略储备制度建设和杜仲产业持续健康稳定发展。

2. 林业行业管理部门要承担起杜仲产业发展的重任。杜仲是我国特有的经济林树种，国家林业局是杜仲资源与产业发展的归口行业管理部门。由国家林业行业主管部门成立统筹规划杜仲产业发展办公机构，对其实施规范管理已刻不容缓。因此，我们建议尽快成立由国家林业局牵头的杜仲产业发展办公室，同时将现代杜仲产业资源基地建设列入国家林业局重大调研专项。这对促进我国优质杜仲橡胶资源培育，强力推动国家战略性新兴产业健康快速发展都具有十分重要的战略意义。

3. 加大中央财政对杜仲橡胶资源培育和杜仲新产品研发的科技支撑力度。我国杜仲产业的发展，亟须中央加大财政投入力度。应将杜仲列入国家和行业中长期科技发展规划，加强科技支撑力度，以具备良好研发基础的企业为主体，科研院所和高等院校为依托，加快研发步伐，促进科研成果产业化。

4. 加大对杜仲橡胶资源培育和杜仲新产品开发的财政补贴力度和税收优惠力度。应采取一定的财政补贴政策和税收优惠政策，鼓励企业增加开发投入，进行技术创新，依靠科技创新驱动，引领支撑现代生态农业企业建设，通过实践，总结经验，建立高效、节能、环保型高新技术企业。

5. 拓宽杜仲橡胶资源培育的投融资渠道。要从根本上改善杜仲新食品原料开发农业企业的资金状况，必须拓宽投资模式，多渠道融资，需要财政、银行、银监、保监等管理部门通力合作，利用好各种专项扶持资金，建设杜仲新食品原料产业投融资的服务平台，完善多元融资体制，鼓励和引导设立杜仲新食品原料产业风险投资基金，为民间资本和社会资本进入杜仲新食品原料产业畅通渠道。

6. 发挥行业协会等社团组织的作用。可依托林业主管部门成立中国杜仲产业协会，协调组织杜仲产业开发研究，实现企业生产活动的规范化和产业标准实施的科学化，逐步承担国家林业局、中国林业科学研究院、国家发改委和财政部、工信部、科技部、环保部等政策、资金扶持的可行性研究和专家审查考评工作，使之运转合理、有序、合法。

7. 制定并逐步完善杜仲培育技术和新产品的质量标准。制定规范、科学的指导杜仲橡胶资源培育和杜仲新食品原料生产的标准，全程参与指导相关企业生产和制定产品标准的工作，并逐步提升为地方标准、行业标准、国家标准，规范市场，促进我国杜仲橡胶资源与产业的健康发展。

8. 加强杜仲良种的知识产权保护。应加快杜仲新品种权的申报和授权进度，切实加强杜仲新品种权等知识产权保护，规范市场行为，促进新型杜仲橡胶资源的培育与良种基地建设。

9. 重视并加强国情调研杜仲项目的创新机制建设，加大力度支持跨学科合作研究。

八　杜仲橡胶资源在国防建设中的应用

杜仲橡胶是世界天然橡胶资源中唯一可培育发展的天然橡胶替代资源，在杜仲橡胶产业化发展过程中，我国已经取得了新杜仲橡胶资源品种种植技术的重大突破。

我国天然橡胶的年消耗量约占全球的1/3，其中约80%依赖进口，培育杜仲橡胶资源是国家橡胶业减少进口依赖、实现国产橡胶资源满足民用工业和军事工业需求的可持续性生态建设开发工程。

杜仲种植及杜仲橡胶产业开发在我国起步较早，但因杜仲橡胶资源成本高和国际橡胶市场橡胶价格低等因素，杜仲橡胶资源开发一直处于断断续续的状态。其中民间企业的杜仲橡胶加工方法简单粗糙，粗胶加工技术污染较严重，且每吨杜仲橡胶成本价达10万~15万元，基本处于企业自寻生路的发展状态。而我国对杜仲资源具有天然的垄断优势，世界99%以上的杜仲资源分布在我国27个省区市。

《杜仲产业绿皮书》（2013）发布成果指出，如果利用荒山荒地和河沟滩涂区域培育杜仲橡胶资源，可种植范围约可达到2000万公顷。如果发展规模达到300万公顷，就可以实现年产值3000亿元，带动100万人就业。截至2014年9月，全国仅有中国林业科学研究院经济林研究开发中心培育出多种可作为橡胶资源的杜仲良种，只有国情调研四家企业在规划种植杜仲新品种资源。由于这些企业的投资环境和产业结构不同，种植新杜仲橡胶资源仍处于探索阶段。据调查，除此之外，全国其他杜仲资源相对集中的地区，几乎所有从事杜仲产业开发的企业在杜仲橡胶加工技术方面都处于小规模低水平发展阶段，尚没有成熟成套的节约成本的杜仲橡胶加工技术和设备。

有资料显示，国家发改委2011年已通过产业振兴项目扶持了4家企业开展以杜仲橡胶为主的杜仲综合利用示范项目建设，其中杜仲橡胶加工技术和橡胶产品仍在实验室和中试阶段。截至2014年9月，还没有一家小规模加工杜

仲橡胶的企业生产的产品上市。而且杜仲综合产业开发的相关产品也没有全部通过国家食品药品监督管理机构的评审，个别企业一直使用新规之前的卫生字号和地方相关部门给予的准入号，其产品仍存在一定的质量问题。这是我国杜仲产业发展过程中的现状。

2014年，杜仲橡胶加工技术及产品的主要成果仅有甘肃润霖杜仲产业开发有限公司与兰州大学合作的科研成果"杜仲橡胶低温萃取工艺研究技术"。该项技术填补了生物法提取杜仲橡胶的空白，大大降低了生产成本。该技术选用加工原料对现有野生和传统种植品种资源与新型杜仲橡胶品种资源进行了大量对比实验，采用国情调研重大项目杜仲项目课题组推荐的国家林业局杜仲工程技术研究中心的新杜仲橡胶资源良种培育的原料，提高了杜仲橡胶提取比例，大幅降低了生产成本。

甘肃润霖杜仲产业开发有限公司与兰州通用机器公司合作研究开发的杜仲橡胶加工成套设备已经制造完成。

杜仲橡胶新品种资源目前还处于培育时期，还没有一家成熟的加工企业应用杜仲橡胶提取技术生产产品。预计杜仲橡胶的产量在未来10年可形成初级规模。兰州大学与甘肃润霖杜仲产业开发有限公司合作研究的初步结果是可以使杜仲橡胶的生产成本降低到每吨7万~8万元。根据目前国际市场橡胶价格每吨1.5万元左右的形势分析，未来10年杜仲橡胶资源培育成果可能满足不了橡胶企业大量应用的基本需求。这是因为我国27个省区市可以利用的杜仲橡胶资源严重不足。专家测算，若以杜仲叶为原料，生产1吨杜仲橡胶至少需要50吨杜仲叶。现有杜仲种植基本在山区，杜仲叶的采集、运输和储存成本高，不利于杜仲橡胶的规模化发展。而现有杜仲的种植面积约36万公顷，基本上处于非杜仲橡胶资源利用状态。因此，中国社会科学院国情调研重大项目杜仲项目组调研认为，加快利用荒山荒坡和河道滩涂地培育种植新杜仲橡胶资源品种，实现精细化、规模化种植300万公顷，年产值达到3000亿元，才是符合杜仲橡胶资源经济活动规律的可持续发展的新型生态经济工程。

中国社会科学院将杜仲橡胶资源产业列入国情调研重大研究项目，组建了跨学科、跨部门、跨行业研究的课题组，专人负责，并进行连续跟踪研究已达7年之久。其间，中国社会科学院学部委员、全国政协委员李景源三次提交提案，建议国家林业局、国家发改委、相关部委组织制定鼓励杜仲种植和杜仲综合加工利用的政策。建议成立国家杜仲工程办公室，林业部门制定出科学合理的新杜仲橡胶资源培育规划，鼓励有条件的国有企业、民营企业和个人在科研单位、地方政府的支持下，采用合作种植模式，推广中国林科院果园化种植、叶林种植模式，培育杜仲橡胶资源规模化良种繁育基地，逐步满足全国对新杜仲橡胶资源的需求。创造条件积极鼓励一批具有带动效应的龙头企业，积极支持相关企业探索国内外杜仲造林碳汇管理交易模式，与国内具有实力的相关科研机构合作开展研发，实现高品质、高技术的杜仲橡胶、杜仲雄花和杜仲亚麻酸油等系列产品的综合利用。

杜仲橡胶已经被列入国家发改委重点产品目录，应加快研究将其列入国家"十三五"新型战略材料和重点储备资源。中国社会科学院国情调研重大项目杜仲项目组提出，在适宜种植杜仲的27个省区市，地方政府要积极配合，与研究机构合作，建立科学合理的杜仲橡胶资源培育加工企业，防止无条件、无实力、投机者盲目申请立项杜仲产业开发项目。从源头上科学指导企业的规划建设。

杜仲橡胶资源培育加工技术应被列入国家科技重大专项项目进行资金扶持。应调研杜仲橡胶在军工领域的加工应用范围，调研杜仲橡胶在工业、特殊制品、船舶、飞机、航天等领域的应用研究和试验，对这些领域的加工应用给予支持。

我国军用航空用胶一直处于受制于人的尴尬局面。无论是海南还是云南，其生产出来的天然胶均不能充当军用航空用胶，长期以来我国只能依赖进口。

2014年3月，空军航空橡胶科研生产中心在海口成立。多年来海南橡胶集团研究设计生产符合航空橡胶性能的产品，已经取得了阶段性成果，并开始探索军用航空用胶的国产化。

甘肃润霖杜仲产业开发有限公司与兰州大学合作研究的生物提取杜仲橡胶技术和杜仲橡胶成套加工设备工艺实验已基本成熟，基本具备了市场化开发条件。该企业将探索与相关军工科研单位，如空军航空橡胶科研生产中心建立固定供应杜仲橡胶产品（进行试验、开发、应用）的关系，并开展军用杜仲橡胶产品的加工与应用技术的开发，目前已具备合作条件。

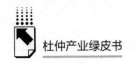

从长远来看，三叶橡胶资源远远不能满足我国对橡胶资源的需求，杜仲橡胶资源的培育和种植加工利用是补充我国橡胶资源严重不足的重要手段。根据国际发展形势，橡胶产品的开发应用和橡胶资源的生产，远远不能满足全球人类的生存和消费需求。

"橡胶在军事国防上应用十分广泛，几乎所有军事装备、空军设施、国防工程都能找到橡胶的足迹。"海南橡胶科技研发中心总工程师、军用橡胶项目总负责人黄向前说，"眼下的军用航空用胶项目，让海南橡胶'飞天'有了可能。"

以 2012 年海南干胶的年产量测算，如果 37 万吨干胶全部用作军用产品的原料胶，较之用于生产民用产品，海南岛橡胶产业产值每年会从 7.4 亿元增加至 18.5 亿元。

数据显示，1950 年代初期我国植胶面积仅 2667 公顷左右，年产天然橡胶199 吨；到 2012 年，全国胶园面积达 113 万公顷，天然橡胶产量超过 80 万吨；2013 年，全国天然橡胶产量约为 83 万吨。

海南岛作为我国最大的天然橡胶种植和生产基地，截至 2012 年 5 月，全岛橡胶种植面积达 50 多万公顷，干胶年产量 37 万吨，橡胶种植面积约占全国的 44%，干胶产量约占全国的 46%。其中，海南橡胶集团在海南岛拥有橡胶种植面积 23.5 万公顷，年加工能力达 43 万吨，橡胶面积占全国的 21% 左右。

《杜仲产业绿皮书》（2013）指出，中国是世界第一大天然橡胶消费国，同时也是世界第一大天然橡胶进口国。

加快培育新品种杜仲橡胶资源，开发杜仲橡胶产品应用于军事领域，是由杜仲橡胶天然橡胶材料的优良质量和功能所决定的。我国利用 10 年时间，完全可以培育出一个基础性的年产值达 3000 亿元的杜仲橡胶生态资源产业体系，可以供应军民品应用的天然杜仲橡胶 120 万吨。根据中国林科院经济林研究开发中心培育新杜仲橡胶资源的推广和种植利用规划，全国适宜种植的区域进行杜仲橡胶资源合理配置、种植管理的技术条件和苗木培育条件已经完全具备。建议与空军、海军航空航海等橡胶科研生产中心合作开展新型杜仲橡胶产品研发，设计建设杜仲天然橡胶优质材料工艺设计处理中心和高效能杜仲种植园，逐步建立起可供应军用橡胶原料的科研生产和产品加工基地。

中国社会科学院社会发展研究中心、中国林科院经济林研究开发中心、国家林业局杜仲工程技术研究中心已具备权威性的高层级的杜仲产业规划、研究、评估专家团队。完全可以承担指导新建企业开发杜仲产品的任务；完全可以研究、规划已有杜仲产品企业的升级转型，指导培育新品种。

九　杜仲新资源健康食品研究与开发报告

随着社会经济的快速发展和世界人口的不断增加，健康食品资源短缺的问题日益突出。国家食品药品监督管理总局已经批准 32 种含杜仲的保健食品。近年来，杜仲籽油和杜仲雄花被国家卫生和计划生育委员会批准为新食品原料，杜仲在健康食品研究开发方面具有广阔的前景。

（一）新食品原料的定义

新食品原料的基本含义就是非传统食品，无安全食用历史的食品。但不同国家，不同国情，不同认识，对新食品原料的定义也不尽相同。中国卫生部2013 年颁布实施的《新食品原料安全性审查管理办法》规定，新食品原料是指在我国无传统食用习惯的以下物品：（1）动物、植物和微生物；（2）从动物、植物和微生物中分离的成分；（3）原有结构发生改变的食品成分；（4）其他新研制的食品原料。新食品原料不包含转基因食品、保健食品和食品添加剂新品种。

（二）新食品原料与保健食品的区别

新食品原料不同于保健食品。新食品原料具有一种或者多种功能，但不在产品介绍中详细标示，且新食品原料既可以作为原料来制成其他食品，也可以直接作为食品食用；而保健食品是指具有特定保健功能的食品，而且申请审批时也必须明确指出具有哪一种保健功能，并且需要在产品包装上进行保健功能标示及限定。

如果新食品原料应用在保健食品中，还需要提供如下材料：（1）新食品原料审批的行政许可书（含国家卫生和计划生育委员会公告）；（2）经当地卫生厅

备案的质量标准；（3）企业的相关证照（包括 QS 证书）；（4）产品的毒理研究材料；（5）样品；（6）产品研究的历史文献。

（三）新食品原料的分类

1. 按新食品原料的定义可分为：第一类：在我国无食用习惯的动物、植物和微生物。具体来说，是指以前我国居民没有食用习惯，经过研究发现可以食用的对人体无毒无害的物质。动物是指畜禽类、水生动物类或昆虫类，如地龙等。植物是指豆类、谷类、瓜果菜类，如杜仲籽油等。微生物是指菌类、藻类，如盐藻及其提取物。第二类：以前我国居民无食用习惯的从动物、植物、微生物中分离出来的成分。具体包括从动、植物中分离、提取出来的对人体有一定作用的成分，如氨基酸、糖醇、植物甾醇等。第三类：原有结构发生改变的食品成分。第四类：其他新研制的食品原料。如蔗糖聚酯等。

2. 按新食品原料来源不同可分为：植物资源、动物资源、微生物资源和海洋生物资源四大类。植物资源包括植物茎叶、野生植物的种子和果实、植物的花及花粉和植物的块根及块茎，如：杜仲雄花等；动物资源包括昆虫和畜禽副产品，如：地龙蛋白、初乳碱性蛋白等；微生物资源包括单细胞蛋白和食用菌，如：嗜酸乳杆菌等；海洋生物资源包括海洋植物和海洋动物，如：盐藻及其提取物等。

（四）新食品原料申报要求

《新食品原料安全性审查管理办法》规定：拟从事新食品原料生产、使用的单位或者个人（以下简称申请人），应当提出申请并提交以下材料：（1）申请表；（2）新食品原料研制报告；（3）安全性评估报告；（4）生产工艺；（5）执行的相关标准（包括安全要求、质量规格、检验方法等）；（6）标签及说明书；（7）国内外研究利用情况和相关安全性评估资料；（8）有助于评审的其他资料。

新食品原料研制报告一般包括新食品原料的研发背景、目的和依据；新食品原料的名称；新食品原料的来源，例如动物和植物类：产地、食用部位、形态描述、生物学特征、品种鉴定和鉴定方法及依据等；新食品原料主要营养成分及含量，可能含有的天然有害物质；新食品原料食用历史；新食品原料的使用范围和使用量及相关确定依据；新食品原料推荐摄入量和适宜人群及相关确定依据。新食品原料与食品或已批准的新食品原料具有实质等同性的，还应提供上述内容的对比分析材料。

新食品原料的安全性评估报告一般包括新食品原料的成分分析报告（包括主要成分和可能的有害成分检测结果及检测方法）；卫生学检验报告；毒理学评价报告；微生物耐药性试验报告和产毒能力试验报告；安全性评估意见。

杜仲新食品原料的生产工艺应当包括下列内容：（1）未经加工处理的或经过简单物理加工的原料的生产工艺流程及关键步骤和条件，非食用部分去除或可食部位择取方法；杜仲种植或养殖规模、生长情况和资源的储备量，可能对生态环境的影响；采集点、采集时间、环境背景及可能的污染来源；农业投入品使用情况。（2）从杜仲中分离的和原有结构发生改变的食品成分：详细、规范的原料处理、提取、浓缩、干燥、消毒灭菌等工艺流程图和说明，各环节关键技术参数及加工条件，使用的原料、食品添加剂及加工助剂的名称、规格和质量要求，生产规模以及生产环境的区域划分。（3）其他新研制的食品原料：详细的工艺流程图和说明，主要原料和配料及助剂，可能产生的杂质及有害物质等。

新食品原料的国内外研究利用情况和相关安全性评估资料应当包括下列内容：（1）国内外批准使用和市场销售应用情况；（2）国际组织和其他国家对该原料的安全性评估资料；（3）在科学类期刊公开发表的相关安全性研究文献资料。

《新食品原料安全性审查管理办法》增加了向社会征求意见的程序。即受理新食品原料申请后，相关部门向社会公开征求意见，在不涉及企业商业机密的前提下，公开其生产工艺及执行的相关标准等。国家卫生计生委自受理新食品原料申请之日起60日内，应当组织专家对新食品原料的安全性评估进行审查，做出审查结论。

《新食品原料安全性审查管理办法》进一步规范了新食品原料应当具有的食品属性和特征，为规范新食品原料安全性评估审查工作提供了更为严格的依据。

（五）杜仲新食品原料（新资源食品）产业发展

1. 杜仲新食品原料批复情况

杜仲（*Eucommia ulmoides* Oliv.）是经第四纪冰川侵袭后残留下来的孑遗植物，在我国作为中药已有 2000 多年的历史。我国第一部药书《神农本草经》将杜仲列为上品，具有"补肝肾、强筋骨、安胎、降血压"的功效。《本草纲目》载："昔有杜仲服此得道，因以名之。思仲、思仙，皆由此义。杜仲，能入肝而补肾，补中益精气，坚筋骨，强志，治肾虚腰痛。久服，轻身耐老……"近代大量研究证明，杜仲无毒副作用。

2009 年 9 月 27 日，中华人民共和国卫生部公告（2009 年第 12 号）称："根据《中华人民共和国食品安全法》和《新资源食品管理办法》的规定，批准 γ-氨基丁酸、初乳碱性蛋白、共轭亚油酸、共轭亚油酸甘油酯、植物乳杆菌（菌株号 ST–Ⅲ）、杜仲籽油为新资源食品。上述 6 种新资源食品用于食品生产加工时，应当符合有关法律、法规、标准规定。"杜仲籽油是国家批准的第一个以杜仲为原料的新食品原料。杜仲籽油 α-亚麻酸含量达 60% 左右，为核桃油、橄榄油中所含 α-亚麻酸的 8~60 倍。α-亚麻酸不仅能维持大脑和神经机能，增强人的思维、记忆和应激能力，保护视力、提高儿童智力、抗衰老，对孕妇与婴幼儿具有健脑作用，而且具有降血压、调节血脂、减肥、抗抑郁、抗菌消炎、增强免疫力、预防心肌梗死和脑梗死、抑制过敏反应、抑制癌细胞发生和转移等功效。食品安全毒理学研究发现，杜仲籽油安全无毒。

2014 年 4 月 16 日，国家卫生计生委发布关于批准杜仲雄花等 6 种新食品原料的公告（2014 年第 6 号）："根据《中华人民共和国食品安全法》和《新食品原料安全性审查管理办法》有关规定，现批准壳寡糖、水飞蓟籽油、柳叶蜡梅、杜仲雄花、乳酸片球菌、戊糖片球菌为新食品原料。生产经营上述食品应当符合有关法律、法规、标准规定。"这是继"杜仲籽油"后，国家批准的第 2 个杜仲方面的新食品原料。杜仲雄花是杜仲雄树在每年初春时开的花，20 世纪 90 年代初以来，杜红岩研究员对杜仲雄花开始了为期 20 多年的系统研究，并以杜仲雄花为原料生产出杜仲雄花茶，于 1998 年首创"杜仲雄花茶及其加工方法"，2001 年获国家发明专利授权。研究发现，杜仲雄花含 80 多种天然活性物质，含有丰富的木质素类、苯丙素类、环烯醚萜类、酚类、多糖类和人体必需的氨基酸、维生素、生物碱，以及人体所需的矿质元素钙、铁、锌、锰、硼、铜、钾等。杜仲雄花茶具有无毒降三高（高血压、高血脂、高血糖）、补肝肾、促进睡眠、提高免疫力等诸多养生功效，且其汤色黄绿透亮，口味接近普通茶叶又具有独特的清香，饮用爽口，得到国内同行专家和日本杜仲专家的好评。

2. 杜仲新食品原料产业化开发情况

在杜仲新食品原料应用过程中，我国从事杜仲研究的科研单位、高等院校、企业等，积极推进有关新食品原料的研究与开发。中国林业科学研究院经济林研究开发中心、河南大学药学院等单位，对杜仲雄花及其产品开发、杜仲籽油及其产品开发等均做了大量系统的研究工作。

杜仲雄花研究结果：杜仲雄花含有大量活性成分和营养成分，其中氨基酸含量达 20% ~ 23%，杜仲黄酮含量达 3.5% ~ 4.2%，具有降血压、降血脂、防癌、抗癌、抗病毒、增强免疫力、镇静催眠、抗惊厥、抗疲劳、抗应激、抗肌肉骨骼老化、抗衰老、抗皮肤光老化、减肥、保肝利胆、利尿、抑制 α - 葡萄糖苷酶活性等药理活性，且无毒副作用。以杜仲雄花为主要原料研发的主要产品包括杜仲雄花茶、杜仲雄花茶饮料、杜仲雄花酒、杜仲雄花干红、杜仲养生挂面、杜仲营养饼干、杜仲豆芽等。

杜仲籽油研究结果：杜仲籽油中富含 α - 亚麻酸，含量为 55% ~ 67.6%，不饱和脂肪酸含量高达 91.18%，人体必需脂肪酸（EFAS）——亚油酸与 α - 亚麻酸含量总和达 73.68%，维生素 E 含量为 32 毫克/100 克。以杜仲籽油为原料研发出的主要产品包括杜仲 α - 亚麻酸软胶囊（杜仲籽油软胶囊）、杜仲亚麻酸调味油、富含 α - 亚麻酸的蛋黄酱、杜仲营养饼干、杜仲籽油系列化妆品等。

在杜仲新食品原料（新资源食品）产业化开发过程中，一些杜仲企业做出了积极贡献。在中国林业科学研究院经济林研究开发中心和河南大学药学院等单位的支持下，相关企业分别将杜仲籽油和杜仲雄花向国家卫生部和卫计委申报新食品原料，并最终得到了批复，为杜仲籽油和杜仲雄花资源的应用与产业化开发起到了极大的推动作用。国内相关科研院校等机构对杜仲资

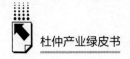

源的利用和产业化进行了不同程度的开发和研究，目前以杜仲雄花为主要原料研发出的杜仲雄花茶等杜仲雄花系列产品、以杜仲籽油为主要原料研发出的杜仲 α‑亚麻酸软胶囊等系列产品已经在河南、山东、陕西、甘肃等杜仲产区实现产业化开发，是目前我国杜仲产品开发最成功、最活跃、效益最高、发展势头最好的产品。这些产品的产业化开发为综合利用我国杜仲橡胶资源，全面提高我国杜仲资源的利用率，大幅度提高杜仲的经济效益和社会生态效益，促进我国杜仲产业持续健康发展，逐步建设我国生态资源经济体系都具有十分重要的意义。

分 报 告

Subject Reports

G.2

中国新型杜仲橡胶资源培育与产业科技
支撑能力评价报告

杜红岩　胡文臻　乌云塔娜　朱高浦　杜兰英　荆　腾　魏艳秀*

摘　要：

杜仲作为我国十分重要的国家战略储备资源，近年来在杜仲橡胶资源培育和产业发展方面取得了长足的进步，也得到了社会各界的广泛关注，特别是2013年《杜仲产业绿皮书》首次发布以后，新华社、中央电视台、《人民日报》、《光明日报》、中国网等30家新闻媒体给予了极大关注与支持。杜仲产业发展得到了国家有关部委的普遍重视，也受到了社会的空前关注，一些大型央企对参与杜仲产业发展表现出浓厚兴趣，民间资本要求参与杜仲产业发展的呼声越来越高。本文依据大量实际调查数

---

* 杜红岩、乌云塔娜、朱高浦、杜兰英、荆腾、魏艳秀，中国林业科学研究院经济林研究开发中心，郑州，450003；国家林业局杜仲工程技术研究中心，郑州，450003。胡文臻，中国社会科学院社会发展研究中心，北京，100732；国家林业局杜仲工程技术研究中心，郑州，450003。

据，对我国杜仲分布区新型杜仲橡胶资源的培育情况进行了分析。《杜仲产业绿皮书》（2013）发布一年来，杜仲果园化高效栽培等新型杜仲橡胶资源培育技术逐步得到有关部门的关注，但新型杜仲橡胶资源培育基地建设缓慢，已成为影响杜仲产业发展的瓶颈问题。从杜仲产业科技支撑能力的总体情况来看，科技支撑在不同时期对我国杜仲产业发展均起到了良好的推动作用，特别是2010年中国社会科学院组织的国情调研重大项目杜仲项目实施以来，我国杜仲产业的科技支撑能力有了显著提高。但是我国系统开展杜仲研究的单位较少，且水平参差不齐，大多数单位的科研产出集中在发表文章上，具有产业化应用前景的科研产出严重匮乏，在支撑杜仲产业发展方面明显乏力。本文根据目前新型杜仲橡胶资源培育和科技支撑的现状，提出了我国新型杜仲橡胶资源培育与产业发展的指导意见。

关键词：

杜仲　新型橡胶资源　科技支撑　指导意见

一　我国新型杜仲橡胶资源培育情况评价

杜仲是我国特有资源，为地质史上残留下来的孑遗植物，属国家二级保护野生植物。杜仲适应性极强，在我国亚热带至温带的27个省（自治区、直辖市）均有种植，北自吉林、辽宁，南至福建、广东、广西，东达浙江、江苏、上海，西抵新疆。目前我国杜仲栽培范围在北纬24.5°～41.5°，东经76°～126°，南北跨17°约2000公里，东西横跨50°达4000公里左右；垂直分布海拔达2500米。全国杜仲栽培面积36.0万公顷，占世界杜仲资源总量的99%以上。随着研究和人们对杜仲认识的不断深入，杜仲的利用途径和范围逐步扩大，赋予杜仲产业的内涵不断扩展，特别是杜仲橡胶的广泛应用，对杜仲橡胶资源培育提出了全新的要求。作为国家战略储备资源的杜仲橡胶资源的培育，是杜仲橡胶复合产业发展的根基。但传统培育方式与现代杜仲橡胶资源培育技术在杜仲产业发展过程中出现了激烈碰撞，主要产区政府及行业主管部门对现代杜仲产业的特点、内涵缺乏基本的认识，基层林业部门对杜仲产业的认识多数仍然停留在"杜仲是一种名贵中药材"的阶段。新型杜仲橡胶资源培育技术虽取得了革命性突破，但是这些技术的示范与推广举步维艰，目前符合现代杜仲产业发展的培育技术和资源寥寥无几，这已经成为制约杜仲橡胶资源与产业发展的最主要瓶颈问题。

（一）传统杜仲栽培模式及其存在的突出问题

由于杜仲长期取皮入药的利用特点，两千多年以来，我国一直沿用传统的药用经营模式，树高可达 20 米以上，主要产品是杜仲皮，木材、果实、树叶等为副产品。调研组对位于伏牛山北坡的传统杜仲栽培基地河南省汝阳县进行了调研。汝阳县是我国主要杜仲基地之一，也是我国杜仲传统栽培模式的典型地区，1987 年曾被原林业部批准为全国杜仲基地示范县，栽培面积约 10 万亩。20 世纪 80 年代末至 90 年代中期，杜仲皮市场需求旺盛，价格快速蹿升，1988 年国内杜仲皮市场价从每千克 20 ~ 30 元，迅速提高到 1994 年的每千克 100 ~ 200 元，出口价格更是高达每千克 60 ~ 80 美元（按照当时汇率折合人民币 510 ~ 690 元）。但是，1996 年杜仲皮价格暴跌至每千克 5 ~ 10 元，并在 1996 ~ 2010 年一直在谷底徘徊了 15 年，其间杜仲皮市场价基本维持在每千克 8 ~ 20 元的低位。经济效益的直线下滑，严重挫伤了林农经营杜仲的积极性，杜仲产业遭遇到前所未有的挑战。杜仲资源在 1988 ~ 1995 年的盲目发展导致了严重后果，到 2000 年，林农无奈开始砍伐杜仲树，使得杜仲栽培面积迅速下滑，为决策者和研究人员带来了更多的思考。究其原因，一方面杜仲栽培面积膨胀式扩张，全国杜仲栽培面积从 1988 年的约 2 万公顷迅速扩张到 1995 年的 40 万公顷左右，栽培面积在短短 8 年时间内扩大了约 20 倍。面积扩大，杜仲皮产量大幅度提高，而作为中药材其受众群体和市场容量相对稳定，资源盲目扩张只造成杜仲皮严重供过于求。而另一方面，像汝阳县这样的老杜仲产区仍然沿用传统的药用栽培模式，仅利用其取皮入药的单一用途，当杜仲皮市场滑坡时，经济效益便直线下降。据调查，像汝阳这样的主产区，杜仲曾经是林农主要的收入，占林农全部收入的 50% ~ 80%，是林农赖以生存的主要经济来源。而"皮贱伤农"严重影响了杜仲主要产区林农的收入，在河南汝阳、陕西略阳和贵州遵义等国家

级杜仲基地甚至影响了地方经济的发展。

在杜仲皮市场处于低谷时，中国林业科学研究院经济林研究开发中心等单位一直努力在杜仲综合利用方面开展创新研究，且卓有成效。从单一的杜仲皮利用的传统药用栽培模式，到杜仲果实、杜仲叶、杜仲雄花、木材综合开发的果园化栽培模式的创新；从单一药用研究，上升到国家战略资源杜仲橡胶、关乎民生和国民健康的杜仲亚麻酸油及杜仲花粉资源、涉及食品安全的杜仲叶功能饲料等研究与应用的全方位突破，都为杜仲产业的发展注入了强大的活力。杜仲果实、杜仲雄花、杜仲叶等开始得到全面利用，市场价格稳中有升，市场活力开始显现。然而，像河南汝阳、贵州遵义、湖南慈利、陕西略阳等全国大多数杜仲产区，高大的药用杜仲林随处可见，在立地条件较好的伏牛山区，现有杜仲资源树体高大，20 年生杜仲树胸径可达 20~25 厘米，树高 15~20 米。而杜仲果实产量每亩仅 5 千克左右，杜仲雄花鲜花每亩产量不足 10 千克，每亩杜仲叶产量也仅 100 千克左右。由于杜仲皮收购价一直偏低，每千克仅 5~15 元，林农靠杜仲皮基本没有收益；而杜仲果实采收率不足 20%，杜仲叶则基本没有利用。由于杜仲雄花茶等产品的开发，杜仲雄花近几年开始利用，但产量低，杜仲雄花收购价每千克仅 5 元，与灵宝和甘肃的每千克 30~60 元有天壤之别。林农靠种植杜仲每亩年收入不足 500 元，且传统药用栽培模式杜仲果实、雄花等原料采集十分困难，采集成本高，这些资源在现代杜仲产业化开发中利用率极低、效益差的现状没有得到根本改变。当地政府和林业主管部门对改变杜仲产业现状的愿望是迫切的，然而对杜仲产业发展的新技术和新阶段尚没有清晰的认识。

（二）新型杜仲橡胶资源培育模式——果园化栽培模式与技术创新给产业注入的强大活力

目前 95% 以上的现有林采用传统药用林栽培模式，杜仲橡胶产量低，综合效益差。利用现有资源开展杜仲橡胶产业化开发难度极大。以我国现有的杜仲橡胶资源，年产杜仲橡胶不足 5 万吨，面对全国每年 300 万吨左右天然橡胶的需求量，根本无法满足。进行杜仲资源培育技术创新，大幅度提高杜仲橡胶资源的产量和质量，是摆在我们面前的重大课题。

杜仲产业健康有序发展，一方面需要政府部门的正确决策和引导，符合市场经济发展规律和市场调节规律；另一方面，需要广大科技人员从技术层面研究杜仲高产高效栽培和综合利用技术，大幅度提高杜仲种植的产出和综合效益，这是杜仲产业发展十分重要的环节。

随着杜仲新用途的不断发现，特别是杜仲橡胶许多独特性能的发现及其加工工艺的重大突破、杜仲亚麻酸油及花粉食品的开发利用、杜仲叶功能饲料和功能型食用菌的开发，杜仲的应用范围逐步拓宽，不再局限为一种中药材，而蕴含着巨大的开发潜力。传统杜仲药用栽培模式综合利用率低，经济效益差，已远不能满足杜仲生产和产业化发展的迫切需要。因此，全方位进行技术创新显得十分必要和迫切。一方面从良种选育开展系统研究，另一方面从栽培模式及其技术创新进行突破，这是杜仲高产高效培育研究的两个核心领域。为此，中国林业科学研究院经济林研究开发中心从 20 世纪 90 年代初开始，对杜仲果园化栽培模式、杜仲雄花园栽培模式、杜仲叶用林栽培模式等新型栽培模式，进行了长达 20 余年的系统研究，并取得颠覆性重大突破。

杜仲果园化栽培模式是杜仲产业发展最主要的技术创新之一。这种模式将我国沿用两千余年的传统药用经营模式进行了重大改革，由传统的以生产杜仲皮为主的药用栽培模式转向以生产杜仲果实为主，果、皮、叶、雄花综合利用的全新栽培模式，使杜仲生产逐步走向果园化、园艺化、集约化。从 1992 年开始，经过 20 余年的系统研究，取得重大突破：杜仲产果量和果实产胶量比传统药用栽培模式提高 32～40 倍，单位面积杜仲果、杜仲叶综合产胶量提高 3.8～4.4 倍，经济效益大幅度提高，是杜仲天然橡胶资源培育和综合利用最佳的栽培模式，具有重要的学术意义和产业化开发价值，2011 年荣获"河南省科技进步一等奖"。

由于杜仲叶含胶量仅 2% 左右，以杜仲叶为原料提取杜仲橡胶产胶率低，原料和提胶成本高。而杜仲果皮含胶量高达 17% 以上，利用杜仲果皮提胶成为降低杜仲橡胶生产成本的最直接、最有效的手段之一。杜仲果园化栽培模式系统解决了长期以来困扰杜仲产业化的突出问题，即用途单一、低产低效等。

通俗地讲，杜仲果园化栽培模式就是像在北方种苹果、在南方栽柑橘那样种植杜仲。2000 年，在中国林业科学研究院经济林研究开发中心指导下，果园化栽培模式首先在位于小秦岭山区的河南省灵宝市应用，经过 10 多年的栽

培实践，取得了十分显著的示范效果。目前已建立杜仲果园化高效示范栽培基地约 3 万亩。据灵宝市天地科技生态有限责任公司总经理王昌华介绍，应用中国林业科学研究院经济林研究开发中心选育出的高产胶良种，通过果园化栽培，盛果期每亩杜仲果实产量达到 150~200 千克，杜仲橡胶产量达每亩 30~40 千克，2013 年每亩收入 6000 余元，不仅大幅度提高了杜仲橡胶产量，也显著提高了杜仲的经济效益。

杜仲果园化栽培示范基地位于小秦岭干旱山区，气候干旱，土壤贫瘠。由于受气候和土壤等条件限制，杜仲果园每 3 年施肥 1 次，管理水平一般。就是在这样的土壤气候和管理水平下，杜仲产果量仍然达到传统药用栽培模式的 30~40 倍，获得了较高产量和令人满意的收益。通过果园化栽培，一方面大幅度提高了产果量、杜仲橡胶产量和杜仲亚麻酸油产量，另一方面也便于果实、杜仲叶等原料的采摘。

从河南省实施杜仲果园化高效栽培技术的实践，可以得出如下结论：一方面，杜仲果园化高效栽培综合利用潜力大、效益显著，是培育优质杜仲橡胶资源、提高杜仲橡胶产量的主要栽培模式，也是今后我国建立杜仲产业化基地的主要方向；另一方面，一种新的栽培模式需要长期系统研究和创新实践，杜仲果园化栽培还具有较大的增产潜力和技术创新空间。目前山东、甘肃、安徽、湖南、陕西等地，依托企业开始建立规模化杜仲果园栽培示范基地，这是一个良好的开端。

（三）全国各杜仲产区新型杜仲橡胶资源培育情况

河南省：河南省是国内首先对中国林业科学研究院经济林研究开发中心研究出的新型杜仲橡胶培育模式——果园化栽培模式进行示范的地区。在中国林业科学研究院经济林研究开发中心专家的长期指导下，三门峡（灵宝）、商丘、洛阳、许昌、郑州、新乡等地先后建立杜仲果园 2250 公顷、雄花园 105 公顷、叶用林 120 公顷。以灵宝小秦岭山区为代表的杜仲果园化高效培育模式，自 2000 年营建以来，取得了建园 2~3 年开始结果、5~7 年丰产的目标，果实产量比相邻的杜仲传统栽培模式提高 35~38 倍，经济效益也大幅度提高。据调查，2013 年杜仲果园每亩收入 6000 余元，而传统药用栽培模式 2013 年收入仅 500 元左右，新型杜仲橡胶资源培育模式取得的综合效果是显而易见的。这为我国新型杜仲橡胶资源培育技术的大面积推广起到了良好的示范和带动作用。2000～2014 年的 15 年时间中，新型杜仲橡胶资源培育模式吸引了国内主要杜仲产区上百个考察团和日本专家前来参观学习，为新型杜仲橡胶资源的培育与基地建设起到了良好的示范作用。2013～2014 年，河南省三门峡、许昌、新乡、商丘等地新建杜仲果园 152 公顷、雄花园 55 公顷、叶用林 20 公顷。

2014 年，国家林业局造林司、中国林业科学研究院经济林研究开发中心（国家林业局杜仲工程技术研究中心）、河南省林业厅组成联合调研组，于 5 月 5～9 日赴河南对杜仲产业现状进行了深入调研。调研组实地考察了汝阳传统杜仲培育基地、灵宝现代杜仲产业资源培育基地、洛宁现代农业科技园区、国家林业局杜仲工程技术研究中心杜仲种质资源库，认真听取了地方政府、有关企业、科研机构、林业部门、村民代表的情况介绍及意见建议，并走访了中科院化学所严瑞芳研究员、中国社科院国情调研重大项目杜仲课题组的有关负责人。调研组认为：第一，现代杜仲产业发展潜力极大。杜仲橡胶及相关产业、营养保健产业、健康饲料和安全食品产业、生态建设和城乡绿化产业等均具有极大的发展潜力。第二，我国杜仲资源培育及开发方式实现了革命性创新。中国林业科学研究院经济林研究开发中心（以下简称中国林科院经济林中心）杜仲创新团队 30 年来潜心研究，在杜仲定向育种、栽培模式与技术、资源综合利用、产品研发等领域取得多项具有里程碑意义的重大突破，对杜仲资源培育方式进行了革命性的创新，杜仲产业发展方式由粗放、低产、低效、单一转向精细、高产、高效、综合，为传统杜仲产业向现代杜仲产业转变和持续健康发展提供了坚实的科技支撑。第三，现代杜仲产业发展中还存在一些突出问题。新型杜仲橡胶资源储备严重不足，已经成为制约杜仲产业发展的瓶颈因素；各级政府和林业部门对现代杜仲产业的特点、内涵缺乏基本认识，有待进一步提高。像汝阳县这样曾经的全国杜仲基地县，行业主管部门和主要领导对杜仲果园化栽培模式几乎一无所知，对杜仲产业新的发展趋势不了解，固守传统栽培模式，当地林农在杜仲培育新技术方面得不到应有的指导，杜仲林基本处于自生自灭状态，这已经成为制约当地杜仲产业发展的最主要因素之一。第四，国家要高度重视并科学推进现代杜仲产业健康持续发展。

湖南省：湖南省是我国杜仲主要产区之一。国有江垭杜仲林场是我国在20世纪50年代建立的三大杜仲专业林场之一，主要以生产杜仲药材（杜仲皮）和提取杜仲橡胶为目的。但是栽培模式一直沿用乔木林的模式，资源培育由以往的国有造林为主发展到国家、集体、个人一起上；由分散经营为主向基地化、规模化、林场化方向发展。主要产区多采取统一规划、分户或联营造林、林场管理、收益比例分成的经营形式，以提高规模效益。这一经营形式一直沿用至今，但杜仲产生的经济效益越来越低。传统种植模式缺乏杜仲综合利用技术，除了杜仲皮和部分杜仲叶被利用外，杜仲果和杜仲雄花等原料均未被开发利用。缺乏起带头示范作用的龙头企业、缺少规划统筹的组织机构也是造成湖南杜仲产业一直原地踏步、停滞不前的重要因素。由于缺少对杜仲产业现状及发展前景的规划与分析，只靠各林场、生产基地自发种植，湖南各地都曾出现过盲从行为，大量栽植杜仲，最终杜仲产品价格下跌，不仅经济效益骤降，也严重挫伤了各地对杜仲种植生产的信心与积极性。

在意识到这些问题后，湖南省内一些具有悠久杜仲种植历史且杜仲栽培面积较大、杜仲资源丰富的地区开始思考新型杜仲经营管理模式，吉首和张家界等地先后尝试采用杜仲果园化高效栽培模式，并计划每年建立杜仲果园等新的栽培模式示范基地1000公顷以上。但是，从2012年开始尝试建立杜仲果园，到目前杜仲果园种植面积仅有约20公顷。有关专家到吉首现场考察后发现，这种所谓的杜仲果园极不规范，从建园到管理都远未达到杜仲果园化栽培的技术要求，不能起到基本的示范效果。在传统杜仲产区要建立新型杜仲橡胶资源培育基地任重而道远。

中南林业科技大学博士生导师金晓玲教授，南方林业生态应用技术国家工程实验室主任、博士生导师闫文德教授，吉首大学彭密军教授和杜亚填教授，部分企业管理人员，2012～2014年都曾专程到中国林业科学研究院经济林研究开发中心杜仲果园化高效栽培基地参观考察，通过详细的考察学习，他们已经对杜仲果园化高效培育技术有了颠覆性的全新认识和理解。希望湖南省参与杜仲研究的有关高校和科研单位能够对湖南省在新型杜仲橡胶资源培育方面给予更多的科技支撑，同时希望湖南省行业主管部门切实重视新型杜仲橡胶资源的培育，提升湖南省杜仲种植与产业化水平，有效增加林农收入，促进湖南省杜仲产业持续健康发展。

贵州省：贵州省是我国杜仲的核心产区之一。遵义杜仲林场是我国最早建立的杜仲专业化林场之一，20世纪50年代建立了大规模杜仲林，用于提取杜仲橡胶和生产杜仲皮。在随后的半个多世纪中，贵州省杜仲资源得到快速发展，全省杜仲种植面积约为2.6万公顷。贵州省遵义县2001年曾被国家林业局命名为"中国杜仲之乡"。据调查，贵州省和全国多数产区一样，现有杜仲绝大多数采用传统药用栽培模式，"粗放、低产、低效、单一"的特点十分突出。2008年5月，杜红岩研究员在参加由中宣部、统战部、科技部、环保部、铁道部、卫生部、国家林业局、国家粮食局、国务院扶贫办、共青团中央、中国科协和贵州省人民政府共同主办的"振兴老区，服务三农，科技列车贵州行"活动中，与贵州省遵义市有关领导座谈时，提出在贵州省进行杜仲果园化栽培的建议，得到有关部门的积极响应。以下是《贵州日报》2008年5月29日的报道：《以种果树的方法种杜仲》。

5月18~20日，参加"科技列车贵州行"活动的国家林业局泡桐中心博士杜红岩和省中医研究院研究员冉懋雄，专门调研考察了遵义市杜仲种植与开发，为培育杜仲产业把脉问诊。专家们提出，作为我省重要的中药资源，建设杜仲GAP种植基地已经迫在眉睫。而实现杜仲的综合利用与开发，就要像种果树一样种杜仲，实现杜仲的果园化栽培。

遵义市是杜仲的原产地，从上世纪50年代，遵义市就开始营造杜仲林场。上世纪90年代中期以后我国杜仲的开发利用，一度处于低潮期，遵义市的杜仲种植面积也从最高峰的50万亩下降到目前的30万亩。然而，随着杜仲综合利用科技攻关的不断突破，杜仲产业又开始逐渐升温。在红花岗区巷口镇的杜仲林中，看到郁郁葱葱成长的杜仲林，杜红岩与冉懋雄对当地林业局工作人员说，这是丰富而宝贵的资源，一定要保护好。

杜仲最为成熟的利用方式是树皮与树叶入药。目前，遵义市多家药企正在生产杜仲降压片等产品。在我省已经确定重点开发的地道药材中，杜仲名列第二。冉懋雄说，制药企业应该大力投入杜仲的GAP种植基地建设，这是实现中药现代化的必由之路。

杜红岩博士此次为遵义带来的整套杜仲果园化栽培技术方案，成为杜仲综合利用开发的基础。杜红岩说，除了树皮和叶子可以入药，杜仲全身都是宝，杜仲雄花可开发保健茶，种子可以提取和深海鱼油成分基本相同的不饱和脂肪酸，种皮则富含杜仲橡胶，对杜仲的综合开发利用，完全可以培育出一个大产业。而像种果树一样种杜仲，是培育杜仲产业的"第一车间"。

杜红岩的方案得到了遵义市的热切回应。杜仲橡胶的提取成为双方共鸣的焦点。遵义市曾通过与中科院合作，从杜仲叶中提取杜仲橡胶，但是，由于叶子中的胶含量仅2%左右，导致其产品成本10倍于普通橡胶，无法得到市场认可。市林科院高工陈之龙算了一笔账：如果实现杜仲的果园化栽培，收获的种皮中胶含量可以达到15%～20%，这将大幅降低提取成本，虽然市场售价仍然高于普通橡胶，但由于杜仲橡胶的使用寿命远远高于普通橡胶，使其得到市场认可的可能性大大增加。

但是，时间过去整整6年了，贵州省杜仲果园化高效栽培模式的实践仍然没有起步，目前还没有营建一片真正的杜仲果园，新型杜仲橡胶培育技术在贵州省的示范推广异常艰难，贵州省杜仲产业仍然在步履艰难中前行。贵州省曾经是我国杜仲第一大省，目前的产业发展却困难重重。希望贵州省各有关部门高度重视现代杜仲产业的发展，有关研究机构加大杜仲应用研究的科研投入，助推贵州省杜仲产业快速发展。

湖北省：湖北省是我国杜仲主要产区之一，杜仲资源分布广泛，几乎遍及全省各县市，东至英山和罗田，西至神农架和恩施，南到崇阳、通城，北到枣阳、陨西。其中神农架是我国杜仲野生资源分布较多的地区，现存有200多年生的杜仲实生大树。湖北省现有杜仲林总面积约3.35万公顷，现有杜仲资源均采用传统药用种植模式。20年前，湖北省杜仲产业在短暂的热潮以后，已经在谷底徘徊了15年以上。陨西黑山林场曾经是湖北省规模较大的杜仲专业林场，在杜仲产业处于低谷时，杜仲林被逐年砍伐，600公顷左右的杜仲林场目前已难觅踪影。果园化栽培等新型杜仲橡胶资源培育技术尚没有得到应用，湖北省目前还没有一片杜仲果园化栽培示范基地。近年来，湖北省也开始重新思考杜仲产业发展问题，一些民营企业也在探索杜仲产业发展新模式，如湖北郧西劲牛杜仲开发有限公司、湖北杜仲科技实业有限公司等在开发杜仲叶、杜仲雄花、杜仲橡胶等方面都进行了积极的探索，但是由于种种原因，都没有取得预期的效果，杜仲产业在湖北省的起步刚刚开始。

陕西省：陕西省是目前我国杜仲种植面积最大的省份，栽培面积约 5.5 万公顷。主要分布在秦岭山地以南、大巴山以北，以汉中的略阳、宁强，安康的岚皋等县最为集中。咸阳、铜川、渭南、延安等渭北丘陵山区也有较大面积的种植。以取皮入药为代表的传统杜仲经营模式，在 20 世纪 80 年代末至 90 年代中期，给这些杜仲产区的林农带来了可观的经济效益，像全国杜仲种植规模最大的略阳县，甚至在很大程度上带动了全县农村经济的发展。但是，种植规模的无序扩张，种植模式和用途的单一，导致杜仲产业在度过短暂的辉煌时期后，杜仲药材（皮）市场过度饱和，杜仲皮价格在 1996 年后一落千丈，从每千克 400 元左右，骤然滑落到每千克 10 元左右。加上杜仲叶、果实、雄花等都没有得到综合利用，略阳的农村经济因杜仲产业而快速发展，又因杜仲而几近崩溃。这种过山车式的产业发展路径，带给地方政府、行业主管部门、林农和杜仲企业深深的反思。回望杜仲产业发展的风风雨雨，略阳是我国杜仲发展最直接和最具有代表性的缩影，传统栽培模式已经成为阻碍现代杜仲产业发展的瓶颈问题。

2004～2006 年，杜红岩曾经赴略阳县指导杜仲果园化栽培技术，并进行了高接换优示范，取得了良好的效果，但是新型杜仲橡胶资源培育模式随后并没有在陕西省杜仲生产中实际应用。一方面，现有杜仲资源根本无法适应现代杜仲产业的要求，资源的综合利用性差，杜仲树本身的开发潜力难以发挥，林农经营杜仲的收益极低，产业发展的隐患日益显现；另一方面，面对新型杜仲橡胶资源培育技术现有林农和相关企业缺乏基本的职业敏感性和责任感，新的培育模式和技术难以推广。更重要的是地方政府和地方林业主管部门缺乏对杜仲橡胶国家战略地位的理解，而面对杜仲资源培育和产业发展存在的突出问题，又没有主动寻找改善和解决的办法，对杜仲产业的政策和资金支持力度都不够，这已严重影响了陕西省杜仲产业的发展。

在陕西省杜仲产业处于低谷时，汉中、安康等地的杜仲公司在积极探索杜仲综合利用的新途径。略阳某公司在利用杜仲种子开发杜仲亚麻酸软胶囊等产品方面进行了不断研究探索，形成了拳头产品，并积极开拓国内和国际市场，取得了不错的经济效益，也带动了杜仲果实的综合利用，给林农带来了一定的经济收益。但是，由于现有杜仲资源果实产量很低，林农靠出售杜仲果实获得收入的途径并没有明显提高杜仲林经营的整体收益，加上杜仲皮价格持续低迷，杜仲叶的利用率不足10%，仍然严重制约了杜仲综合效益的提高。企业通过杜仲果实利用取得了一定的经济效益，在一定程度上也促进了林农增收，但目前对地方农村经济的带动作用是十分有限的。安康某公司专门从事研究、开发、生产和经营杜仲等天然植物医药原料中间体、保健食品原料、高端富硒保健食品以及生物高分子新材料杜仲橡胶及其改性材料。2002年公司与中科院化学所合作，建成年产100吨杜仲橡胶半连续化生产线；2003年从杜仲叶、杜仲皮、杜仲果皮中提取杜仲橡胶及医药原料中间体的生产工艺获得国家发明专利；2012年制定全国第一个天然杜仲橡胶质量地方标准并获通过；2013年杜仲橡胶可塑性夹板获得陕西省食品药品监督管理局一类医疗器械生产注册批文。现在开始着手建立杜仲果园培育新型杜仲橡胶资源。这些都为陕西省杜仲产业的发展做了最基础的铺路工作，但是杜仲橡胶生产线尚没有全面投入规模化生产运营。陕西省内有从事杜仲研究的高等院校，具备良好的科技支撑条件，如何利用这些智库和科技资源，需要陕西省有关部门认真思考。陕西省新型杜仲橡胶资源培育需要克服许多问题和困难，产业发展举步维艰，但仍值得期待。

甘肃省：甘肃省杜仲主要分布在小陇山及其以南的康县、徽县、成县、文县、武都区、两当县和平凉市的华亭县等地。另外，在干旱半干旱地区的兰州北山和黄河滩地都成功引种了杜仲，为西北地区绿化、改良盐渍土壤提供了经济效益与生态效益于一身的优良树种。全省栽植面积约1.89万公顷，栽培模式仍为传统药用林经营模式。目前陇南的康县为甘肃省杜仲资源分布最集中的地区。2011年5月，中国社会科学院组织的杜仲国情调研重大项目赴甘肃陇南进行调研座谈。调研组分别赴甘肃省陇南市成县、康县等地，对当地杜仲产业的发展现状进行了实地调研和座谈，研究总结杜仲橡胶等工农业复合型循环经济产业集群发展模式。自杜仲国情调研重大项目实施以来，甘肃省政府和有关部门对甘肃省杜仲产业的发展有了全新的认识，近年来从政策和资金等方面给予了杜仲产业大力支持。以甘肃润霖杜仲种植产业开发有限公司为代表的杜仲企业，通过与中国林业科学研究院经济林研究开发中心等单位开展全面科技合作，从杜仲良种推广、新型杜仲橡胶资源培育、杜仲橡胶生物提取，以及杜仲雄花茶饮料、杜仲功能型食用菌、杜仲功能饲料生产等方面进行了全面开发，其中新建杜仲雄花园和杜仲果园150公顷左右，为新型杜仲橡胶资源在甘肃省的示范推广奠定了基础。

山东省：山东省是我国东部主要的杜仲产区，是除河南省外最早推广杜仲良种造林的省份。平度市于1993～1996年从河南省洛阳林业科学研究所引种了'华仲1～5号'杜仲良种嫁接苗，营建了杜仲农田林网和丰产林，是我国第一个利用杜仲营建农田林网的省份。从2012年开始，山东青州与中国林业科学研究院经济林研究开发中心和河南大学就杜仲良种繁育、果园化栽培等新型杜仲橡胶资源培育技术，以及杜仲亚麻酸软胶囊研发、杜仲调和油开发等进行全面合作，取得了显著成效。同时贝隆公司在杜仲橡胶提取技术方面有新的突破，目前正在开展综合提胶技术中试与示范。山东贝隆杜仲生物工程有限公司在青州市与当地农业合作社联合，已建立杜仲良种繁育基地30公顷，繁育华仲系列良种苗木300余万株；建立杜仲果园高效示范园200公顷，杜仲雄花园100公顷，使山东成为除河南省外发展新型杜仲橡胶资源面积最大的省份。目前杜仲果园化栽培技术和雄花园栽培技术已开始在青州及其周边地区辐射，山东贝隆杜仲生物工程有限公司为新型杜仲橡胶资源培育技术在我国东部地区的推广做出了积极的探索和重要贡献。

山西省：根据文献（《名医别录》）记载，魏晋南北朝时期，杜仲分布于我国山西省平陆、芮城、运城等地，使这些地区成为我国最原始的杜仲分布区之一。山西省目前杜仲栽植面积为1.2万公顷，主要分布在山西省运城、临汾、长治、晋城等地。近年来，闻喜等地杜仲产业发展迅速，如闻喜绿海林业开发有限公司建立杜仲基地200余公顷，繁育杜仲苗木600余万棵。2014年开始，闻喜县开始规划营建杜仲果园和雄花园。

四川省：四川省是我国重要的杜仲药材生产基地，杜仲栽培历史悠久，以"川仲"而著名。四川省杜仲资源主要分布在川东、川北地区，集中于旺苍、广元、巴中、平武、城口等区县。其中旺苍是四川省发展面积最大的地区，全县栽植量已达 4000 多万株，目前四川省全省杜仲栽植面积约为 3.8 万公顷。这些杜仲资源均采用传统杜仲药用栽培模式，树体高大，种植密度大，生长发育一般，综合利用率低，经济效益差。针对四川省杜仲生产存在的突出问题，有关部门和相关企业都在寻找杜仲综合利用和提高杜仲经济效益的有效途径。从杜仲综合利用情况来看，近年来一些企业借鉴国内最新的杜仲研究成果，开始从杜仲雄花的综合利用着手。广元某公司利用大片的杜仲林资源，大力开发杜仲林下养殖，取得了良好效果，年出栏野山鸡 10 万只，野鸡蛋 200 万枚。这些积极探索在一定程度上提高了局部地区杜仲的经济收益，也为四川省杜仲综合利用积累了一定的经验。但是这些探索缺乏系统性、整体性，对四川省杜仲产业的带动作用微乎其微。而从新型杜仲橡胶资源的培育方面来看，果园化高效栽培技术也没有真正在四川省应用，这将影响整个杜仲橡胶产业链的系统性和产业发展后劲。因此，需要四川省政府部门、行业主管部门、企业等从四川省杜仲产业长远发展着手进行布局，整体谋划，系统规划，科学指导，在发展新型杜仲橡胶资源的同时，按照现代杜仲产业发展的要求，科学改造和有效利用现有杜仲橡胶资源，充分发挥现有资源优势，稳步推进新型杜仲橡胶资源培育，促进四川省杜仲产业健康发展。

重庆市：重庆市是我国西南杜仲主要产区之一，其中万州和达州曾经是我国种植面积较大的杜仲基地，两市杜仲种植面积约 2.8 万公顷。在传统杜仲栽培模式主导的前提下，如何开展杜仲综合利用，迅速提高杜仲全树的整体效益，已经成为影响重庆市杜仲产业发展并亟待解决的重要课题。为加强重庆市杜仲资源综合利用，重庆市林业局 2011 年通过市政府公开信箱发布了"关于在重庆市建立杜仲资源综合利用技术研发中心和杜仲橡胶生产基地及叶用杜仲种植基地的建议"：（1）将发展杜仲天然橡胶产业纳入重庆市"十二五"和中长期发展规划，加大对这一新兴产业的政策和资金扶持力度；（2）成立重庆推进杜仲橡胶绿色产业工作小组，尽快制定重庆杜仲橡胶产业发展规划并具体实施；（3）加快重庆高产杜仲橡胶资源的培育速度和规模，特别是加强杜仲高产橡胶良种培育的科技支撑力度，有效解决杜仲橡胶产业发展的优良资源供应问题；（4）加强重庆杜仲橡胶及其配套产品开发的技术创新，建立长期杜仲橡胶产业体系；（5）建立长期杜仲综合利用大产业体系，发挥杜仲橡胶、现代中药等综合效益，以杜仲橡胶产业为突破口，促进长期杜仲综合利用大产业健康持续稳定发展。重庆市当时计划用 3 ~ 5 年时间，投入 100 多亿元人民币，造林 25 万公顷。但是，重庆市的杜仲产业发展不能仅仅停留在规划和纸上，应该尽快落实规划内容，扎扎实实、稳步推进重庆市杜仲产业的发展，为西南杜仲产业发展起到示范和带动作用。

江西省：江西省是我国杜仲产区之一，其中九连山自然保护区位于北纬 24.5°，是目前杜仲引种的最南端。全省杜仲种植面积 1.61 万公顷，多采用传统药用栽培模式。由于栽培模式落后，经营管理不善，多数产区杜仲生长差，杜仲经济收入微薄。从 2012 年开始，江西抚州在中国林业科学研究院经济林研究开发中心专家指导下，开始探索杜仲果园化栽培模式，取得初步成效。目前已建立杜仲果园和雄花园 160 公顷，其中 2012 年营建的杜仲果园，2014 年已开始结果。

安徽省：安徽是我国传统杜仲产区之一，全省各地均有栽培。目前安徽省约有 1.0 万公顷药用杜仲林，主要分布在皖南山区、皖东丘陵区和皖西大别山区，由于没有综合利用，经济效益差，这些杜仲资源正被逐步砍伐。2014 年，中国林业科学研究院经济林研究开发中心开始与安徽省有关企业合作，探索建立新型杜仲橡胶资源培育基地，目前在金寨等地已建立杜仲良种繁育基地 10 公顷，杜仲果园 10 公顷。

河北省：河北省安国市是我国重要的药材集散地之一，素以"药都"和"天下第一药市"驰名中外。安国及其周边地区杜仲种植较集中，目前河北省杜仲栽植面积约 0.4 万公顷。2014 年北京蓝洁利德环境科技有限公司等企业与中国林业科学研究院经济林研究开发中心、中国社会科学院社会发展研究中心合作，开始规划在河北省建立 1000 公顷以上杜仲良种规模化繁育基地和 3.5 万公顷杜仲资源高效培育基地（杜仲橡胶资源基地），逐步建立全球和中国规模化杜仲良种种苗示范基地、万吨杜仲橡胶提炼加工生产线和杜仲新食品原料、药品生产线，建成中国规模化、集团化的杜仲橡胶资源及综合产品开发加工基地。

北京市：北京市是我国园林绿化中应用杜仲最多、效果最好的城市。由于杜仲在北方地区几乎没有病虫害，树形优美，叶片密集，叶色浓绿，遮荫面大，综合抗性强，是北方地区城市绿化的首选树种。北京市 50 年前就开始把杜仲作为行道树用于城市和庭院绿化。万泉河路等许多街道采用后绿化效果极佳，清华大学、北京大学、中央财经大学、北京林业大学、中国农业大学等高校杜仲行道树都有良好的景观效果，北京香山、圆明园等著名旅游景区都有成片杜仲林，在景区绿化中起着非常重要的作用。特别是北京市在全国建立了第一个以杜仲命名的公园"杜仲公园"，占地面积近60公顷。园内有杜仲大树约2.8万株，生长旺盛，绿化效果好。目前北京市区、通州、顺义、昌平、大兴、怀柔、平谷、房山、门头沟、密云、延庆等区（县）均有种植。建议北京市利用高产杜仲橡胶良种，结合通道绿化、小区和公园绿化、城乡一体化建设，建立不同形式的杜仲橡胶资源培育基地，在改善和维护首都生态环境的同时，有效利用好新型杜仲橡胶资源，为杜仲在全国城市绿化中综合效益的发挥起到良好的示范作用。

新疆维吾尔自治区：新疆为我国杜仲引种的最西部地区，1973～2014年的40余年间，杜仲在阿克苏、喀什、伊犁、乌鲁木齐、库尔勒等地先后引种成功，在阿克苏、伊犁等地生长发育良好。近几年，乌鲁木齐附近培育的杜仲苗木能够安全越冬，为杜仲在新疆中北部的引种奠定了良好基础。目前新疆有关企业计划建立新型杜仲橡胶资源培育基地，探索杜仲在新疆的产业发展模式。其中新疆某公司近年来开展了杜仲种植、苗木繁育及农林生物科技开发，目前开发项目有杜仲茶、绿原酸等。公司致力于将杜仲发展成为新疆的绿色产业，开展了杜仲在新疆地区的引种、育苗和栽培工作。2004年4月22日"杜仲引种栽培技术"通过新疆维吾尔自治区科学技术厅成果鉴定。公司已投资建立约60公顷杜仲示范林，栽培苗木近300万株，建立了示范基地和杜仲茶厂。新疆地域广阔，适宜种植杜仲的范围广，生长良好，有效成分含量高，在新疆开展新型杜仲橡胶资源培育前景良好。

吉林省：吉林省为我国引种杜仲的最北部地区，开展杜仲的引种栽培已有23年。集安市孙科才等热心杜仲开发的专家已经总结出一套寒地杜仲良种繁育及抗寒栽培技术，为我国杜仲北移做出了贡献，也积累了较丰富的经验。目前开发的主要产品为杜仲功能饲料及杜仲鸡，尚未开展全方位的综合开发工作。希望国家和地方政府重视杜仲北移引种驯化工作，探索适宜北方地区发展的栽培模式和综合利用技术，为北方杜仲产业发展探索出成功的经验。

北方和西部其他杜仲产区：天津市以培养绿化杜仲树为主，目前还没有进行杜仲规模化种植和产业化开发；辽宁省、宁夏回族自治区等地分别在 20 世纪 70 年代和 80 年代引种杜仲并获得成功，现存杜仲基本上是最初引种的杜仲资源，生长发育良好，但是没有进一步规模化种植。

南方其他杜仲产区：浙江省、福建省、广东省、广西壮族自治区、云南省、上海市、重庆市、江苏省，这些省区的杜仲资源基本维持在 2013 年的种植规模，资源培育和产业发展都停滞不前。

二　我国杜仲产业发展科技支撑能力评价

本文对 1951 年至 2014 年 8 月中英文主要检索数据库、检索平台等收录的论文、专利等文献和重要科研产出进行统计。专业数据库或检索平台主要有《中国知网》、《万方数据知识服务平台》、《维普资讯》、Google Scholar、ScienceDirect、Springerlink、Engineering Village、Proquest、Pubmed、EBSCOhost Research Databases、《书生之家第三代数字图书馆》、《中国林业网》及中国专利检索平台、世界专利检索平台、国家标准检索平台等。

（一）发表杜仲文献的数量、类型统计与分析

1. 文献出版数量、类型随时间变化的分析

1951 年以来，从杜仲文献发表的数量可将杜仲相关研究分为三个阶段：（1）1951～1980 年为起步阶段，这个时期国内外杜仲相关研究较少；（2）1981～2000 年为第二阶段，这个时期杜仲研究的相关文献不断增加；（3）2001～2014 年为快速发展阶段，这个时期杜仲相关文献的发表数量和文献类型均急骤增加。

从文献发表数量上来看（见表 1 和图 1），杜仲文献的发表数量呈现出快速增长的趋势。其中 1951～1980 年文献数量为 64 篇，均为期刊载文，其中中文文献 60 篇，外文文献 4 篇。此时期中文文献较多，说明杜仲作为传统名贵中药材树种在国内占有一定地位，但总体来说，此时期文献数量较少，这与我国当时所处国情及对杜仲的研究认识不足有关；1981～2000 年，文献数量迅速增至 1073 篇，较起步阶段增加 15.8 倍，其中中文文献 1048 篇，占 97.6%，

外文文献 25 篇，说明杜仲相关研究已经引起学者们，尤其是我国学者的关注；2001～2014 年，杜仲相关文献数量激增至 2441 篇，其中中文文献 2260 篇，外文文献 181 篇，外文文献数量相比第二阶段增加了约 6.0 倍，所占比例从 2.3% 上升到 7.4%，增加了 5.0 个百分点。这说明一方面杜仲的相关研究工作已经得到较高的重视，另一方面说明杜仲研究的整体水平在不断提升，已经逐渐成为国际研究的热点。

从杜仲文献的发表类型看（见表 1），杜仲文献的载文涵盖了科学研究的各个层次，并呈现出显著的增长趋势。1951～2000 年的 50 年间，杜仲相关文献的载文类型主要为期刊，而研究生论文、会议论文等类型的成果仅有 12 篇。进入 21 世纪初期，杜仲文献的载文类型扩展至研究生论文集、会议论文集及各类报纸的报道等，尤其是硕博士论文的数量从第一、第二阶段 50 年的 1 篇增加到 21 世纪短短的 13 年间的 192 篇，这说明杜仲研究已经得到相关部门的高度重视，形成了一批稳定的科研团队，并在杜仲人才培养方面粗具规模。

表 1　不同时期杜仲文献数量和类型统计

年代	中文文献				外文文献	合计
	期刊文献	硕博士论文	会议文献	报纸报道		
1951～1960	29				3	32
1961～1970	5					5
1971～1980	26				1	27
1981～1985	50				1	51
1986～1990	117				5	122
1991～1995	353				5	358
1996～2000	516	1	8	3	14	542
2001～2005	497	29	22	54	50	652
2006～2010	736	88	49	49	79	1001
2011～2014	618	75	14	29	52	788
合计	2947	193	93	135	210	3578

2. 杜仲文献的作者分析

本文分别统计了 1951～2014 年、2000～2014 年、2009～2014 年三个时间段以第一作者或通讯作者发表的论文数量。

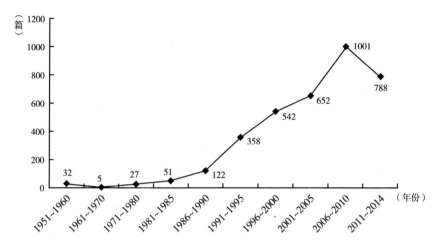

图1 不同时期杜仲文献发表数量走势

（1）1951～2014年第一作者（通讯作者）发表论文数量

从1951～2014年发表的文献数量统计结果来看（见表2），杜红岩研究员以103篇的绝对优势排名第一，其次为李钦教授的29篇，第三为张康健教授23篇，第四为彭密军教授21篇，排在第五位的为乌云塔娜教授16篇（见图2）。

表2 1951～2014年以第一作者（通讯作者）发表论文情况

排名	作 者	篇数	排名	作 者	篇数
1	杜红岩	103	16	李正理	7
2	李 钦	29	17	麻成金	7
3	张康健	23	18	严瑞芳	7
4	彭密军	21	19	白喜婷	7
5	乌云塔娜	16	20	刘攀峰	6
6	宁康健	15	21	杜兰英	5
7	董娟娥	12	22	马希汉	5
8	吕锦芳	12	23	张 檀	5
9	马柏林	12	24	苏印泉	4
10	叶文峰	12	25	陈晓青	4
11	张玉书	12	26	王 淋	4
12	李 琰	10	27	张学俊	4
13	戚向阳	10	28	刘圣金	4
14	崔克明	9	29	彭 胜	3
15	朱文学	7	30	黄 群	3

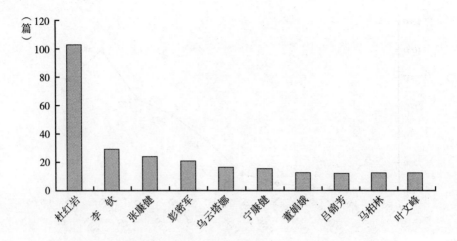

图2　1951～2014年以第一作者（通讯作者）发表论文数前10位

（2）2000～2014年第一作者（通讯作者）发表论文数量

2000～2014年杜仲相关文献的发表数量发生了一定变化（见表3）。以榜单前5名为例，杜红岩研究员以85篇的数量仍然领跑榜单，第二名仍为李钦教授29篇占据，而原排名第三的张康健教授被彭密军教授以20篇的数量取代，乌云塔娜教授则以16篇上升至第四名，与此同时宁康健以15篇排在第五位（见图3）。

表3　2000～2014年以第一作者和通讯作者发表论文数

排名	作者	篇数	排名	作者	篇数
1	杜红岩	85	16	杜兰英	5
2	李　钦	29	17	戚向阳	5
3	彭密军	20	18	陈晓青	4
4	乌云塔娜	16	19	王　淋	4
5	宁康健	15	20	张学俊	4
6	董娟娥	12	21	刘圣金	4
7	吕锦芳	12	22	苏印泉	3
8	叶文峰	12	23	崔克明	3
9	李　琰	10	24	彭　胜	3
10	张康健	9	25	马希汉	3
11	朱文学	7	26	黄　群	3
12	马柏林	7	27	狄留庆	3
13	麻成金	7	28	张永康	2
14	白喜婷	7	29	张玉书	2
15	刘攀峰	6	30	张　檀	2

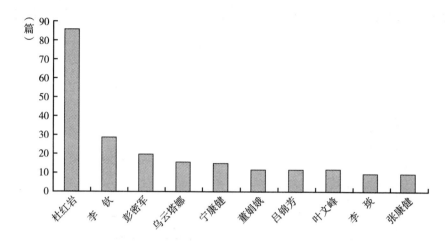

图3 2000～2014年以第一作者（通讯作者）发表论文数前10位

（3）2009～2014年第一作者（通讯作者）发表论文数量

2009～2014年杜仲相关文献的作者排序又产生了一些变化（见表4）。仍以榜单前5名为例，杜红岩研究员以61篇的数量继续领跑榜单，第二名仍为李钦教授26篇，而原排名第三的彭密军教授近5年论文数量下降，被乌云塔娜

表4 2009～2014年以第一作者和通讯作者发表论文数

排名	作者	篇数	排名	作者	篇数
1	杜红岩	61	16	张艳红	3
2	李 钦	26	17	刘慧敏	2
3	乌云塔娜	16	18	苏印泉	2
4	彭密军	10	19	李 煜	2
5	袁云香	9	20	黄 群	2
6	彭 胜	6	21	张昌伟	2
7	李 欣	6	22	张学俊	2
8	张 贤	5	23	夏树林	2
9	刘攀峰	4	24	张 宁	1
10	张 强	4	25	朱文学	1
11	孙兰萍	4	26	马养民	1
12	张 强	4	27	刘昌勇	1
13	杜兰英	3	28	徐艳明	1
14	王 淋	3	29	赵 春	1
15	张琳杰	3	30	麻成金	1

教授以 16 篇取代，彭密军教授以 10 篇排在第四名，与此同时，袁云香以 9 篇的数量上升至榜单第五位（见图 4）。

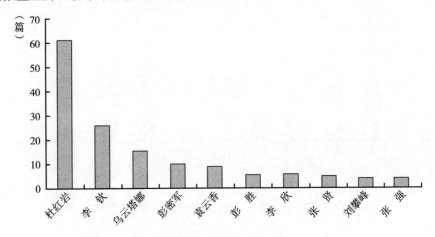

图 4　2009～2014 年以第一作者和通讯作者发表论文数前 10 位

　　从发表文献的研究内容上可以看出，不同学者的研究侧重点不同。杜红岩研究员的研究工作主要集中在杜仲培育技术和良种选育，同时涉及杜仲综合利用及杜仲果实和叶片转录组数据组装及基因功能注释、杜仲橡胶合成分子机理、杜仲雄花化学成分分析、杜仲雄花茶药理等领域的研究工作，单从文献数量和涉及研究领域即可看出其在杜仲研究领域的地位和突出贡献；李钦教授在杜仲雄花、叶片、种仁、树皮主要化学成分含量分析，杜仲雄花茶等的药理研究等方面成绩突出；乌云塔娜教授在杜仲果实和叶片转录组数据组装及基因功能注释，杜仲橡胶合成途径相关基因克隆、鉴定和分析，分子标记鉴定杜仲遗传多样性等方面做了大量系统深入的研究工作；张康健教授则侧重于杜仲造林、生理生化及保健品开发研究；彭密军教授主要开展了杜仲 α - 亚麻酸、黄酮、桃叶珊瑚苷等化学活性成分测定、分析和提取等研究；袁云香集中在植物激素、矿质元素等对杜仲愈伤组织诱导和增殖的杜仲再生体系建立方面的研究工作；等等。上述研究者的工作基本代表了我国杜仲研究领域的现状和水平。

3. 各主要杜仲研究单位发表论文数量分析

（1）近 10 年（2004～2014 年）主要杜仲研究单位发表文献数量分析

从近 10 年杜仲文献发表的主要单位来看，中国林业科学研究院经济林研究开发中心以102篇的绝对优势排在第一位，其次为西北农林科技大学87篇，第三为吉首大学72篇，第四为河南大学38篇，中南林业科技大学以33篇排在榜单的第五位（见表5和图5）。

表5　2004~2014年各主要杜仲研究单位发表文献数比较

单位：篇

排名	杜仲研究单位	发表文献数
1	中国林业科学研究院经济林研究开发中心	102
2	西北农林科技大学	87
3	吉首大学	72
4	河南大学	38
5	中南林业科技大学	33
6	湖南农业大学	32
7	贵州大学	27
8	北京林业大学	26
9	河南科技大学	25
10	中南大学	24
11	遵义医学院	23
12	陕西科技大学	21
13	安徽科技学院	20
14	宜春学院	19
15	陕西理工学院	18
16	陕西中医学院	16
17	中国药科大学	15
18	南通大学	15
19	南京中医药大学	14
20	南昌大学	14

（2）近5年（2009~2014年）主要杜仲研究单位发表文献数量分析

从近5年杜仲文献发表的主要单位来看，中国林业科学研究院经济林研究开发中心仍以81篇稳居榜首，而之后的排名发生了较显著的变化。吉首大学以46篇排在第二名，西北农林科技大学则以39篇滑落至第三名；排名第四的河南大学和第五的中南林业科技大学位次没有发生变化，河南大学和中南林业科技大学两家单位近几年在杜仲研究方面取得了重要的研究成果，而遵义医学院由第11名上升至第6名，发表论文数量增加明显（见表6和图6）。

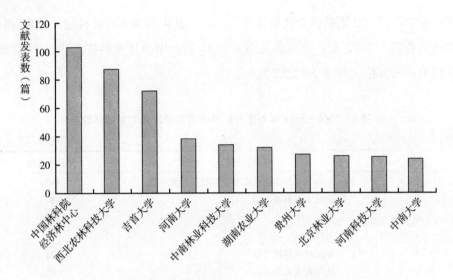

图5 2004～2014年杜仲研究单位文献发表数前10位

表6 2009～2014年各主要杜仲研究单位发表文献数比较

单位：篇

排名	杜仲研究单位	发表文献数
1	中国林业科学研究院经济林研究开发中心	81
2	吉首大学	46
3	西北农林科技大学	39
4	河南大学	33
5	中南林业科技大学	28
6	遵义医学院	23
7	北京林业大学	17
8	贵州大学	15
9	陕西理工学院	14
10	南通大学	14
11	陕西中医学院	13
12	陕西科技大学	13
13	河南科技大学	13
14	湖南农业大学	11
15	渭南师范学院	9
16	湖南省中医药研究院	9
17	蚌埠学院	9
18	中国药科大学	8
19	西北工业大学	8
20	无锡市中医医院	8
21	南昌大学	8
22	湖南中医药大学	8

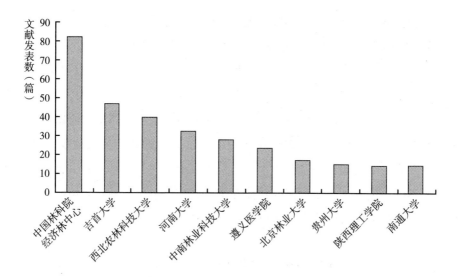

图6　2009～2014年杜仲研究单位文献发表数前10位

从不同单位发表文献的研究内容来看，中国林业科学研究院经济林研究开发中心发表文献数量最多，研究工作主要集中在杜仲良种选育和遗传改良、高效栽培、保健品开发等综合利用方面，尤其是近5年的研究工作已进入分子研究层面，集中在杜仲橡胶合成的分子途径、杜仲种子α-亚麻酸等不饱和脂肪酸代谢途径调控及杜仲全基因组测序等基础研究方面。从文献的发表年代和数量可以看出，该中心在杜仲相关研究方面起步早，研究体系系统、完善，形成了一支实力较强的研究团队，并搭建了国家林业局杜仲工程技术研究中心等技术平台，为杜仲的各项研究工作奠定了坚实基础；西北农林科技大学在杜仲叶化学成分、杜仲雄花茶制作工艺、内生菌分离鉴定、栽培模式对生理指标的影响、杜仲橡胶提取等方面均有所涉猎，但缺乏系统、持续研究，没有形成稳定的研究团队，文章发表数量近年来正在下降；吉首大学侧重对杜仲的活性成分分析、提取等方面的研究工作；河南大学主要集中在杜仲雄花成分分析、提取以及雄花茶的药理作用研究方面，并组建了河南省高校杜仲工程技术研究中心，形成了具有较强创新能力、较为稳定的研究团队；排在第五的中南林业科技大学，与中国林业科学研究院经济林研究开发中心合作，近5年来双方在杜仲果实和叶片转录组数据分析、杜仲橡胶合成分子途径等方面取得实质性进

展，在杜仲分子辅助育种方面做了大量基础性研究工作。

4. 21世纪以来不同领域杜仲文献数量随时间变化的分析

通过对发表在不同领域的杜仲文献数量的统计（见表7），21世纪以来发表的文献中，杜仲化学成分及药物药理学研究领域所占比重最大，为457篇，其次是杜仲的综合利用方面290篇，这与杜仲蕴含的独特药用价值以及巨大的市场开发前景密不可分；而在杜仲病虫害防治方面的研究投入最少，仅有48篇文献发表，主要原因一是杜仲本身病虫害较少，二是对杜仲病虫害防治技术的重视不够，还缺乏系统的研究；而在苗木繁育、遗传育种等领域的分布较为均匀，说明杜仲全方位研究工作已经全面展开。

表7　2000～2014年杜仲各研究领域文献数

单位：篇

年份	育苗	栽培	遗传育种	生物学特性	生理生化	杜仲橡胶	化学成分及药物药理学	综合利用	病虫害防治	其他	合计
2000	10	24	2	6	4	1	22	15	2	12	98
2001	9	18	1	8	6	2	25	7	4	10	90
2002	9	20	1	5	5	1	24	13	3	8	89
2003	11	17	6	6	5	2	22	17	4	10	100
2004	10	11	6	11	10	2	23	16	2	24	115
2005	6	12	5	6	8	2	32	14	3	15	103
2006	11	13	7	10	14	5	24	17	5	23	129
2007	14	16	7	9	16	3	27	16	2	21	131
2008	12	17	9	13	8	3	24	14	4	22	126
2009	11	15	13	15	14	11	39	29	2	25	174
2010	11	16	15	5	12	15	35	27	3	26	165
2011	9	24	18	8	14	14	37	29	4	23	180
2012	5	13	17	7	13	13	36	25	3	20	152
2013	6	17	21	3	6	17	47	34	4	25	180
2014	4	12	14	1	4	11	40	17	3	19	125
合计	138	245	142	113	139	102	457	290	48	283	1957

通过各领域文献数量随年代的纵向比较可以看出（见表7），育苗和栽培领域的文献数量大致呈下降趋势，说明育苗、栽培这些传统领域的技术研究已相对成熟；而遗传育种领域的文献数量基本呈逐年增加趋势，说明在杜仲创新种质研

究方面的各项研究条件得到改善、资金投入逐渐加大、研究深度不断提高；此外，杜仲橡胶合成、提取和化学成分及药物药理领域的研究文献量不断增多，这主要得益于对杜仲蕴含的医疗保健、天然橡胶资源等独特属性的全面认识，说明杜仲具有的特殊潜力逐渐被人们接受和认知，并成为新的研究热点。

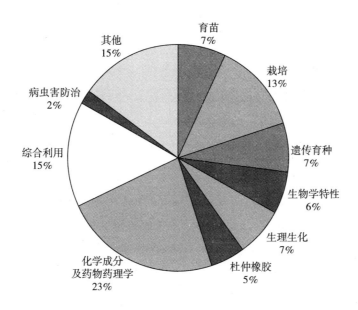

图7　2000～2014年杜仲各研究领域文献发表数比较

（二）出版的学术著作

通过查询中国国家图书馆自1990年开始截至目前约25年的数据库，查询到与杜仲相关的学术著作15部（见表8）。其中2001年和2002年出版著作较多，两年共出版著作4部。作者以张康健教授和杜红岩研究员为主，著作内容涉及培育、良种选育、药理、综合开发利用等各个方面，著作类型有学术专著、科普读物、产业发展报告等各种形式。近5年出版的重要著作、研究报告有《杜仲产业绿皮书》《中国杜仲图志》和《第一层级复合产业哲学——以杜仲橡胶资源培育复合产业研究为例》。

《杜仲产业绿皮书》是我国第一个以单个树种对社会发布的"绿皮书"，从2013年开始由社会科学文献出版社发布（《中国杜仲橡胶资源与产业发展

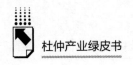

表 8　中国杜仲著作出版情况

序号	著作名称	主编/著/编著	出版社	出版时间
1	中国杜仲图志	杜红岩	中国林业出版社	2014
2	第一层级复合产业哲学——以杜仲橡胶资源培育复合产业研究为例	胡文臻	社会科学文献出版社	2014
3	杜仲产业绿皮书:中国杜仲橡胶资源与产业发展报告(2013)	杜红岩、胡文臻	社会科学文献出版社	2013
4	植物次生代谢与调控	董娟娥	西北农林科技大学出版社	2009
5	杜仲次生代谢物与人类健康	张康健	西北农林科技大学出版社	2009
6	风靡全球的杜仲健康新理念	张康健	西北农林科技大学出版社	2005
7	绿色食品开发利用	谢碧霞、杜红岩	中国中医药出版社	2003
8	中国杜仲次生代谢物	张康健	科学出版社	2002
9	中国杜仲优良品种选育	张康健	西北农林科技大学出版社	2002
10	杜仲	李芳东、杜红岩	中国中医药出版社	2001
11	杜仲栽培技术	张康健	中国农业出版社	2001
12	中国神树——杜仲	张康健	经济管理出版社	1997
13	杜仲优质高产栽培	杜红岩	中国林业出版社	1996
14	中国杜仲	周政贤	贵州科技出版社	1993
15	杜仲	张康健	中国林业出版社	1990

报告》)。2013 年 9 月 18 日,《杜仲产业绿皮书:中国杜仲橡胶资源与产业发展报告(2013)》新闻发布会在中国社会科学院会议中心举行。中央电视台、新华社、《人民日报》、《光明日报》、中国网等 30 家新闻媒体参加了新闻发布会。中国网进行了网络直播,国务院新闻办网站、凤凰网等 300 多家新闻媒体和网站进行了报道或转载。《杜仲产业绿皮书》的发布得到了国家有关部委的高度重视,杜仲产业的发展受到了空前的关注,一些大型央企对参与杜仲产业发展表现出浓厚兴趣,民间资本要求参与杜仲产业发展的呼声越来越高。《杜仲产业绿皮书》对我国杜仲产业发展的影响具有里程碑意义。

《中国杜仲图志》首次以图片的形式,全面系统地介绍了我国最新的杜仲研究成果。我国著名林学家、中国工程院院士尹伟伦教授在序言中指出:

《中国杜仲图志》"首次以图文并茂的形式全面系统展示了杜仲根、茎、叶、花、果实的形态特征，生长发育规律，种质资源遗传多样性，良种选育与繁育技术，杜仲栽培模式和技术创新，杜仲剥皮再生技术，病虫害防治，杜仲综合利用与产品开发等。此专著紧密结合我国杜仲产业化开发的需要，内容全面、系统，以文解图，以图释文，通俗易懂，可谓一本杜仲科研成果的荟萃，更是一本成果推广转化教材，也是一本完善的杜仲百科全书。本专著为我国杜仲种植及产业化开发做了一项十分有益的工作。相信本专著的出版，对促进以杜仲橡胶为龙头的杜仲产业快速发展将起到有力的推动作用。同时希望本专著能成为从事杜仲种植与产业化开发的有关科研、生产、教学、企业界朋友的良师益友。"

《第一层级复合产业哲学——以杜仲橡胶资源培育复合产业研究为例》站在应用、管理、经济、生态、文化、哲学的角度，以应用哲学的思考方式，首次提出第一层级复合产业哲学的概念，并以杜仲橡胶资源培育复合产业研究为例，原创性地探索研究了"生态资源培育与环境能量储备"的新型生态资源经济体系建设模式，为杜仲橡胶资源培育及其产业发展提供了原创性的理论与实践依据。

（三）审定的杜仲良种

从国家林业局政府网站等资料检索情况来看，截至目前我国共审（认）定杜仲良种18个。从良种的主持选育单位来看，18个良种被中国林业科学研究院经济林研究开发中心和西北农林科技大学两家单位包揽。

表9　中国杜仲良种审（认）定情况

序号	良种名称	良种类别	良种审定编号	第一完成人	选育单位
1	华仲1号	国审	国 S－SV－EU－022－2012	杜红岩	中国林业科学研究院经济林研究开发中心
2	华仲2号	国审	国 S－SV－EU－023－2012	杜红岩	中国林业科学研究院经济林研究开发中心
3	华仲3号	国审	国 S－SV－EU－024－2012	杜红岩	中国林业科学研究院经济林研究开发中心

续表

序号	良种名称	良种类别	良种审定编号	第一完成人	选育单位
4	华仲 4 号	国审	国 S – SV – EU – 025 – 2012	杜红岩	中国林业科学研究院经济林研究开发中心
5	华仲 5 号	国审	国 S – SV – EU – 026 – 2012	杜红岩	中国林业科学研究院经济林研究开发中心
6	华仲 6 号	国审	国 S – SV – EU – 025 – 2011	杜红岩	中国林业科学研究院经济林研究开发中心
7	华仲 7 号	国审	国 S – SV – EU – 026 – 2011	杜红岩	中国林业科学研究院经济林研究开发中心
8	华仲 8 号	国审	国 S – SV – EU – 027 – 2011	杜红岩	中国林业科学研究院经济林研究开发中心
9	华仲 9 号	国审	国 S – SV – EU – 028 – 2011	杜红岩	中国林业科学研究院经济林研究开发中心
10	华仲 10 号	国审	国 S – SV – EU – 008 – 2013	杜红岩	中国林业科学研究院经济林研究开发中心
11	华仲 11 号	省审	豫 S – SV – EU – 019 – 2013	杜红岩	中国林业科学研究院经济林研究开发中心
12	华仲 12 号	省审	豫 S – SV – EU – 020 – 2013	杜红岩	中国林业科学研究院经济林研究开发中心
13	大果 1 号	省审	豫 S – SV – EU – 012 – 2011	杜红岩	中国林业科学研究院经济林研究开发中心
14	密叶杜仲	省审	豫 S – SV – EU – 020 – 2009	杜红岩	中国林业科学研究院经济林研究开发中心
15	秦仲 1 号	省审	QLS041 – J26	张康健	西北农林科技大学
16	秦仲 2 号	省审	QLS042 – J27	张康健	西北农林科技大学
17	秦仲 3 号	省审	QLS043 – J28	张康健	西北农林科技大学
18	秦仲 4 号	省审	QLS044 – J29	张康健	西北农林科技大学

　　从数量上看，排在第一位的是中国林业科学研究院经济林研究开发中心选育并审定的良种 14 个，占良种总数的 77.8%，其中国审良种 10 个，占国审良种数量的 100%，从总体上，该中心杜仲良种无论是数量还是质量均拔得头筹。据悉，该中心形成了以杜红岩研究员为首的杜仲创新团队，经过近 30 年研究，以杜仲树皮（药材）利用为育种方向，以提高杜仲皮产量和活性成分含量等为育种目标，选育出'华仲 1 号''华仲 2 号''华仲 3 号''华仲 4 号''华仲 5 号'等 5 个我国历史上首批杜仲良种，产皮量提高 97.8% ~ 162.9% ；

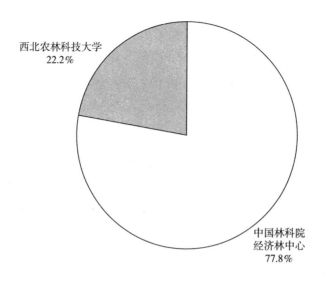

图8　中国杜仲良种审（认）定情况

根据我国杜仲橡胶新兴产业和现代中药产业发展的技术需求，创新以杜仲果实综合利用为育种方向，以提高杜仲果实产胶量和 α – 亚麻酸含量等为育种目标，选育出'华仲6号''华仲7号''华仲8号''华仲9号''华仲10号''大果1号'等6个果用杜仲良种，产果量提高163.8%～236.1%；针对杜仲雄花综合利用的产业发展矛盾，选育出雄花专用的良种'华仲11号'。同时，选育出具有特异性状的'密叶杜仲'和'华仲12号'杜仲新品种。其他4个良种为西北农林科技大学选育，占良种总数的22.2%。其中'秦仲1号'和'秦仲2号'为高胶、高药兼用型优良品种，抗寒性较强，速生；'秦仲3号'为高药型优良品种，抗寒性较弱，较速生，适于雨量充沛的地区栽培；'秦仲4号'为高药、园林绿化兼用型优良品种，该品种药用有效成分含量高，且树干通直，树皮光滑，灰白色，冠形优美，形似白杨，景观效果佳。

从主持选育杜仲良种的单位数量来看，我国系统开展杜仲育种的单位寥寥无几，这也是目前我国杜仲遗传改良研究存在的突出问题。由于杜仲育种工作需要10多年甚至20多年系统研究才能选育出良种，多数单位没有长期的经费支撑，研究工作难以持续开展，许多单位半途而废甚至开始就不敢触及杜仲育种工作。而就目前通过审定的18个杜仲良种看，西北农林科技大学选育出的杜仲良种还是 10 年前审定的，10 年来再没有选育出杜仲良种，近年来审定出的杜仲良种均为中国林业科学研究院经济林研究开发中心主持选育，靠中国林业科学研究院经济林研究开发中心一个单位来支撑全国的杜仲育种和杜仲生产，是极不正常的，给承担单位造成很大的压力，也不利于全国杜仲产业的发展。

（四）授权的国家专利

1. 不同年份授权的杜仲专利数量比较

从中国专利检索平台提供的数据来看，1989～2014 年的 25 年间，中国年授权专利数量虽有所波动，但总的趋势是在增加。截至目前，共检索到杜仲相关授权专利 223 项（其中 2014 年数据检索截止至 10 月 1 日）（见表 10），年均 8.5 项，尤其是 2010 年国情调研杜仲重大项目的实施，对杜仲产业的推动作用十分明显，使近 5 年杜仲年均授权专利数量迅速增加，达 31.8 项。

表 10　1989～2014 年中国授权杜仲专利数量统计

年份	授权专利数	不同类型专利数（项）			不同类型专利占比（%）		
		发明专利	实用新型	外观设计	发明专利	实用新型	外观设计
1989	1	0	1	0	0	100	0
1990	2	2	0	0	100	0	0
1991	1	1	0	0	100	0	0
1992～1996	0	0	0	0	0	0	0
1997	2	2	0	0	100	0	0
1998	1	1	0	0	100	0	0
1999	3	2	1	0	66.67	33.33	0
2000	1	1	0	0	100	0	0
2001	6	6	0	0	100	0	0
2002	3	2	1	0	66.67	33.33	50
2003	8	8	0	0	100	0	0
2004	4	4	0	0	100	0	0
2005	5	5	0	0	100	0	0
2006	7	6	1	0	85.71	14.29	0
2007	9	7	1	1	77.78	11.11	11.11
2008	3	3	0	0	100	0	0
2009	8	8	0	0	100	0	0
2010	11	11	0	0	100	0	0

续表

年份	授权专利数	不同类型专利数（项）			不同类型专利占比（%）		
		发明专利	实用新型	外观设计	发明专利	实用新型	外观设计
2011	14	12	0	2	85.71	0	14.29
2012	25	17	1	7	68.00	4	28
2013	80	33	35	12	41.25	43.75	15
2014	29	22	5	2	75.86	17.24	6.89
合计	223	153	46	24	68.61	20.63	10.76

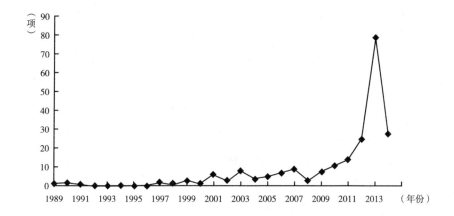

图9 1989~2014年中国授权杜仲专利数量走势

通过对杜仲年专利授权数量的分析，可明显将其分为三个阶段。第一个阶段（1989~2000年）授权专利的数量较少，只有11项专利被检索到，其原因可能是我国的杜仲事业刚刚起步，各项工作处于筹备阶段；第二个阶段（2001~2009年）授权专利总数为53项，年均近6项，数量增长比较平缓，说明杜仲的研究已逐渐引起关注；第三个阶段（2010~2014年）授权数量剧增，达159项，年授权专利数量稳定突破个位数，达到31.8项，尤其是2013年授权专利数高达80项，占专利总数的35.87%。这与我国杜仲研究工作打造了一支稳定的团队、国家长期的科研经费支持、不断的新生力量加入和我国杜仲研究领域的不断拓宽有关。

从专利授权类型上来看，发明专利占主要地位，有153项，占总量的68.61%；其次为实用新型专利46项，占20.63%；外观专利数量最少，为24

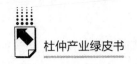

项，占 10.76%。1992～1996 年各项专利授权数均为 0，据了解，这也是杜仲产业发展最困难的五年；而实用新型专利在 2012～2014 年的 3 年间授权数量最多，这与本时期不断有企业等新生力量充实到杜仲研究当中，并发明了与产业化相关的众多实用设备有关。

2. 各单位获得杜仲专利授权情况分析

从杜仲相关专利授权数量（见表 11）上来看，山东贝隆杜仲生物工程有限公司以 24 项居第一位，其次为中国林业科学研究院经济林研究开发中心 18 项，第三为西北农林科技大学 14 项，河南恒瑞源实业有限公司以 11 项居第四，第五为中国科学院化学研究所 9 项等。从近 14 年和近 5 年的排名（见表 12、表 13）可以看出，前两名的地位最为稳定，第三名和第四名呈现交替，而第五名中国科学院化学研究所已被日立造船株式会社所取代，说明中国科学院化学研究所的主要研究工作集中在 2000 年以前。

从专利权益单位来看，60%～70% 为科研单位，30%～40% 为生产企业，说明生产企业已经全面预测到杜仲产业的发展契机，正积极投身到相关领域的研发中。值得注意的是日本企业日立造船株式会社，授权发明专利数量已达 5 项，尤其是近 5 年，稳居专利榜前 5 名，表明日本已经在杜仲研究方面凝聚了一定实力，不容小觑。

从授权的专利类型上来看，中国林业科学研究院经济林研究开发中心以发明专利 16 项居该类型专利榜首，西北农林科技大学以发明专利 14 项位列第二，第三为中国科学院化学研究所 7 项。而山东贝隆杜仲生物工程有限公司和河南恒瑞源实业有限公司获得大量实用新型专利。说明科研单位的研究重点在技术创新，而生产企业以应用创造发明为主。

从专利发明的领域来看，山东贝隆杜仲生物工程有限公司在杜仲育苗和栽培设备、杜仲橡胶提取工艺和设备、杜仲有效成分提取方法和装置等领域开展了大量的研究工作，主要集中于实用型设备和工艺的研究。中国林业科学研究院经济林研究开发中心的研究重心在杜仲良种选育、栽培、遗传改良和杜仲雄花茶、雄花酒等杜仲产品开发方法的探究，其授权的发明专利数量最多，为杜仲产业的发展提供了技术支持，是本领域研究的领军者。西北农林科技大学在杜仲栽培、杜仲软胶囊等产品开发、杜仲活性成分提取等方面成绩突出，但专利数量近年来呈下降趋势，缺乏研究的连续性。河南恒瑞源实业有限公司的研究集中于杜仲橡胶生产设备方面，没有发明型专利。日企日立造船株式会社主要在杜仲橡胶合成的分子调控机理方面展开技术创新，尤其是在杜仲次生代谢途径的甲羟戊酸合成途径的功能基因方面做了大量工作。中国科学院化学研究所在早期杜仲橡胶的化学提取工艺、杜仲橡胶弹性体、杜仲橡胶性能研究方面做了大量工作，奠定了杜仲橡胶商品化的基础。其余的杜仲研究单位在杜仲良种的培育、杜仲产品的开发、化学成分的提取方法和设备等方面均做了一些研究，但仍然处于较浅的研究层次，缺乏系统的体系和完善的研究团队。

表11　1989~2014年各主要杜仲研究单位获得授权专利数量比较

单位：项

排名	单位	授权专利数	其中发明专利数量
1	山东贝隆杜仲生物工程有限公司	24	2
2	中国林业科学研究院经济林研究开发中心	18	16
3	西北农林科技大学	14	14
4	河南恒瑞源实业有限公司	11	0
5	中国科学院化学研究所	9	7
6	日立造船株式会社	5	4
7	河南科技大学	4	4
8	吉首大学	4	1
9	河南大学	3	3
10	青岛科技大学	3	0

表12　2000~2014年各主要杜仲研究单位获得授权专利数量比较

单位：项

排名	单位	授权专利数	其中发明专利数量
1	山东贝隆杜仲生物工程有限公司	24	2
2	中国林业科学研究院经济林研究开发中心	18	16
3	西北农林科技大学	14	14
4	河南恒瑞源实业有限公司	11	0
5	日立造船株式会社	5	4
6	河南科技大学	4	4
7	吉首大学	4	1
8	青岛科技大学	3	0
9	河南大学	3	3
10	贵阳德昌祥药业有限公司	3	3

表13 2009~2014年各主要杜仲研究单位获得授权专利数量比较

单位：项

排名	单位	授权专利数	其中发明专利数量
1	山东贝隆杜仲生物工程有限公司	24	2
2	中国林业科学研究院经济林研究开发中心	15	13
3	河南恒瑞源实业有限公司	11	0
4	西北农林科技大学	8	8
5	日立造船株式会社	4	3
6	河南科技大学	4	4
7	吉首大学	4	1
8	贵州神康原生态食品有限公司	3	0
9	河南大学	3	3
10	青岛科技大学	3	0

3. 第一发明人获得专利授权情况

（1）1989~2014年第一发明人获得专利授权情况

从1989~2014年第一发明人获得专利授权情况可以看出（见表14和图10），杜红岩研究员以第一发明人获得专利授权16项居第一位，以发明专利为主，占14项，外观设计专利数量为2项。其主要研究领域是杜仲良种的繁育、雄花茶的加工及生产、杜仲α-亚麻酸软胶囊的开发与生产、杜仲雄花酒及种子酒的制备、杜仲功能型食用菌、功能饲料、杜仲饼干、杜仲饮料的研发等方面，在提高杜仲产果量和产胶量、提高杜仲雄花产量方面更为突出。李银环以第一发明人获得专利授权11项，全部为实用新型专利，其主要的发明领域为杜仲橡胶生产上的一系列装置，如杜仲橡胶生产设备系统、杜仲橡胶生产设备用的原料初步粉碎装置、杜仲橡胶生产设备用的蒸发溶剂冷却回收装置、杜仲橡胶生产设备用的管道式逆流提取装置等。严瑞芳研究员以第一发明人获得专利授权9项，其中发明专利7项（其首创的反式-聚异戊二烯硫化弹性橡胶制法同时获西德发明专利），发现杜仲橡胶硫化过程三阶段，开发出杜仲橡胶热塑、热弹及橡胶型三大类材料，创立了"杜仲橡胶材料工程学"，被美国"高分子材料百科全书"认为是"一系列新理论"。

表14　1989～2014年第一发明人获得专利授权数量比较

单位：项

排名	发明人	授权专利数	其中发明专利数量	排名	发明人	授权专利数	其中发明专利数量
1	杜红岩	16	14	7	欧阳冬生	3	3
2	李银环	11	0	7	欧阳德润	3	3
3	严瑞芳	9	7	7	马柏林	3	2
4	张康健	4	4	7	福崎英一郎	3	3
4	张永康	4	2	7	李伟	3	0
4	高瑞文	4	2	16	黄文荣	2	1
7	李钦	3	3	16	朱文学	2	2
7	夏琳	3	0	16	张学俊	2	2
7	石义权	3	0	16	张洪祥	2	0
7	董娟娥	3	3	16	陶国闻	2	2

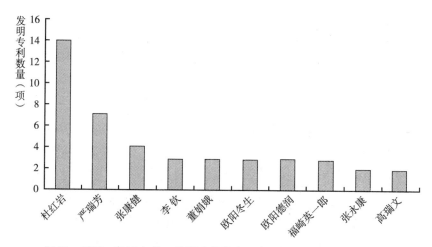

图10　1989～2014年第一发明人获得发明专利授权数量前10名比较

（2）21世纪以来第一发明人获得专利授权情况

进入21世纪后，从专利数量上来看（见表15和图11），杜红岩研究员以获得专利授权16项排在第一位，其次为李银环11项，张康健、张永康和高瑞文均以获得专利授权4项排在其后，之后日本人福崎英一郎以获得专利授权3项，与我国学者李钦、董娟娥、夏琳、李伟、石义权、欧阳德润、欧阳冬生和马柏林并列（主要专利名录见表17）。

表15 2000～2014年第一发明人获得专利授权数量比较

单位：项

排名	发明人	授权专利数	其中发明专利数量	排名	发明人	授权专利数	其中发明专利数量
1	杜红岩	16	14	6	福崎英一郎	3	3
2	李银环	11	0	6	欧阳德润	3	3
3	张康健	4	4	6	欧阳冬生	3	3
3	张永康	4	2	6	马柏林	3	2
3	高瑞文	4	2	15	严瑞芳	2	2
6	李 钦	3	3	15	陈功锡	2	0
6	董娟娥	3	3	15	张学俊	2	2
6	夏 琳	3	0	15	张洪祥	2	0
6	李 伟	3	0	15	朱文学	2	2
6	石义权	3	0	15	赵德义	2	2

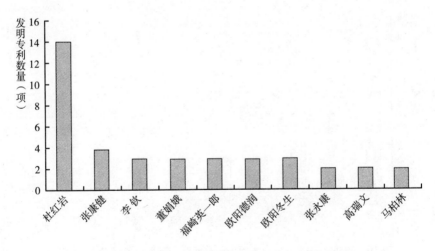

图11 2000～2014年第一发明人获得发明专利授权数量前10名比较

（3）近5年来（2009～2014年）第一发明人获得专利授权情况

近5年第一发明人获得专利授权数量的地位发生了小幅波动（见表16和图12）。杜红岩研究员以获得专利授权13项继续领跑榜单第一位，第二名的顺序也未发生变化仍为李银环，第三名被高瑞文取代，而日本人福崎英一郎与我国学者李钦、李伟、欧阳冬生、石义权、夏琳、张康健排在其后。这一时期我国授权专利的一个最突出特点是，一些企业积极参与了杜仲产业发展过程中相关技术的研发，如以山东贝隆杜仲生物工程有限公司高瑞文董事长为核心的研究团队和河南恒瑞源实业有限公司等都获得了大量实用新型专利。

表16　2009～2014年第一发明人获得专利授权数量比较

单位：项

排名	发明人	授权专利数	其中发明专利数量	排名	发明人	授权专利数	其中发明专利数量
1	杜红岩	13	11	11	朱文学	2	2
2	李银环	11	0	11	赵德义	2	2
3	高瑞文	4	2	11	张永康	2	1
4	福崎英一郎	3	3	11	张学俊	2	2
4	李　钦	3	3	11	张洪祥	2	0
4	李　伟	3	0	11	杨中林	2	2
4	欧阳冬生	3	3	11	黄文荣	2	1
4	石义权	3	0	11	郝玉东	2	0
4	夏　琳	3	0	11	陈功锡	2	0
4	张康健	3	3	11	李凤琪	2	2

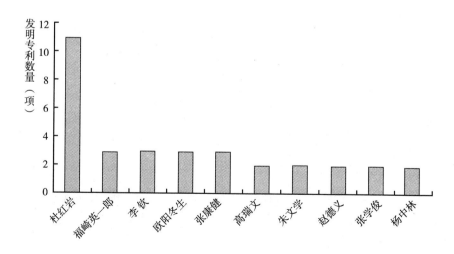

图12　2009～2014年第一发明人获得发明专利授权数量前10名比较

表17 2000年以后授权的主要专利名录

序号	专利名称	专利类型	授权号	完成单位	第一发明人	授权时间
1	杜仲雄花茶及其加工工艺	发明	ZL98117579.1	中国林业科学研究院经济林研究开发中心	杜红岩	2001.10.24
2	一种提高杜仲产果量和产胶量的培育方法	发明	ZL98123324.4	中国林业科学研究院经济林研究开发中心	杜红岩	2002.10.16
3	提高杜仲雄花产量的培育方法	发明	ZL200510017465.9	中国林业科学研究院经济林研究开发中心	杜红岩	2007.07.11
4	一种杜仲油的抗氧化保鲜方法	发明	ZL200810050000.7	中国林业科学研究院经济林研究开发中心	杜红岩	2010.10.20
5	一种杜仲雄花的贮藏保鲜方法	发明	ZL200810049999.3	中国林业科学研究院经济林研究开发中心	李芳东	2011.01.26
6	利用药用植物凋余物培育功能型杜仲香菇及其生产方法	发明	ZL201110020280.9	中国林业科学研究院经济林研究开发中心	杜红岩	2012.06.27
7	杜仲红茶及其生产方法	发明	ZL201110056242.9	中国林业科学研究院经济林研究开发中心	杜红岩	2012.08.29
8	茶叶包装组合（杜仲雄花茶）	外观设计	ZL201230178860.6	中国林业科学研究院经济林研究开发中心	杜红岩	2012.09.05
9	包装套装（杜仲α-亚麻酸软胶囊）	外观设计	ZL201230230182.3	中国林业科学研究院经济林研究开发中心	杜红岩	2012.11.28
10	一种杜仲良种嫁接苗的快速繁育方法	发明	ZL201210029936.8	中国林业科学研究院经济林研究开发中心	杜红岩	2013.03.27
11	一种利用药用植物剩余物生产的功能饲料及其制备方法	发明	ZL201210029939.1	中国林业科学研究院经济林研究开发中心	杜红岩	2013.04.03
12	一种培育功能型杜仲木耳的生产方法	发明	ZL201210029937.2	中国林业科学研究院经济林研究开发中心	杜红岩	2013.06.12
13	一种杜仲花茶的加工方法	发明	ZL201210228157.0	中国林业科学研究院经济林研究开发中心	杜红岩	2013.08.14
14	一种促进杜仲剥皮后再生新皮的方法	发明	ZL201210182395.2	中国林业科学研究院经济林研究开发中心	杜红岩	2013.08.14
15	一种杜仲花茶饮料及其加工方法	发明	ZL201210471126.8	中国林业科学研究院经济林研究开发中心	杜红岩	2013.09.25
16	一种杜仲花酒及其制备方法	发明	ZL201310130119.6	中国林业科学研究院经济林研究开发中心	杜红岩	2014.04.30
17	一种杜仲种子酒的加工方法	发明	ZL201310203267.6	中国林业科学研究院经济林研究开发中心	杜红岩	2014.05.07
18	一种杜仲营养饼干	发明	ZL201310279909.0	中国林业科学研究院经济林研究开发中心	杜兰英	2014.08
19	一种功能型豆芽及其生产方法	发明	ZL201310037548.9	河南大学	李钦	2014.03.12
20	一种功能型杜仲豆芽及其生产方法	发明	ZL201310037956.4	河南大学	李钦	2014.04.09
21	杜仲籽油的提取精炼法	发明	ZL201210565015.3	河南大学	李钦	2014.07.09

续表

序号	专利名称	专利类型	授权号	完成单位	第一发明人	授权时间
22	一种杜仲总生物碱的应用	发明	ZL200910064792.8	河南科技大学	李欣	2013.05.01
23	一种杜仲雄花茶饮料的制作工艺及配方	发明	ZL201210333900.9	河南科技大学	罗磊	2013.10.02
24	一种杜仲提取物的应用	发明	ZL200910064817.4	河南科技大学	朱文学	2013.01.16
25	一种杜仲活性单体化合物、制备方法、药物组合物及其用途	发明	ZL201110203683.7	河南科技大学	朱文学	2014.05.07
26	富含 α－亚麻酸的杜仲花粉软胶囊制备方法	发明	ZL200710017223.9	西北农林科技大学	赵德义	2010.05.19
27	富含 α－亚麻酸,杜仲有效成分的杜仲软胶囊的制备方法	发明	ZL200710017226.2	西北农林科技大学	赵德义	2011.06.22
28	绿色杜仲雄花蕾茶的制备方法	发明	ZL200510042883.3	西北农林科技大学	董娟娥	2006.10.04
29	杜仲叶发酵脱除苦涩异味的方法及其饮品	发明	ZL02139406.7	西北农林科技大学	董娟娥	2006.10.11
30	一种杜仲花叶茶及其制备方法	发明	ZL201110067575.1	西北农林科技大学	董娟娥	2012.09.26
31	一种杜仲栽培方法	发明	ZL200910023095.8	西北农林科技大学	季志平	2011.05.11
32	一种饲用杜仲灌丛状栽植方法	发明	ZL200910020898.8	西北农林科技大学	康博文	2011.06.08
33	一种降低杜仲油过氧化值的方法	发明	ZL200610104627.7	西北农林科技大学	梁淑芳	2009.06.03
34	杜仲油以杜仲油为原料制取的 α－亚麻酸产品	发明	ZL03114516.7	西北农林科技大学	马柏林	2009.03.04
35	一种从杜仲叶中连续提取活性物质的方法	发明	ZL01128743.8	西北农林科技大学	马希汉	2006.02.22
36	一种富含天然活性物质的杜仲山楂挂面制备方法	发明	ZL200710017732.1	西北农林科技大学	任少龙	2009.10.21
37	一种杜仲叶林萌生枝条剥皮后枝木制活性炭的方法	发明	ZL201010252991.4	西北农林科技大学	苏印泉	2012.06.20
38	一种杜仲雄花速溶茶及其制备方法	发明	ZL200810017431.3		张康健	2011.05.11

续表

序号	专利名称	专利类型	授权号	完成单位	第一发明人	授权时间
39	一种杜仲、桑叶饮料及其制备方法	发明	ZL200810150396.2		张康健	2011.11.09
40	红茶香型杜仲茶及其速溶茶和水饮品制备方法	发明	ZL200410073035.4	西北农林科技大学	张康健	2006.10.04
41	一种杜仲、桑幼化嫩枝芽蔬菜栽培方法	发明	ZL201110121283.1		张康健	2012.05.23
42	杜仲籽剥壳机	实用新型	ZL01247021.X	西北农林科技大学	马柏林	2002.05.29
43	一种从杜仲种子中连续提取杜仲油和桃叶珊瑚甙的方法	发明	ZL01128744.6	西北农林科技大学	马柏林	2005.11.16
44	杜仲橡胶溶液分离设备	实用新型	ZL201320449893.9	青岛科技大学	夏琳	2013.12.25
45	杜仲橡胶超临界提取装置及杜仲橡胶提取设备	实用新型	ZL201320546043.0	青岛科技大学	夏琳	2014.02.19
46	超声波辅助超临界流体提取杜仲橡胶的设备	实用新型	ZL201320575868.5	青岛科技大学	夏琳	2014.02.19
47	一种能够连续过滤的杜仲籽清洗装置	实用新型	ZL201320052259.1	山东贝隆杜仲生物工程有限公司	陈美佳	2013.08.07
48	一种杜仲育苗室专用扒雪器	实用新型	ZL201220291602.3	山东贝隆杜仲生物工程有限公司	陈之东	2013.01.02
49	具有溶剂回收系统的杜仲叶提取装置	实用新型	ZL201320052955.2	山东贝隆杜仲生物工程有限公司	陈之东	2013.08.07
50	一种用于杜仲种植的起垄开沟装置	实用新型	ZL201220344229.3	山东贝隆杜仲生物工程有限公司	房卫利	2013.01.30
51	杜仲种植田多功能一体机	实用新型	ZL201220344951.7	山东贝隆杜仲生物工程有限公司	高瑞文	2013.01.30
52	一种用于杜仲种植的可调式开沟装置	实用新型	ZL201220344576.6	山东贝隆杜仲生物工程有限公司	高瑞文	2013.01.30
53	一种杜仲温室幼苗间移栽方法	发明	ZL201210250169.3	山东贝隆杜仲生物工程有限公司	高瑞文	2014.04.09
54	一种杜仲胶精制系统	发明	ZL201310053662.0	山东贝隆杜仲生物工程有限公司	高瑞文	2014.07.02
55	杜仲种植用可调式起垄装置	实用新型	ZL201220322940.9	山东贝隆杜仲生物工程有限公司	郝玉东	2013.01.30
56	一种杜仲叶用超声波连续提取装置	实用新型	ZL201320052252.X	山东贝隆杜仲生物工程有限公司	郝玉东	2013.08.07
57	一种杜仲籽清洗装置	实用新型	ZL201320052257.2	山东贝隆杜仲生物工程有限公司	胡佃鹏	2013.08.07

续表

序号	专利名称	专利类型	授权号	完成单位	第一发明人	授权时间
58	杜仲育苗用间苗器	实用新型	ZL201220289419.X	山东贝隆杜仲生物工程有限公司	李伟	2013.01.02
59	一种从杜仲叶中提纯绿原酸装置	实用新型	ZL201320052952.9	山东贝隆杜仲生物工程有限公司	李伟	2013.08.07
60	一种杜仲胶精制用的凝聚装置	实用新型	ZL201320052264.2	山东贝隆杜仲生物工程有限公司	李伟	2013.08.07
61	一种杜仲育苗用施肥器	实用新型	ZL201220308147.3	山东贝隆杜仲生物工程有限公司	刘永泉	2013.01.02
62	一种杜仲橡胶精制连续溶解装置	实用新型	ZL201320052262.3	山东贝隆杜仲生物工程有限公司	王玉兰	2013.08.07
63	一种杜仲籽酶解装置的废水回用系统	实用新型	ZL201320052255.3	山东贝隆杜仲生物工程有限公司	韦科	2013.08.07
64	杜仲种植田用施肥器防堵塞装置	实用新型	ZL201220308146.9	山东贝隆杜仲生物工程有限公司	杨淑娟	2013.01.02
65	一种从酶解后的杜仲籽中连续提胶的吸附提胶装置	实用新型	ZL201320052974.5	山东贝隆杜仲生物工程有限公司	叶连印	2013.08.07
66	用于杜仲叶提取有效成分分离的吸附提取装置	实用新型	ZL201320052957.1	山东贝隆杜仲生物工程有限公司	岳慧	2013.08.07
67	一种杜仲叶有效成分提取系统	实用新型	ZL201320052968.X	山东贝隆杜仲生物工程有限公司	张宝慧	2013.08.07
68	杜仲种植用旋耕起垄装置	实用新型	ZL201220322123.3	山东贝隆杜仲生物工程有限公司	张洪祥	2013.01.30
69	一种杜仲连续酶解装置	实用新型	ZL201310035903.9	山东贝隆杜仲生物工程有限公司	张洪祥	2013.08.07
70	一种杜仲籽提胶系统	实用新型	ZL201320052982.X	山东贝隆杜仲生物工程有限公司	张金松	2013.08.07
71	杜仲胶生产设备用蒸发溶剂冷却回收装置	实用新型	ZL201220451899.5	河南恒瑞源实业有限公司	李银环	2013.03.27
72	杜仲胶生产设备用的提取系统	实用新型	ZL201220451461.7	河南恒瑞源实业有限公司	李银环	2013.03.27
73	杜仲胶生产设备用的滤渣回收装置	实用新型	ZL201220451643.4	河南恒瑞源实业有限公司	李银环	2013.03.27
74	杜仲胶生产设备用的自动排液器	实用新型	ZL201220451811.X	河南恒瑞源实业有限公司	李银环	2013.03.27
75	一种用于生产杜仲胶的提取装置	实用新型	ZL201220450568.X	河南恒瑞源实业有限公司	李金松	2013.03.27
76	杜仲胶自动化生产设备	实用新型	ZL201220450570.7	河南恒瑞源实业有限公司	李银环	2013.03.27
77	杜仲胶生产设备用的滤渣挤压回收装置	实用新型	ZL201220451639.8	河南恒瑞源实业有限公司	李银环	2013.03.27
78	杜仲胶生产设备用的原料初步粉碎装置	实用新型	ZL201220450571.1	河南恒瑞源实业有限公司	李银环	2013.03.27
79	杜仲胶生产设备用的喂料装置	实用新型	ZL201220450572.6	河南恒瑞源实业有限公司	李银环	2013.03.27

续表

序号	专利名称	专利类型	授权号	完成单位	第一发明人	授权时间
80	杜仲胶生产设备用的带有分散机构的喂料装置	实用新型	ZL201220450575.X	河南恒瑞源实业有限公司	李银环	2013.03.27
81	杜仲胶生产设备用的管道式逆流提取装置	实用新型	ZL201320333470.0	河南恒瑞源实业有限公司	李银环	2013.11.13
82	一种治疗肾气亏虚所致疾病的复方杜仲扶正合剂	发明	ZL02127913.6	贵阳德昌祥药业有限公司	吴建滨	2004.09.08
83	一种治疗风湿类疾病的杜仲壮骨丸	发明	ZL02127916.0	贵阳德昌祥药业有限公司	吴建滨	2004.10.06
84	包装盒(杜仲3)	外观设计	ZL201230177791.7	贵州神康原生态食品有限公司	石义权	2012.11.07
85	包装盒(杜仲2)	外观设计	ZL201230177816.3	贵州神康原生态食品有限公司	石义权	2012.11.07
86	包装盒(杜仲1)	外观设计	ZL201230177822.9	贵州神康原生态食品有限公司	石义权	2012.11.07
87	用于制造来自杜仲生物聚合物的原料清洗装置	实用新型	ZL201120213259.6	日立造船株式会社	堤雅史	2012.04.04
88	编码杜仲的甲羟戊酸途径的酶的基因	发明	ZL200810125360.9	日立造船株式会社	福崎英一郎	2012.02.15
89	编码杜仲的甲羟戊酸途径的酶的基因	发明	ZL201110358565.3	日立造船株式会社	福崎英一郎	2013.11.06
90	编码杜仲的甲羟戊酸途径的酶的基因	发明	ZL201110355190.5	日立造船株式会社	福崎英一郎	2014.01.01
91	杜仲素的制造方法	发明	ZL96100505.X	日立造船株式会社	世良丰	2001.08.22
92	治疗高血压症的杜仲降压控制剂的质量控制方法	发明	ZL200510200707.8	贵阳德昌祥药业有限公司	张劲翼	2008.02.13
93	一种杜仲鲜叶中综合提取杜仲胶和绿原酸的工艺	发明	ZL201110379343.X	安康市昊泰生物资源开发有限公司	王兆廷	2013.10.02
94	药品包装盒(杜仲药酒)	外观设计	ZL201330355867.5	百花医药集团股份有限公司	黄文荣	2014.01.29
95	鉴别杜仲幼株及种子性别的引物、片段与方法	发明	ZL200410037405.9	北京大学	崔克明	2007.01.17
96	杜仲黄酮多频组合超声波浸取方法	发明	ZL200810225351.7	北京工商大学	曹雁平	2010.10.27

续表

序号	专利名称	专利类型	授权号	完成单位	第一发明人	授权时间
97	诱导杜仲花粉染色体加倍的方法	发明	ZL200610083845.7	北京林业大学	康向阳	2009.02.04
98	一种杜仲叶保健饮料的制备方法	发明	ZL200510042876.3	大连天力生物保健品有限公司	翟文俊	2007.02.07
99	杜仲总多糖在制备防治系统性红斑狼疮药物中的用途	发明	ZL200710043452.8	复旦大学	陈道峰	2011.08.31
100	一种生产杜仲雄花茶的方法	发明	ZL201110081506.6	复旦大学	张培德	2013.02.27
101	一种杜仲籽油的萃取方法	发明	ZL201110370970.7	广元亿明生物科技有限公司	何剑	2013.03.20
102	从杜仲叶制备高纯度绿原酸和总黄酮的方法	发明	ZL200610123973.X	广州现代中药研究开发有限公司	李金华	2010.06.23
103	检测复方杜仲片中松脂醇二葡萄糖苷含量的方法	发明	ZL201010273815.9	广州市香雪制药股份有限公司	曹春玲	2012.06.27
104	包装盒(贵州杜仲)	外观设计	ZL201330432004.3	贵阳山里味食品有限公司	刘霜	2014.02.12
105	杜仲药酒及其制备方法	发明	ZL201210207338.5	贵州百花医药股份有限公司	黄文荣	2013.12.25
106	杜仲降压中药缓释制剂的制备方法及产品	发明	ZL200910303923.3	贵州百花医药股份有限公司	周方勇	2012.05.02
107	溶剂循环提取杜仲胶的方法	发明	ZL200610051265.X	贵州大学	张学俊	2009.02.04
108	从杜仲叶和皮中提取长丝杜仲胶的方法	发明	ZL200710077958.0	贵州大学	张学俊	2014.03.05
109	一种杜仲叶袋泡茶及其制作方法	发明	ZL201210186940.5	贵州铜仁和泰茶业有限公司	沈文水	2013.06.19
110	含杜仲粉料的混合物及其制备方法	发明	ZL201110057969.9	汉中天成生物工程有限公司	张弛	2012.08.22
111	一种养生杜仲特色工艺的烘焙装置	实用新型	ZL201220559791.8	杭州玫隆食品有限公司	曹燕琴	2013.04.10
112	包装盒(杜仲茶)	外观设计	ZL201130258564.2	湖北老龙洞杜仲开发有限公司	刘冬成	2011.12.28
113	一种制取杜仲叶中绿原酸的方法	外观设计	ZL200910272474.0	湖北老龙洞杜仲开发有限公司	徐斌	2013.06.26
114	标贴(杜仲精固体饮品)	外观设计	ZL201230522434.X	湖北威士生物药业有限公司	罗先隽	2013.03.13
115	包装盒(养生杜仲面)	外观设计	ZL201130508708.5	湖南家家面业科技有限公司	邓后勤	2012.06.06
116	杜仲翅果壳打胶机	实用新型	ZL201320479670.7	吉首大学	陈功锡	2014.02.26

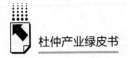

续表

序号	专利名称	专利类型	授权号	完成单位	第一发明人	授权时间
117	真空脉动式杜仲胶提取装置	实用新型	ZL201320747996.3	吉首大学	陈功锡	2014.04.16
118	杜仲翅果壳磨胶机	实用新型	ZL201320479599.2	吉首大学	张永康	2014.02.26
119	一种从杜仲翅果中提取高纯度杜仲胶的方法	发明	ZL201210558358.7	吉首大学	张永康	2014.04.16
120	杜仲膏的制备方法及杜仲膏	发明	ZL201010285330.1	集安市占一旅游产品开发有限公司	李占一	2011.12.07
121	毛杜仲藤缩合鞣质提取物的制备方法及其用途	发明	ZL201010259724.X	暨南大学	姚新生	2012.02.29
122	一种杜仲中提取绿原酸的方法及其应用	发明	ZL200910024532.8	江苏省苏微微生物研究有限公司	张东升	2012.05.09
123	一种中药杜仲制剂的质量检测方法	发明	ZL201110107042.1	江西省普正制药有限公司	肖军平	2013.08.07
124	包装袋（开化杜仲茶）	外观设计	ZL201230413509.0	开化县杜仲康茶业有限公司	王百鸣	2013.02.13
125	包装袋（杜仲茶）	外观设计	ZL201230413511.8	开化县杜仲康茶业有限公司	王百鸣	2013.02.13
126	包装盒（杜仲降压片）	外观设计	ZL201330169233.0	康普药业股份有限公司	曾培安	2013.09.18
127	包装盒（杜仲降压片2）	外观设计	ZL201230578900.6	康普药业股份有限公司	贺莲	2013.12.18
128	一种杜仲种子的处理方法	发明	ZL201210483631.4	溧阳市天目湖保健品有限公司	李凤祺	2014.01.01
129	一种杜仲的栽培方法	发明	ZL201210482388.4	溧阳市天目湖保健品有限公司	李凤祺	2014.06.11
130	一种杜仲雄花茶的制备工艺	发明	ZL201210493815.9	灵宝金地杜仲产业有限公司	王昌华	2014.06.11
131	杜仲矿泉茶和杜仲矿泉速溶茶及制备方法	发明	ZL97106112.2	青岛城阳崂青杜仲开发有限公司	纪家水	2001.08.08
132	一种杜仲绿茶及其制备方法	发明	ZL96115938.3	青岛崂青杜仲茶厂	纪家水	2000.09.06
133	一种杜仲胶和杜仲叶浸出粉的制取方法	发明	ZL00135457.4	陕西安康志阳生物资应用研究所	南怀陈	2003.12.31
134	超细杜仲粉及制备方法	发明	ZL201210230189.4	上海玉成干燥设备有限公司	孙企法	2014.04.16
135	杜仲糕	发明	ZL201114560.9	韶关学院	彭珊珊	2003.12.31
136	包装盒（杜仲雄花）	外观设计	ZL201230517704.8	神农架绿野食品开发有限责任公司	顾万兴	2013.09.25
137	一种杜仲橡胶与木质素复合材料的制备方法	发明	ZL201110413962.6	沈阳化工大学	万庆红	2013.08.07

续表

序号	专利名称	专利类型	授权号	完成单位	第一发明人	授权时间
138	一种复方参茸杜仲养生酒及其制备方法	发明	ZL201010565911.0	四川回春堂生物科技有限公司	梁山	2012.05.23
139	一种绿色杜仲茶及其制作方法	发明	ZL200910060146.4	四川米仓山茶业集团有限公司	罗旭东	2012.07.25
140	杜仲雄花茶及其制作方法	发明	ZL201210109841.7	四川三山茶业有限公司	罗旭东	2013.12.18
141	药品包装袋(杜仲)	外观设计	ZL201230552778.5	四川元安药业股份有限公司	范培元	2013.03.20
142	一种从杜仲果中提取桃叶珊瑚苷的工艺方法	发明	ZL201010297478.7	天津理工大学	刘玉明	2013.02.13
143	杜仲化学成分作为植物雌激素的新用途	发明	ZL200910070365.0	天津中医药大学	高秀梅	2013.04.17
144	杜仲化学成分作为肾脏保护剂的新用途	发明	ZL201110133931.5	天津中医药大学	刘二伟	2013.05.08
145	高效强力天麻杜仲软胶囊或制剂	发明	ZL201210382677.7	通化利民药业有限责任公司	陶广君	2014.04.23
146	一种利用杜仲叶制备绿原酸的方法	发明	ZL201110316708.4	完美(中国)有限公司	万端胶	2014.03.19
147	杜仲茶速溶茶和水饮品制备方法	发明	ZL200510018821.9	武汉理工大学	楼一层	2007.01.03
148	一种杜仲饲料添加剂及其制备方法和应用	发明	ZL201010103888.3	西安沃森生物科技有限公司	曹声玉	2013.03.27
149	一种从杜仲叶中提取橘皮素的方法	发明	ZL201210126236.0	西安医学院	赵惠茹	2014.04.02
150	一种含杜仲树胶的形状记忆功能材料及其制备方法	发明	ZL200710019028.X	西北工业大学	岳红	2011.03.09
151	一种杜仲茶及其生产法	发明	ZL201210086370.2	西乡县汉南茶业有限责任公司	赵礼有	2013.09.25
152	杜仲翅果脱壳筛选分离装置	实用新型	ZL200520052416.4	湘西自治州和益生物科技有限公司	张永康	2006.11.29
153	超临界 CO_2 连续萃取杜仲翅果仁中有效成分的工艺方法	发明	ZL200510032351.1	湘西自治州和益生物科技有限公司	张永康	2007.10.24
154	绿色的杜仲茶叶及杜仲叶绿色粉末的制造方法	发明	ZL200480043095.X	小林制药株式会社	平田哲也	2010.10.06
155	包装盒(杜仲烟)	外观设计	ZL201130499156.6	新昌县冠阳技术开发有限公司		2012.10.03
156	一种杜仲茶及其加工工艺	发明	ZL201110307315.7	兴义市东泰天然果蔬开发有限公司	李朝东	2013.06.19

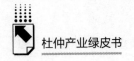

续表

序号	专利名称	专利类型	授权号	完成单位	第一发明人	授权时间
157	包装盒（杜仲茶）	外观设计	ZL201330167400.8	兴义市东泰天然果蔬开发有限公司	李朝东	2013.10.23
158	绿色的杜仲茶叶和/或桑茶叶的制法及所制干燥茶叶和粉末饮料	发明	ZL200610135741.6	有限会社碧山园	安间智惠子	2012.09.26
159	一种家禽杜仲饲料的生产方法	发明	ZL98112605.7	张家界大众饲料有限责任公司	欧阳德润	2003.02.26
160	一种鱼杜仲饲料的生产方法	发明	ZL98112603.0	张家界大众饲料有限公司	欧阳德润	2003.02.26
161	一种牲猪杜仲浓缩饲料的生产方法	发明	ZL98112604.9	张家界大众饲料有限责任公司	欧阳德润	2003.02.26
162	一种杜仲红薯粉及其生产方法	发明	ZL201210156908.2	张家界丝绸湘食品有限公司	邓后勤	2013.01.23
163	包装盒（杜仲降压片）	外观设计	ZL201330021688.8	昭通市骅成制药有限公司	陈正开	2013.07.03
164	一种从杜仲叶中分离纯化绿原酸的方法	发明	ZL201010542548.0	浙江工业大学	邵平	2013.07.31
165	一种从杜仲叶中分离、纯化绿原酸的方法	发明	ZL201110233829.2	中国科学院过程工程研究所	陈洪章	2013.06.05
166	杜仲胶系列保健带及其制品利用途	发明	ZL95104941.0	中国科学院化学研究所	严瑞芳	2001.05.16
167	一种以杜仲树叶、树皮或种子为原料提取有效成分的方法	发明	ZL00135831.6	中国科学院化学研究所	严瑞芳	2006.01.18
168	杜仲剥皮的方法	发明	ZL99120002.0	中国科学院武汉植物研究所	王庆	2003.11.26
169	杜仲叶提取物及其制备方法和应用	发明	ZL201210134193.0	中国药科大学	杨中林	2014.04.16
170	一种同时测定杜仲叶中多种活性成分含量的方法	发明	ZL201110207936.8	中南林业科技大学	李湘洲	2014.05.07
171	用超临界二氧化碳从杜仲叶中提取有效成分的方法	发明	ZL99114969.6	遵义古特杜仲开发有限公司	周贵新	2002.09.18
172	一种杜仲茶颗粒及其制备方法	发明	ZL200710050286.4		蔡旻君	2010.05.19
173	一种杜仲酒及其制备方法	发明	ZL200710050284.5		蔡旻君	2010.12.29
174	一种杜仲醇的制备方法	发明	ZL02129373.2		车庆明	2004.11.17
175	杜仲叶提取物的提取方法及其制造的化妆品	发明	ZL01136208.1		陈玉国	2004.03.10

续表

序号	专利名称	专利类型	授权号	完成单位	第一发明人	授权时间
176	一种杜仲牡丹烟及制造方法	发明	ZL201010105077.7		程辰	2013.02.13
177	杜仲速溶茶	发明	ZL03124700.8		符星辉	2010.05.12
178	杜仲槐花茶及其制备方法	发明	ZL9118924.8		贾孝英	2003.01.08
179	杜仲包装袋	外观设计	ZL201130060639.6		江勇	2011.07.06
180	杜仲3－羟基－3－甲基戊二酰辅酶 A 还原酶蛋白编码序列	发明	ZL200410065000.6		蒋继宏	2010.04.28
181	一种藤杜仲祛湿镇痛药酒	发明	ZL200510119684.8		蓝子花	2008.09.24
182	用杜仲叶连续生产杜仲浸膏粉、杜仲胶、杜仲树脂和有机肥的生产方法	发明	ZL03117678.X		李保刚	2005.01.12
183	应用于杜仲防治植物虫害及其增强功效方法	发明	ZL9121649.0		李君印	2005.05.25
184	杜仲袋泡茶	发明	ZL03128800.6		李双建	2008.04.23
185	用于治疗腰椎间盘突出病的狗脊杜仲汤	发明	ZL200910019923.0		刘传玉	2011.05.11
186	利用核桃叶、杜仲叶、松针制备复合茶的方法	发明	ZL201010293418.8		刘全	2013.03.20
187	柿叶杜仲茶及其制备方法	发明	ZL9106838.0		刘小腊	2001.10.17
188	一种从杜仲叶中同时提取杜仲胶与绿原酸的方法	发明	ZL201110230444.0		刘月蓉	2013.04.24
189	浸提—反萃取法连续生产精品杜仲胶的方法	发明	ZL201010218440.6		刘志成	2012.04.25
190	杜仲籽油的提取方法及其制备的杜仲籽油	发明	ZL200410058317.7		罗眼科	2006.07.12
191	羌活杜仲酒及其生产方法	发明	ZL03139089.7		吕建华	2005.11.02
192	杜仲木脂素及其提取物在抗心血管重塑上的应用	发明	ZL200710035744.7		欧阳冬生	2010.07.28
193	杜仲木脂素及其提取物在防治糖尿病并发症上的应用	发明	ZL200710035745.1		欧阳冬生	2010.07.28

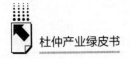

续表

序号	专利名称	专利类型	授权号	完成单位	第一发明人	授权时间
194	杜仲木脂素在制备防治高血压肾损害药物上的应用	发明	ZL201110169896.2		欧阳冬生	2012.09.12
195	五加杜仲叶红茶	发明	ZL201010000505.X		部伟	2013.06.12
196	天麻杜仲保健胶囊及其制备方法	发明	ZL200810058591.2		陶国闻	2013.01.23
197	石斛葛根杜仲功能食品	发明	ZL200810233702.9		陶国闻	2013.04.03
198	一种金丝杜仲外用药	发明	ZL200510098926.X		王浩贵	2009.09.23
199	一种多功能杜仲胶护膝	实用新型	ZL200620001463.0		王亦懃	2007.04.11
200	含有三七、杜仲和西洋参的组合物	发明	ZL03107003.5		谢心范	2009.12.09
201	杜仲全剥皮再生技术	发明	ZL96102340.6		鄢正益	2001.04.11
202	杜仲胶基质护支具集成材料	发明	ZL200510115719.0		严晓敏	2011.04.20
203	一种杜仲金银花茶及其制作方法	发明	ZL201110070803.0		杨建新	2012.10.03
204	诱导杜仲愈伤组织并从中提取杜仲胶的方法	发明	ZL98120693.X		杨振堂	2003.10.29
205	杜仲丸在制备治疗骨质疏松药物中的应用	发明	ZL201210454273.4		杨中林	2014.07.09
206	一种杜仲雄花茶及其制备方法	发明	ZL200510104608.X		于光辉	2007.09.12
207	一种用于治疗头痛的防风杜仲复方汤	发明	ZL200910015081.1		于辉	2011.06.01
208	一种杜仲咖啡固体保健饮料及其制备方法	发明	ZL200610104750.9		翟文俊	2009.12.09
209	包装盒（杜仲壮骨胶囊）	外观设计	ZL201230573679.5		张 峰	2013.04.24
210	包装盒（杜仲茶）	外观设计	ZL201230589531.0		张海龙	2013.11.13
211	杜仲叶颈椎保健枕	外观设计	ZL200410060257.2		张文魁	2007.07.25
212	杜仲酒	发明	ZL02117360.5		张泽川	2005.12.28
213	杜仲颈椎保健枕	发明	ZL201020155107.0		朱长安	2007.07.25

（五）获得的科技奖励

科技奖励是反映研究成果水平的一个重要方面。总体看来，杜仲方面获得科技奖励的成果不多，自1988年以来先后有14项杜仲相关成果获得省部级以上科技奖励（见表18）。其中杜红岩研究员主持或参与的10个成果获得奖励，占所有奖项的5/7，其次为李芳东研究员5项，第三为张康健教授3项。"杜仲高产胶良种选育及果园化高效集约栽培技术"荣获2011年河南省科技进步一等奖，这是迄今为止杜仲研究方面获得的最高科技奖励。

从奖励的含金量上来看，杜红岩和李芳东两位研究员囊括了省级一等奖2项、国家科技进步二等奖1项。另外张康健教授获得部级三等奖2项，陈之龙高级工程师获得部省级科技进步三等奖1项。

表18　获省部级以上科技奖励的杜仲研究成果统计

序号	成果名称	获奖情况	成果完成人	完成单位	获奖时间（年）
1	河南杜仲种质资源调查及环剥技术研究	河南省科技进步三步奖	张再元、杜红岩等	洛阳林业科学研究所	1988
2	杜仲无性繁殖技术的研究	林业部科技进步三等奖	杜红岩等	洛阳林业科学研究所	1991
3	杜仲丛林作业速生丰产栽培技术研究	河南省星火奖三等奖	王惠文、杜红岩等	洛阳林业科学研究所	1992
4	'华仲1~5号'5个杜仲优良无性系的选育	河南省科技进步二等奖	杜红岩等	洛阳林业科学研究所	1996
5	'华仲6~9号'杜仲高产胶优良无性系选育	梁希林业科学技术奖二等奖	李芳东、杜红岩等	中国林科院经济林研究开发中心	2006
6	杜仲高产胶良种选育及果园化高效集约栽培技术	河南省科技进步一等奖	李芳东、杜红岩等	中国林科院经济林研究开发中心	2011
7	杜仲高效培育与加工利用关键技术研究与推广	中国林科院科技奖二等奖	杜红岩、李芳东等	中国林科院经济林研究开发中心	2012
8	银杏（杜仲）等工业原料林树种资源高效利用技术体系创新集成及产业化	国家科技进步二等奖	李芳东、杜红岩等	南京林业大学、中国林科院经济林研究开发中心	2011

序号	成果名称	获奖情况	成果完成人	完成单位	获奖时间(年)
9	特种工业原料林培育技术	梁希林业科学技术奖二等奖	杜红岩等	南京林业大学、中国林科院经济林研究开发中心	2011
10	杜仲高产胶良种选育及果园化高效集约栽培技术应用	河南省科普成果奖一等奖	杜红岩、李芳东等	中国林科院经济林研究开发中心	2013
11	功能型杜仲、银杏－香菇优质丰产栽培技术	河南省科普成果奖二等奖	黄文豪等	中国林科院经济林研究开发中心	2013
12	杜仲优树返幼及快速繁殖方法的研究	国家教委科技进步奖三等奖	张康健	西北农林科技大学	1993
13	杜仲优树快速育苗系列技术	林业部科技进步奖三等奖	张康健	西北农林科技大学	1991
14	杜仲速生丰产技术研究	贵州省科技进步三等奖	陈之龙	遵义地区林科所	1992

（六）技术标准

目前杜仲相关标准制定、颁布得较少。从国家标准网数据库检索得知，自 1999 年至今的 15 年间，杜仲相关标准共有 4 项得以颁布（见表 19），其中国家标准 2 项，地方标准 1 项，行业标准 1 项。

表 19　杜仲相关标准颁布实施情况统计

标准名称	标准号	标准类型	实施日期	起草单位
杜仲丰产技术	LY/T1561－1999	行业标准	1999－12－01	中南林学院经济林研究所、国家林业局植树造林司经济处
地理标志产品灵宝杜仲	GB/T22742－2008	国家标准	2009－06－01	三门峡市质量技术监督局
杜仲产品质量等级	GB/T24305－2009	国家标准	2009－12－01	中南林业科技大学、西北农林科技大学、中国林业科学研究院经济林研究开发中心
临夏州杜仲栽培技术规程	DB62/T2254－2012	地方标准	2012－09－10	甘肃省质量监督局

从标准制定的层次上可以看出，三门峡市质量技术监督局、中南林业科技大学、西北农林科技大学和中国林业科学研究院经济林研究开发中心就杜仲地理标志、杜仲产品质量等级方面制定了国家标准，而在杜仲丰产栽培技术方面还没有国家标准得以颁布，仅有行业和地方标准各1个。加强杜仲质量标准体系建设，对杜仲产业发展至关重要。

综上所述，涉及杜仲培育、育种及综合开发利用等各个环节的标准缺乏，使杜仲行业的准入门槛过低，长此以往势必造成行业鱼龙混杂的局面，难以形成和维持健康的产业发展秩序，建议加强相关标准的制订和颁布，提高杜仲行业的准入标准，保持行业良好发展态势，不断提升行业的竞争力。

三 取得成效、存在问题与建议

近年来，杜仲橡胶的资源培育和产业发展取得了长足进步，受到了社会各界的广泛关注，尤其在2013年《杜仲产业绿皮书》首次发布以后，杜仲产业发展得到了国家有关部委的普遍重视。2014年5月，国家林业局召开杜仲产业发展座谈会，专题研究杜仲产业的发展，国家林业局有关领导做出重要批示，要求经过充分研究后，制定杜仲产业发展规划，整体谋划杜仲产业发展。杜仲产业也受到了社会的空前关注，一些大型央企对参与杜仲产业发展表现出浓厚兴趣，民间资本要求参与杜仲产业发展的呼声越来越高。《杜仲产业绿皮书》发布一年来，杜仲果园化高效栽培等新型杜仲橡胶资源培育技术逐步得到有关部门的关注，有了一定的发展。近年来我国杜仲主要产区逐步对发展新型杜仲橡胶资源表现出浓厚的兴趣，通过到中国林业科学研究院经济林研究开发中心示范基地参观学习，有关专家、领导和企业对杜仲的传统认识发生了根本性的改变，各地对发展新型杜仲橡胶资源充满信心。

目前，新型杜仲橡胶资源培育基地在河南、山东、甘肃、安徽等产区开始加速发展，但全国其他杜仲产区特别是贵州、湖南、陕西、四川、湖北等传统主产区新型杜仲橡胶资源培育基地建设缓慢，全国范围内适应现代杜仲产业发展的新型杜仲橡胶资源严重匮乏，这已成为影响杜仲产业发展的瓶颈

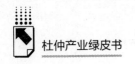
问题。加速培育新型杜仲橡胶资源，加快杜仲橡胶国家战略储备，是今后一个时期杜仲产业最紧迫的工作，建议国务院和有关部门、地方政府高度重视。

从杜仲产业科技支撑能力的总体情况来看，科技支撑在不同时期对我国杜仲产业发展均起到了良好的推动作用，特别是 2010 年中国社会科学院杜仲国情调研重大项目实施以来，我国杜仲产业的科技支撑能力有了显著提高。无论是发表论文的数量和质量、授权专利和涉及领域，还是杜仲良种审定数量和级别、获奖成果数量和等级都有了大幅度提升。

企业参与杜仲产业的积极性明显提高，同时在产业发展过程中注意技术创新和知识产权保护，以企业为主体获得授权的专利数量快速增加。例如，对于甘肃润霖杜仲种植产业开发有限公司与兰州大学重点工程实验室合作完成的杜仲橡胶提取技术、杜仲橡胶加工成套设备以及润霖公司开发的 15 大类杜仲产品技术，企业在不同时间申请了相关专利保护，并与中国林科院经济林开发研究中心和国内相关科研单位建立了技术创新和知识产权合作与保护机制。

科技在杜仲产业中的贡献率在逐步增加，杜仲产业正逐渐迈向科技支撑产业发展的良性轨道。但是，我们应该清醒地看到，我国杜仲产业的科技支撑能力仍相对比较薄弱，研究队伍少，研究水平良莠不齐，杜仲育种和高效培育等杜仲产业最基础的研究工作还需要大大加强，支撑产业发展的杜仲橡胶提取及系列产品研发技术需要大的突破，国家各级管理部门对杜仲产业科技支撑的支持力度亟待加强。要助力 300 万公顷种植规模，综合效益达 10000 亿元以上的庞大产业，我国杜仲产业的科技支撑能力建设任重而道远。

参考文献

［1］杜红岩、胡文臻、俞锐：《杜仲产业绿皮书：中国杜仲橡胶资源与产业发展报告（2013）》，社会科学文献出版社，2013。

［2］杜红岩、李芳东、杜兰英：《杜仲雄花茶及其加工方法》，《中国发明专利 ZL 98117579.1》，2001。

［3］李芳东、杜红岩：《杜仲》，中国中医药出版社，2001，第 232～256 页。

［4］崔克明：《杜仲研究的历史、现状和发展》，《西北林学院学报》1994 年第 9（4）期。

［5］华东农业科学研究所：《杜仲栽培试验简报，营林试验资料》，中国林业出版社，1955。

［6］贾恢先：《甘肃的杜仲分布及微量元素含量研究》，《首届国际杜仲学术研讨会论文集》，1977。

［7］李新贵、黄小柱、林皎：《遵义县杜仲采种基地营建技术及经营措施》，《中南林业调查规划》2009 年第 28（2）期。

［8］《林业部林业科学研究所造林系试验林场，杜仲引种试验研究报告，研究报告（营林部分）》，中国林业出版社，1954。

［9］宓秀民、祝清义、张晓波等：《山东省发展杜仲前景分析》，《山东林业科技》1996 年第 1 期。

［10］任全进、于金平：《杜仲资源的综合开发利用》，《河北林果研究》1998 年第 S1 期。

［11］沈绍华、邓佳友：《建立杜仲支柱产业 加快脱贫致富步伐》，《经济林研究》1995 年第 13（2）期。

［12］孙科才、王学安、王占海等：《集安市杜仲引种实验研究》，《现代农业科学》2008 年第 15（11）期。

［13］覃正亚：《论湖南杜仲产业发展的策略调整》，《经济林研究》2001 年第 19（1）期。

［14］唐光旭、唐仕斌、李勇等：《江西引种杜仲生长和生物量的调查研究》，《江西林业科技》1995 年第 5 期。

［15］王耀民、黄俊梅、张胜利：《杜仲在新疆的引种试验》，《新疆农业科技》2009 年第 4 期。

［16］王玉春、严仁玲、张磊等：《杜仲引种初报》，《天津农林科技》1992 年第 3 期。

［17］严玉平、宋国英、李桂琴等：《河北省种植杜仲的问题浅析》，《河北林果研究》1998 年第 S1 期。

［18］杨斌：《甘肃省杜仲研究开发现状与发展对策》，《经济林研究》2010 年第 28（1）期。

［19］张应麟：《杜仲引种试验的初步报告》，《林业科学》1956 年第 3 期。

［20］张康健、陈步峰、刘淑明：《陕西扩大栽培杜仲适宜气候生态》，《西北林学院学报》1988 年第 3（2）期。

［21］张维涛、刘湘民、沈绍华等：《中国杜仲栽培区初探》，《西北林学院学报》1994 年第 9（4）期。

［22］张再元、王惠文、杜红岩：《河南省杜仲种子资源研究》，《经济林研究》1991 年第 9（1）期。

［23］张源润、夏红玲、张浩等：《宁夏杜仲引种试验初报》，《陕西林业科技》2000年第 4 期。

［24］张博勇、张康健、王亚琴等：《杜仲优良种源区与类型选择的研究》，《西北林学院学报》2003 年第 18（4）期。

［25］周志翔、王鹏程、徐永荣等：《湖北省杜仲种质资源收集与繁殖保存研究》，《华中农业大学学报》1998 年第 17（5）期。

专题报告

Topic Reports

G.3

高度复杂硬橡胶树杜仲
全基因组测序重要研究进展[*]

乌云塔娜　杜红岩　刘慧敏　王淋　包文泉　杜庆鑫[**]

摘　要：

　　杜仲是第四纪冰川留下来的古老树种，也是我国特有的名贵中药材和全世界唯一的硬性橡胶树种，是除三叶橡胶外最具开发潜力的天然橡胶资源和国家战略储备资源。为全面解析杜仲基因组结构、开展重要功能基因的挖掘、探索杜仲的起源和进化、揭示杜仲的遗传密码等，相关研究机构采用鸟枪法并有机结合二代与三代测序技术，完成了杜仲全基因组测序工作，绘制了

　*　［基金项目］国家林业公益性行业科研专项（201004029）；国家"十二五"科技支撑计划（2012BAD21B0502）。

**　乌云塔娜（1975～），女，内蒙古通辽人，博士，教授，博士生导师。主要从事杜仲育种研究。乌云塔娜、杜红岩、王淋、包文泉、杜庆鑫，中国林业科学研究院经济林研究开发中心，郑州，450003；国家林业局杜仲工程技术研究中心，郑州，450003。刘慧敏，国家林业局杜仲工程技术研究中心，郑州，450003；中南林业科技大学，长沙，410004。

杜仲基因组精细图。研究结果主要有：杜仲基因组大小约为 1.02G，杂合度高达 0.9%～1.1%，重复序列高达 66%，表现出基因组大、杂合度高、重复序列多等极其复杂的植物基因组特征；通过第二代和第三代测序技术的序列相互矫正和多种组装软件的相互矫正，克服了杜仲基因组的高度复杂性，使 Scaffold N50 达 932Kb，突破了高度复杂基因组 Scaffold 组装过短的瓶颈；解析了杜仲重要功能基因，注释得到 26000 多条功能基因和 3377 多条非编码 RNA；发现了大量杜仲胶合成相关基因，鉴定出杜仲橡胶高效积累的关键基因，确定了杜仲橡胶合成的上游调控途径；鉴定了重要活性成分如苯丙素类、黄酮类、α–亚麻酸等合成的基因家族成员；发现了杜仲基因组中拥有耐热、抗寒、抗旱、耐水涝、抗盐碱、抗虫、抗病等逆境胁迫相关基因和转录因子，揭示了杜仲对不同环境能够广泛适应的分子基础；发现了性别决定相关基因，有助于探讨杜仲雌雄异株性别决定模式等。通过对杜仲全基因组序列信息的全面解读，将为高效合成杜仲橡胶、解释杜仲药用成分高效积累机理、提高杜仲抗逆性、破解杜仲性别决定模式、研究杜仲的起源和进化等提供重要的理论依据，对颠覆性突破现代杜仲育种技术、科学指导新型杜仲橡胶资源培育都具有十分重要的里程碑意义。

关键词：

    杜仲　杜仲橡胶　基因组测序　精细图　功能基因

杜仲（*Eucommia ulmoides* Oliv.）属于真菊一类（euasterids I）绞木目（garryales）杜仲科（Eucommiaceae）杜仲属（Eucommia）植物，杜仲科单属单种，2n＝34。在晚第三纪以前杜仲曾广泛分布于欧亚大陆，美洲的阿拉斯加也有杜仲分布。中新世时，在欧洲和亚洲西部，杜仲种类多、分布广，一直存活到上新世，日本北海道的杜仲在上新世时生长也很茂盛，在意大利直到更新世还有杜仲生长。而第四纪冰期来临后，杜仲便在欧洲和其他地区相继消失，只在亚洲的中国中部存活至今。我国现存杜仲为地质史上残留下来的子遗植物，1996 年国家已把杜仲作为珍稀树种列为国家二级重点保护野生植物。目前，我国是杜仲资源最多和栽培面积最大的国家，栽培面积约 36 万公顷，占世界杜仲资源的 99% 以上。

中国是世界橡胶消费大国，橡胶消费量已连续十几年居世界第一。我国每年进口天然橡胶约 280 万吨，对外依存度达 80%。世界上可合成顺式橡胶的植物有 2500 多种，如三叶橡胶、银胶菊等；也有一些植物能合成反式橡胶，如杜仲、山榄、巴拉塔树、人心果、绒穗木、算盘子等，其中唯独杜仲是能合成硬性橡胶的树种，其果、叶、皮均含有丰富的杜仲橡胶，果实和皮中的含量分别达 12% 和 17%。杜仲橡胶具有独特的橡胶和塑料双重特性，能够开发出具有橡胶弹性、热塑性和热弹性等三大特性的功能和工程材料。杜仲橡胶具有特殊的物理性质，具有耐磨、抗撕裂、防湿滑、耐腐蚀、节能等优点，是开发高质量防爆轮胎的上佳材料。杜仲在我国 27 个省（自治区、直辖市）均有栽培，目前种植面积占世界杜仲种植总面积的 99% 以上，全国可种植杜仲的土地面积达 1000 万公顷以上，具有得天独厚的优势，发展潜力巨大。站在国家战略高度，发展杜仲产业是切实解决我国优质天然橡胶资源匮乏的唯一途径，也是加快我国橡胶工业健康发展的根本措施，战略意义十分重大。

千百年来，杜仲皮作为中药在人们的医疗保健等方面起着十分重要的作用。近 20 年来，随着杜仲叶、雄花、果实等药用功能不断被发现，杜仲的经济价值迅速提高。杜仲皮、叶、雄花、果中含有多种药用保健成分，如木脂素类、环烯醚萜类、苯丙素类以及黄酮、酚类等。从杜仲中可分离出 28 种木脂素类，其中松脂醇二葡萄糖苷为杜仲皮中的主要降压成分，丁香素二糖苷有抗癌活性。从皮、叶、雄花和果实内可分离出京尼平苷、京尼平苷酸、桃叶珊瑚苷等 17 种环烯醚萜类，其中京尼平苷酸具有预防性功能低下、增强记忆功能、抗癌、抗氧化（抗衰老）及降压作用，京尼平苷具有抗肿瘤活性，并具有抗补体性，桃叶珊瑚苷在种子中的含量可高达 9%~23%，对革兰氏阴性菌和阳性菌均有抑制作用，具有较强的镇痛、抗菌消炎作用。苯丙素类物质广泛存在于杜仲叶、杜仲根皮、茎皮、果皮、雄花中，包括绿原酸、绿原酸甲酯、咖啡酸、丁香苷等 11 种，其中绿原酸抗菌作用较强，具有利胆、降压、抗菌、消炎、止血、抗氧化及升高白细胞的作用。杜仲所含黄酮类化合物主要包括槲皮素、山柰酚、儿茶素等。槲皮素是国内外医学界普遍关注的一种天然植物生物活性成分，具有降血压、预防及治疗恶性肿瘤等多种作用。杜仲油中高活性α-亚麻酸含量居所有植物之首，达55%~67.6%，为橄榄油、核桃油、茶油中α-亚麻酸含量的8~60倍，具有健脑、降压作用。

杜仲在橡胶工业、军事国防、航空航天、医药、食品、饲料等行业中具有举足轻重的地位。目前杜仲的应用已经从单一的药用迅速扩展到关乎国民经济发展和国家安全的多个重要领域，甚至已经上升到国家战略的高度并成为国家的战略储备资源。30多年来，国内外学者对杜仲的育种、高效培育及综合利用等技术进行了长期系统研究，选育出杜仲橡胶（药）等高产良种，高效培育模式和技术创新都取得了革命性突破，在产品研发和综合利用等方面取得了一系列具有良好产业化前景的研究成果，为我国杜仲产业的持续健康发展奠定了坚实基础。但杜仲分子遗传学研究和分子育种方面的理论基础研究相对较薄弱，而传统的林木遗传育种研究方法难以在杜仲硬橡胶形成机制和高效合成机理、药用成分的高效合成机理、抗病虫害和广泛适应的分子基础和分子机理等方面展开研究，从而难以大幅度提高杜仲橡胶或药用成分的含量和产量，制约杜仲产业快速健康发展的技术瓶颈难以突破。而生命科学前沿已经逐步过渡到通过基因组学、功能基因组学、代谢组、蛋白组等水平的研究，提供大量选择育种和功能基因挖掘机会的阶段，这是一个时代研究模式的转变和技术的又一次革命性突破。对杜仲全基因组序列信息的全面解读，将为高效合成杜仲橡胶、解释杜仲药用成分高效积累机理、提高杜仲抗逆性、破解杜仲性别决定模式、研究杜仲的起源和进化提供重要的理论依据，将对颠覆性突破现代杜仲育种技术、科学指导新型杜仲橡胶资源培育具有十分重要的里程碑意义。

2012年7月，中国林业科学研究院经济林研究开发中心在武汉未来组生物信息科技有限公司的技术支持下，在山东贝隆杜仲生物工程有限公司的资助下，启动了杜仲全基因组测序和精细图绘制项目。这是目前为止第一个完成全基因组测序的木本药用植物。由于杜仲的栽培历史悠久，杂合度高，达0.9%~1.1%，比杨树（*Populus trichocarpa*）（0.26%）高出4倍；基因组大，约1.02G，是毛果杨（*P. trichocarpa*）基因组（480 Mb）的两倍多；重复序列比例高，达66%，为极其复杂的植物基因组，在测序和序列组装过程中项目组遇到了前所未有的困难。经过中国林业科学研究院经济林研究开发中心的科研人员和武汉未来组工作人员的共同努力，项目组克服了重重困难，在杜仲全基因组测序和精细图绘制方面取得了突破性研究成果。

项目组首次在木本植物全基因组测序中科学地结合第二代测序技术和第三代测序技术，攻克了杜仲基因组高杂合度带来的组装困难等瓶颈问题；获得了大量杜仲橡胶合成途径中的功能基因家族，将加快高产胶杜仲新品种培育，有效降低杜仲橡胶产业化成本，促进杜仲产业的健康快速发展；挖掘了大量杜仲药用成分相关的功能基因家族，为筛选和培育杜仲高药用成分新品种提供了坚实基础；发现了与杜仲雌雄性别有关的基因和相关的分子标记，为杜仲性别的早期鉴定提供了有效的方法；发现了与杜仲的抗逆性和环境适应性相关的功能基因，揭示了杜仲适应性强的分子机制；杜仲是古老的双子叶植物，其分类地位一直有争论，研究成果揭示了杜仲的系统发育地位。

一　突破了复杂基因组测序策略和组装方法

复杂基因组按重复序列比例和杂合度细分为高杂合基因组（杂合率＞0.8%，重复序列＜50%）、微杂合基因组（杂合率：0.5%～0.8%，重复序列＜50%）以及高重复基因组（杂合率＜0.5%，重复序列＞50%）等。而杜仲基因组在基因组大小、杂合度和重复序列比例上都远远超过了复杂基因组的定义范围，基因组大小约1.02G，杂合率0.9%～1%，重复序列在66%以上，属于高杂合、高重复的复杂基因组。因此，杜仲基因组在组装技术上遇到了前所未有的困难。

通常第二代测序组装技术对于解决复杂基因组组装问题存在一定的瓶颈，如 Scaffold N50 小于 300Kb，达不到组装要求。因此，在杜仲基因组测序策略上，项目组采用全基因组鸟枪法（WGS，Whole genome shortgun sequencing），构建了不同长度的 DNA 插入片段文库，采用第二代测序技术（Illumina Hiseq 2000 和 Miseq）和第三代测序技术（PacBio）的有机结合，完成了杜仲复杂基因组测序工作，获得了 99.85G 数据。在复杂基因组组装方法上，利用第三代

数据 reads 读长较长的优势，跨过基因组中大量的短的 repeat 区域（这些区域对二代组装来说是一个瓶颈）和杂合区域，并通过开发算法克服了三代测序 reads 的错误率较高的弊端，并与二代数据结合组装，使 Scaffold N50 达到 932Kb，突破了高度复杂基因组组装指标。

用转录组数据和 CEGMA 进行组装结果发现，94% 以上的转录组序列能比对到基因组序列上；与真核生物保守的 248 个基因进行比对发现，75% 以上的完整基因元件以及 90% 以上的部分元件能比对上，说明保守性基因比较完整；测序之前预测的 GC 含量为 34.7% ~ 37.0%，与测序后实际的 GC 含量（34.8% ~ 37.2%）较一致，说明测序组装结果可靠。杜仲全基因组测序以及重测序的完成将会给杜仲研究带来革命性的变化，使科研工作者可以深层次了解杜仲这个古老的物种，为从分子水平上研究杜仲多种活性成分、杜仲橡胶的代谢途径及杜仲的分子育种提供了极大的便利。同时杜仲在分类学上多有争议，与其较近的物种尚无全基因组序列，杜仲全基因组测序的完成能够为其近缘物种分子方面的研究提供参考序列，杜仲也是为数不多进行全基因组测序的孑遗物种，本研究为进化分析提供了大量的资料。

二 解析了杜仲重要的功能基因

用 Denovo、Homolog、EST 等方法对杜仲基因组进行功能注释发现，杜仲基因组包含 26000 多条功能基因；通过与已知非编码 RNA 库进行比对分别得到 332 条 miRNA，376 条 rRNA，172 条 snRNA，920 条 snoRNA；使用 tRNAscan - SE 对杜仲基因组进行 tRNA 序列预测得到 1281 条 tRNA。

1. 杜仲橡胶合成主要途径和高效合成关键酶基因的鉴定

杜仲萜类物质主要是杜仲橡胶和环烯醚萜类。杜仲橡胶广泛分布于杜仲各器官组织，如树皮含杜仲胶 6% ~ 10%，根皮含 10% ~ 15%，树叶含杜仲胶 2% ~ 4%，果皮含 12% ~ 18%。环烯醚萜类是杜仲重要的药用活性成分，包括杜仲醇（encommiol）、杜仲醇苷（encommio - side）、京尼平（genipin）、京尼平苷酸（geniposidic acid）、京尼平苷（geniposide）、桃叶珊瑚苷（aucubin）、筋骨草苷（ajugoside）、哈帕苷丁酸酯（harpagide acetate）、雷扑妥苷（reptoside）、车叶草酸、去乙酰车叶草酸、10 - 乙酰鸡屎藤苷、表杜仲醇等。

无论是杜仲橡胶还是环烯醚萜类均通过萜类物质合成途径 MEP（1 - deoxy - D - xylulose 5 - phosphate pathway）和 MVA（mevalonate pathway）途径合成。杜仲基因组注释发现萜类物质合成 MEP 途径涉及 70 条基因，MVA 途径涉及 23 个基因。通过杜仲橡胶合成模式、基因表达模式和亚细胞定位研究，项目组确定了杜仲橡胶合成的主要上游途径为 MVE 途径，而环烯醚萜类和其他萜类合成的主要途径可能为 MEP 途径；通过转基因、转录组和 DGE 技术，鉴定了杜仲橡胶高效合成的关键酶基因 *EuTIDS5*（*trans - isoprenyl diphosphate synthase*）基因；通过杜仲橡胶测定、杜仲橡胶基因表达关键时期。本研究成果为筛选和培育杜仲高含胶新品种提供了重要的理论基础。

2. 杜仲重要活性成分合成关键酶基因的鉴定

杜仲种子含有粗脂肪 23% ~36%，脂肪酸中含有 α - 亚麻酸 54% ~67.6%，油酸 15% ~21.7%，亚油酸 9% ~17%，硬脂酸 1.9% ~2.7%，棕榈酸 5.5% ~7.8%；杜仲叶片粗脂肪含量为 4% ~7%，其中 α - 亚麻酸含量为 18% ~25%；α - 亚麻酸具有良好的降低血脂、降血压的作用，可增强智力，提高记忆力，保护视力，改善睡眠，抑制血栓性疾病，预防心肌梗死和脑梗死。α - 亚麻酸在紫苏油中占 50% ~60%，星油藤油中占 50%，亚麻籽油中约占 45%，在沙棘籽油中占 32%，菜籽油中占 10%，豆油中占 8%，核桃油中占 6% ~8%，橄榄油中占 0.5% 左右，茶油中占 1% 左右。而杜仲油中 α - 亚麻酸含量高达 67.6%，是目前发现的 α - 亚麻酸含量最高的植物油，具有极大的开发潜力。项目组在杜仲基因组中挖掘了 13 条 α - 亚麻酸的合成关键酶基因。该发现为筛选和培育高 α - 亚麻酸杜仲和其他油料作物新品种提供了理论依据。

在基因组功能注释和转录组研究的基础上，项目组挖掘了 198 个与杜仲苯丙素类药用或保健成分相关的基因，包括与绿原酸（chlorogenic-acid）、香豆酸（coumaric）、咖啡酸乙酯（caffeic acid ethylester）、松柏苷（syringin）等的合成相关的基因。其中绿原酸具有抗菌消毒作用，广泛应用于医药行业。项目组在杜仲基因组中，挖掘出 314 条黄酮类合成相关基因，挖掘出 191 条木脂素类合成相关基因。

三 揭示了杜仲对不同环境广泛适应的分子基础

杜仲虽然是单科单属单种植物，但其适应范围广，从亚热带到寒带（北纬24°40′~45°15′），从潮湿多雨（年降雨量1600~2000毫米，东经120°49′）的南方到干旱少雨（年降雨量100~250毫米，东经79°39′）的西北荒漠区，从酸性红壤土（pH5.0~6.0）到碱性的盐成土（pH8~9），以及极端最低气温-5°~-27°的地区，均有杜仲分布和栽培。在中国，杜仲的自然分布地区北自吉林、辽宁，南至福建、广东、广西，东达浙江、江苏、上海，西抵新疆，中经北京、河北、安徽、河南、山东、江苏、山西、陕西、湖北、湖南、江西、贵州、甘肃、云南等省（区、市），东西跨度达3800多公里，南北跨度达3200多公里。而且自然状态下，杜仲病虫害极少，如能够危害杜仲的虫害只有一种，杜仲梦尼夜蛾（Orthosia songi）。因此，杜仲能够适应反差较大的生态环境，是具有在多种生态环境中生存的遗传潜力和遗传基础的物种。项目组在杜仲基因组数据中挖掘了与杜仲的抗逆性和适应性相关的分子基础，发现杜仲基因组中拥有59条耐热基因（genes related to heat stress）、211条抗寒基因（genes related to cold stress）、222条抗旱基因（genes related to drought stress）、699条抗盐碱基因（genes related to salt stress）、239条抗虫基因、281条抗病基因（plant resistance gene）。杜仲拥有如此多的抗逆性基因，是杜仲具有广泛抗逆性和适应性的重要分子基础。

另外，项目组发现，杜仲基因组的重复序列达到66%。MISA软件能识别出序列中的微卫星和复合微卫星及其所在位点。采用该软件分析基因组中的SSR（simple sequence repeat）序列，显示杜仲基因组中的SSR序列有67万个。基因组中的重复序列不是垃圾，它们影响着生命的进化、遗传和变异，同时对基因表达、转录调控、染色体的构建以及生理代谢都起着不可或缺的重要作用。

杜仲是个古老的物种，基因组中2/3的序列是重复序列，说明在历史的长河中，杜仲基因组不断进行水平交换或垂直交换，频繁发生自我复制，自我拼接，从而扩大自身的长度和容量，不断适应不同环境的变化，不断进化。同时，因为很多关键的功能基因都是单拷贝，杜仲基因组中存在大量的重复序列，有可能是为了用丰富的重复序列来保护那些关键的结构基因免遭重组而发生破坏。而且重复序列就是对旧有物种的保留，是对原来信息的一种继承和记载。所以，杜仲基因组中的重复序列是杜仲进化的必然结果。

参考文献

［1］杜红岩、胡文臻、俞锐：《杜仲产业绿皮书：中国杜仲橡胶资源和产业发展报告（2013）》，社会科学文献出版社，2013。

［2］施季森、王占军、陈金慧：《木本植物全基因组测序研究进展》，《遗传》2008 年第 34（2）期。

［3］甘四明、苏晓华：《林木基因组学研究进展》，《植物生理与分子生物学学报》2006 年第 32（2）期。

［4］陈士林、孙永珍、徐江等：《本草基因组计划研究策略》，《药学学报》2010 年第 45（7）期。

［5］陈建军、王瑛：《植物基因组大小进化的研究进展》，《遗传》2009 年第 31（5）期。

［6］骆建新、郑崛村、马用信等：《人类基因组计划与后基因组时代》，《中国生物工程杂志》2003 年第 23（11）期。

［7］邓炜、柴建华：《概述 DNA 测序技术的现状及进展》，《生命的化学》1995 年第 15（6）期。

［8］张同武：《植物细胞器基因组测序、组装及比较基因组学研究》，浙江大学博士学位论文，2012。

［9］李芳东、杜红岩：《杜仲》，中国中医药出版社，2001。

［10］杜红岩、赵戈、卢绪奎：《论我国杜仲产业化与培育技术的发展》，《林业科学研究》2000 年第 13（5）期。

［11］杜红岩、李钦、刘昌勇等：《不同变异类型杜仲皮中几种主要活性成分含量的季节变化》，《中南林业科技大学学报》2011 年第 24（2）期。

［12］Thiel T, Michalek W, Varshney R, et al. Exploiting EST Databases for the Development and Characterization of Gene-derived SSR-markers in Barley（Hordeum vulgare L.）. *Theoretical and Applied Genetics*, 2003, 106（3）：411－422.

［13］Allred D B, Cheng A, Sarikaya M, et al. Three-dimensional Architecture of Inorganic Nanoarrays Electrodeposited through a Surface-layer Protein Mask. *Nano Letters*, 2008, 8（5）：1434－1438.

［14］Bedell J A, Korf 1, Gish W. Masker Aid：A Performance Enhancement to Repeat

Masker. *Bioinformatics*, 2000, 16 (11): 1040 – 1041.

[15] Benson G. Tandem Repeats Finder: a Program to Analyze DNA Sequences. *Nucleic Acids Research*, 1999, 27 (2): 573.

[16] Xu L, Zhang Y, Su Y, et al. Structure and Evolution of Full-lenth LTR Retrotransponsons in Rice Genome. *Plant Systematics and Evolution*, 2010, 287 (1 – 2): 19 – 28.

[17] Stanke M, Waack S. Gene Prediction with a Hidden Markov Model and a New Intron Submodel. *Bioinformatics*, 2003, 19 (suppl 2): ii215 – ii225.

[18] Burge C B, Karlin S. Finding the Genes in Genomic DNA. *Current Opinion in Structural Biology*, 1998, 8 (3): 346 – 354.

[19] Birney E, Durbin R. Using GeneWise in the Drosophila Annotation Experiment. *Genome Research*, 2000, 10 (4): 547 – 548.

[20] Haas B J, Delcher A L, Mount S M, et al. Improving the Arabidopsis Genome Annotation Using Maximal Transcript Alignment Assemblies. *Nucleic Acids Research*, 2003, 31 (19): 5654 – 5666.

[21] Haas B J, Salzberg S L, Zhu W, et al. Automated Eukaryotic Gene Structure Annotation Using Evidence Moldeler and the Program to Assemble Spliced Alignments. *Genome Biology*, 2008, 9 (1): R7.

[22] Zouine M, Latché A, Rousseau C, et al. The Tomato Genome Sequence Provides Insights into Fleshy Fruit Evolution. *Nature*, 2012, 485: 635 – 641.

[23] Young N D, Debellé F, Oldroyd G E D, et al. The Medicago Genome Provides Insight into the Evolution of Rhizobial Symbioses. *Nature*, 2011, 480 (7378): 520 – 524.

[24] Zouine M, Latché A, Rousseau C, et al. The Tomato Genome Sequence Provides Insignts into Fleshy Fruit Evolution. *Nature*, 2012, 485: 635 – 641.

[25] Arabidopsis G I. Analysis of the Genome Sequence of the Flowering Plant Arabidopsis Thaliana. *Nature*, 2000, 408 (6814): 796.

[26] The Grapevine Genome Sequence Suggests Ancestral Hexaploidization in Major Angiosperm Phyla. *Nature*, 2007, 449 (7161): 463 – 467.

[27] Howard H M. Genetics of the Potato Solanum Tuberosum. *American Potato Journal*, 1971.

[28] Korf I. Gene Finding in Novel Genomes. *Bmc Bioinformatics*, 2004, 5 (1): 59.

[29] Majoros W H, Pertea M, Salzberg S L. TigrScan and GlimmerHMM: Two Open Source Ab initio Eukaryotic Gene-finders. *Bioinformatics*, 2004, 20 (16): 2878 – 2879.

[30] Bairoch A, Apweiler R, Wu C H, et al. The Universal Protein Resource (UniProt). *Nucleic Acids Research*, 2005, 33 (suppl 1): D154 – D159.

［31］ Griffiths – Jones S，Moxon S，Marshall M，et al. Rfam：Annotating Non-coding RNAs in Complete Genomes. *Nucleic Acids Reseach*，2005，33（suppl1）：D121 – D124.

［32］ Lowe T M，Eddy S R. tRNAscan – SE：a Program for Improved Detection of Transfer RNA Genes in Genomic Sequence. *Nucleic Acids Research*，1997，25（5）：955 – 964.

G.4

河南省杜仲橡胶资源培育与产业发展报告*

王 璐 胡文臻 杜红岩 杜兰英**

摘 要：

河南省是我国传统栽培模式杜仲的主产区之一，也是最早开展新型杜仲橡胶资源培育模式（果园化栽培模式等）示范与推广的地区。本文依据大量文献记载和实际调查数据，对河南省的栽培历史与资源培育情况、主要栽培模式与栽培技术、科技支撑在河南省杜仲产业发展中的作用、杜仲研究及产业发展情况等进行了系统阐述。最后，针对河南省现代杜仲产业发展中存在的突出问题提出了建议。

关键词：

杜仲 河南省 栽培模式 研究成果 产业发展

一 栽培历史与资源培育情况

（一）栽培历史

杜仲在河南省分布广泛，涉及 102 个县（市），东到商丘、郸城；西达灵

---

* ［基金项目］国家公益性行业科研专项（201004029）。

** 王璐（1983～），女，河南新乡人，博士，助理研究员，主要从事杜仲育种和培育技术研究；杜红岩（1963～），男，河南中牟人，博士，研究员，博士生导师，主要从事杜仲育种、栽培与综合利用的研究。

王璐、杜红岩、杜兰英，中国林业科学研究院经济林研究开发中心，郑州，450003；国家林业局杜仲工程技术研究中心，郑州，450003。胡文臻，中国社会科学院社会发展研究中心，北京，100732。

宝、卢氏；南及泌阳、商城、信阳；北至南乐。在海拔 25～1150 米之间，除在贫瘠干旱岩石裸露的山脊生长不良外，其余地貌均能正常生长。河南的西南部是杜仲的主要栽培区之一。

新中国成立以来，河南省的杜仲发展经历了大起大落。1949 年以前为群众无计划自发栽培阶段，此阶段河南省杜仲栽培面积约 5500 公顷，平顶山、三门峡、南阳、信阳、洛阳等主要产区杜仲种质资源十分丰富，伏牛山、桐柏山、大别山、小秦岭等山区胸径 30～50 厘米粗的杜仲树到处可见。1958 年，全国性的大炼钢铁运动使杜仲大树几乎被毁殆尽。1976 年河南省杜仲保存面积不足 500 公顷。从 20 世纪 70 年代末开始，杜仲皮需求量越来越大，林业和医药部门先后扶持发展杜仲生产，1990 年河南省杜仲栽培面积达 2000 公顷。1991 年以后，杜仲皮价格大幅度提升，从 1991 年的每千克 10～15 元迅速攀升至 1995 年的每千克 150～300 元。1992～1994 年，日本大批量从我国进口杜仲叶，每千克 16 元人民币。政府积极推动和群众自发种植杜仲的积极性均达到空前的热度，河南省杜仲资源处于过度膨胀状态。1996 年全省杜仲栽培面积达到 4 万公顷左右。

（二）近年来杜仲橡胶资源培育情况

经过 1996～2010 年杜仲产业的低谷后，政府有关部门、研究机构和高等院校、企业和其他社会力量积极推动杜仲产业重新崛起。2010 年 10 月以李景源委员为首的杜仲国情调研重大项目课题组成立。2010 年 12 月，国情调研课题组第一站选择赴河南省调研汝州杜仲种植基地生态示范园项目建设，这也是中国社会科学院社会发展研究中心杜仲项目国情调研课题的第一个合作研究项目，探索"国家研究机构—地方政府—企业"课题合作机制。近年来，杜仲国情调研课题组多次赴河南多个杜仲基地考察调研，从国家层面指导解决河南省杜仲产业发展存在的突出问题，这对推动河南省杜仲产业的快速发展起到了十分重要的作用。随后几年，一批民营企业迅速崛起，国有林场也参与了新型杜仲橡胶资源培育基地的建设，多种形式的杜仲生产基地相伴出现，如灵宝天地科技生态有限公司、河南恒瑞源实业有限公司、三门峡天缘生物科技有限公司、鹤壁淇奥杜仲种植发展有限公司、南召县林昌药业有限公司、河南鼎坤农

业科技发展有限公司、商丘市民权林场、信阳南湾实验林场等，均建立了不同形式的杜仲基地。据不完全统计，全省目前已建立多种形式的杜仲生产基地50余个。

目前，河南省杜仲总面积有3.40万公顷，其中洛阳市1.00万公顷，南阳市0.68万公顷，三门峡市0.35万公顷，平顶山市0.33万公顷，信阳市0.20万公顷，商丘市0.13万公顷，新乡市0.08万公顷，郑州市0.10万公顷，周口市0.10万公顷，驻马店市0.10万公顷，安阳市0.08万公顷，濮阳市0.07万公顷，济源市0.04万公顷，许昌市0.03万公顷，焦作市0.03万公顷，鹤壁市0.03万公顷，开封市0.03万公顷，漯河市0.02万公顷。

二 主要栽培模式与栽培技术

（一）早期河南省杜仲栽培方式

杜仲在河南省栽培历史悠久，分布地域广泛，资源比较丰富，群众有着良好的经营习惯，主要种植方式为以下三种。

矮林作业：在河南省南阳、洛阳、三门峡等地应用较多，一般与农作物间作，实行宽行距小株距，每穴栽植一至多株，栽后一年靠地面进行平茬促其萌条，留条2~3株，呈丛生状，5~6年萌条长至把柄材时，进行间伐，剥皮利用，伐后继续萌条。随着树龄增加萌条数量也逐年增多，一般5~6年为一轮伐期。待树龄长至15年后每年每墩可伐把柄材4~6根，该经营方式收效早、收益高，并可做到保护资源，年年收益，永续作业，伐根可百年不衰，很受当地群众欢迎。

头林作业：主要在洛阳和南阳地区应用，一般选择具有一定树龄的植株，在离地面1.5~2米处截干，待萌条径粗达到把柄材要求时进行轮伐。该方式有利保存资源，永续作业，收益高，但根系吸收途径少，养分运输距离加大，间伐萌条长势不旺，所以不是目前主要发展方向。

乔林作业：在20世纪90年代为河南省杜仲的主要经营方式，为片林及四旁零星栽植，由于所处的环境条件优越，生长发育良好。主要缺点是周期长，见效慢，但从育种角度看，因树龄大可以收获种子，进行自然杂交和人工杂交，培育良种。目前该作业方式处于伐树剥皮的状态，若能与科学的剥皮技术结合起来，则既保存了资源，又提高了经济效益。

（二）杜仲橡胶资源培育模式与技术

由中国林业科学研究院经济林研究开发中心杜红岩研究员率领的杜仲研究团队经过近30年的生产实践，研究出多种杜仲经营模式与技术，如宽窄行带状栽植、叶皮兼用杜仲园、杜仲果园化（园艺化）栽培、杜仲雄花园等新的栽培模式和杜仲无性繁殖技术、平茬技术、剥皮再生新技术、高接换优技术、营养调控和促花促果新技术等。针对现代杜仲产业发展需要，改进传统药用栽培模式，开展了杜仲果园化高效栽培模式、雄花园栽培模式、叶用林栽培模式、材药兼用栽培模式、立体经营模式的研究，实现了杜仲培育技术的历史性突破与重大创新。应用密度优化调控、树体营养调控、树体化学调控、土壤营养调控等技术，显著抑制了植株的营养生长，促进了开花结果，有效控制了大小年现象。杜仲果园化高效栽培技术推广应用后，杜仲产果量提高32.5%～40.2%；杜仲雄花园高效栽培技术使雄花产量提高69.4%～78.8%，产叶量提高25.4～36.1%，材药兼用模式和立体经营模式经济效益分别提高达85.4%～97.2%，效益提升十分显著。

1. 传统药用栽培模式

自然生长的杜仲，一般都能长成具有独立主干的乔木，树高可达20～23米。传统药用栽培模式在我国已沿用2000余年，其栽培目的是培养高大植株，获得优质的杜仲皮，木材、果实、树叶等作为副产品。20世纪70年代开始，河南省在洛阳市汝阳，南阳市镇平、南召、内乡、西峡等地建立了不同形式的杜仲药材生产基地。目前河南省大部分杜仲资源都采用传统药用栽培模式，以生产杜仲皮（药材）为主要经营目的。药用栽培模式对杜仲皮药材市场依赖性强，杜仲果实产量和杜仲橡胶产量低，综合利用效率低，经济效益较差。

栽培技术要点：（1）种植密度：株距2～4米，行距3～4米，一般种植密度每公顷1250～2500株。（2）平茬技术：在杜仲栽植时或栽植1年后实施，平茬时间在落叶后至春季萌芽前10天。新建杜仲药用林需用杜仲良种嫁接苗，造林时苗高达 2.0 米以上的苗木，栽植后不进行平茬；苗高 2.0 米以下的苗木，栽植一年后进行平茬，平茬部位在嫁接口以上 10 厘米处。对现有杜仲药用幼林，幼树地茎在 5 厘米以下的低产低效林，宜采用平茬方法，改善杜仲药用林生长状况。平茬位置在地面以上 2~4 厘米处。平茬后平茬口附近会萌发大量萌芽，当萌芽长达 10~15 厘米时，在迎风口选留生长健壮的 1 个萌条培养成植株，其余抹去。（3）立体经营：杜仲药用林幼树期行间空地较多，可适当进行立体经营。药用林树体高大，间作绿色作物可选择绿肥、花生、油菜、豆类、薯类、瓜类、蔬菜、草本药材等。

2. 材药兼用栽培模式

1988 年开始，河南省洛阳林业科学研究所和中国林业科学研究院经济林研究开发中心合作，在河南省重点林业攻关项目和洛阳市重点研究项目的支持下，开始研究杜仲材药兼用栽培模式和系列技术。首先在汝阳县和偃师市进行试验研究，利用杜仲萌芽抽枝能力强的特点，高密度栽植，培养成单干型或多干丛生型杜仲植株，取得了十分显著的效果。首次研究出杜仲平茬技术，建园第 2 年春季平茬后当年幼树（苗）高可达 3.5 米以上，且平茬后树干通直，生长迅速，杜仲胸径生长量提高 15%~30%，综合效益提高 35%~50%。材药兼用栽培模式是杜仲叶、杜仲皮、工艺用材兼用的集约化经营模式。种植密度可达每公顷 4500~10000 株。由于种植密度大，前期产叶量高，经营周期短。但由于应用范围主要是杜仲叶和木材，杜仲橡胶产量相对较低。

栽培技术要点：（1）种植密度。常规建园方式：栽植密度 0.5 米×1.0 米~1.0 米×2.0 米，每公顷栽植 0.5 万~2.0 万株；宽窄行带状建园方式：宽行 1.5 米，窄行 0.5 米，株距 0.5~1.0 米，每公顷栽植 1.0 万~2.0 万株。（2）平茬技术。栽植 1 年后于早春萌动前进行平茬，平茬后每株可留健壮萌条 1~3 个。（3）砍伐采收。第 3~4 年萌条长至把柄材粗时，可进行第 1 次砍伐剥皮，砍伐部位在地面以上 2~5 厘米处；第 1 次砍伐后，每株留萌条 2~4 个，以后每 2~3 年可砍伐 1 次。

3. 高密度叶皮兼用栽培模式

主要以生产杜仲叶和杜仲皮为目的，采用高密度建园。高密度叶皮兼用栽培模式要求集约化水平较高，对立地条件也有较强的选择性，适宜在土质疏松、肥沃，有灌溉条件的平地或坡度低于15°的丘陵山区缓坡应用。以提高杜仲叶和杜仲皮的产量和质量为主要目标，开展杜仲叶皮兼用栽培模式与技术的创新，能够满足我国橡胶、中药产业、饲料工业和食用菌产业等对优质杜仲叶、皮原料的需求。1993年，中国林业科学研究院经济林研究开发中心与原中国杜仲综合开发协会合作，在原国家科委重点项目支持下，开展了杜仲优化栽培模式研究与实践。在河南洛阳和北京顺义同时营建的叶皮兼用杜仲园，建园第2~3年开始进入盛产期，第4~6年每公顷产叶量达12吨以上，产皮量3.3吨，杜仲枝材17.9吨，每公顷杜仲橡胶年产量可达400千克以上，每公顷年产值可达5万~6万元。叶皮兼用杜仲栽培模式较传统药用林和矮林栽培模式杜仲橡胶产量明显提高，但对杜仲皮、叶综合利用的依赖性较强。如果杜仲叶、树皮、枝材等不能在杜仲橡胶、功能饲料、功能型食用菌、杜仲活性成分提取及其产品开发中充分应用，经济效益将大幅度下滑，市场风险较大。2003年之后，叶皮兼用杜仲栽培模式陆续在河南、吉林、陕西、山西等地示范与推广，效果良好。

栽培技术要点：（1）建园方式与种植密度：杜仲叶用林可采用两种建园方式。采用常规建园方式，栽植密度0.4米×0.8米~0.5米×1.5米，每公顷可栽植1.33万~3.12万株；采用宽窄行带状建园方式，宽行1.0~1.5米，窄行0.5米，株距0.4~0.6米，每公顷栽植1.67万~3.30万株。（2）栽植深度：栽植深度以苗木嫁接口与地平为准，嫁接口留太高会影响以后平茬。（3）整形修剪技术：杜仲叶用林树形为丛生或多干形。栽植当年不进行修剪，让幼树自然生长，主要目的是增加幼树地茎粗度，冬季在幼树嫁接口以上10厘米处截干。建园第二年萌芽后，当萌条长达5~10厘米时，每株选留生长健壮、位置分布均匀的萌条3~4个，培养成丛生状。6~7月份，当萌条高达2.0米左右时，可在1.5米处短截采叶，促使萌条再分枝。秋季采叶后，在冬季休眠期将每个当年萌条留5~10厘米截干。从第三年开始，上年截干的每个萌条在春季萌动后，选留生长健壮、位置分布均匀的萌条2个，培养成丛生状，其余全部抹去。每株树每年留萌条数量10~16个。建园6~8年以后，萌条部位外移明显，可适当进行回缩。（4）采收方法：建园第一年在秋季霜降后采收杜仲叶。从第二年开始，每年夏季6~7月份采叶一次，秋季霜降后进行第二次采叶。夏季采用短截采叶方法，在每个当年萌条 1.5 米处进行短截，将短截下来的枝条的叶片采下，用烘干机进行烘干。夏季采集的叶片如果自然晾干，叶片内酚类物质会迅速氧化变黑。秋季霜降后采集的叶片可自然晾干或烘干，并放干燥处贮存，防止回潮霉变。夏季截干或冬季平茬后的枝干，用机械的方法将杜仲皮刮掉、阴干，杜仲枝干晒干或阴干。

4. 果园化高效集约栽培模式

杜仲果园化栽培是杜红岩研究员在 20 世纪 90 年代初首创的新型杜仲橡胶资源培育模式，将我国沿用 2000 余年的传统药用经营模式进行了重大改革，由传统以生产杜仲皮为主的药用栽培模式转向以生产杜仲果实和杜仲橡胶等为主，果、皮、叶、雄花综合利用的全新栽培模式，使杜仲生产逐步走向果园化、园艺化。以提高杜仲产果量和杜仲橡胶产量为主要目标，开展果园化高效栽培模式与技术创新，是大幅度提高杜仲产果量、杜仲橡胶产量和综合利用效益的根本措施，也是促进以杜仲橡胶为龙头的杜仲产业健康和快速发展的必由之路。

最初的果园化栽培实践从 1991 年开始，在原洛阳林业科学研究所邙山实验场进行，采用高接换优的方法，1991 年 6 月下旬至 7 月上旬利用选育出的果用杜仲优良无性系进行嫁接，当年新梢长 72～107 厘米，高接第 3 年开花结果。1996 年经过高接换优的杜仲硕果累累，平均单株产果量达到 2.57 千克，试验获得初步结果，增产效果十分显著。1998 年在原来试验研究的基础上，在商丘市梁园区国有林场建设杜仲果园 5 公顷，达到建园第 2～3 年结果，第 5～7 年丰产的效果。杜仲果园化栽培实践在豫东平原沙区进行示范的同时，2000 年在位于小秦岭的灵宝市进行了规模化示范与推广。经过 20 年多的系统研究，取得了重大突破，果园化栽培模式盛果期杜仲产果量和产胶量比传统药用栽培模式提高40 倍以上，经济效益大幅度提高，是杜仲天然橡胶资源培育和综合利用的最佳栽培模式。目前，果园化栽培模式已经在山东、湖南、安徽等地进行示范推广。

果园化栽培模式和传统栽培模式最大的区别在于，传统药用栽培模式以生产杜仲药材（皮）为主，培养高大乔木，一般主干高 3～6 米，树高可达 20 米以上。而杜仲果园化栽培模式则是以生产杜仲果实和杜仲橡胶、杜仲高活性 α - 亚麻酸油为主，杜仲果实、杜仲叶、杜仲皮、杜仲雄花综合利用的一种全新栽培模式。采用果树的管理方法，一方面大幅度提高了产果量、杜仲橡胶产量和杜仲亚麻酸油产量，另一方面也便于杜仲果实、杜仲雄花、杜仲叶等的采摘。

栽培技术要点：（1）建园方式。杜仲可采取以下两种方式建立高产胶果园。利用杜仲良种嫁接苗直接建立高产果园，即采用高接换优方法对现有杜仲林进行科学改造，建成杜仲高产果园；采用种子直播造林，在造林地进行嫁接建立杜仲果园。（2）定干高度 60～80 厘米，树高 2～3 米。（3）栽培配置方式。主栽品种与授粉品种配置比例 9∶1～9.5∶0.5，雄株栽植在果园四周或整行栽植在果园内均可。（4）种植密度。肥水条件较好的平地和缓坡地，良种果园株距 3～4 米，行距 3～4 米，每公顷栽 625～1111 株；立地条件较差的山丘地果园，株距 2～3 米，行距 2～3 米，每公顷种植 1111～1666 株；杜仲高产密植果园，可以采用株距 1～1.5 米、行距 2～3 米的种植密度，每公顷栽 2222～5000 株。（5）杜仲果园适宜树形主要有：自然开心形、疏散两层开心形、疏散分层形和自由纺锤形。（6）环剥与环割技术。进入初果期后，结果大年的 5～7 月份可进行环剥或环割，平衡树体营养，控制树体长势，促进花芽形成。（7）肥水管理。进入结果期后适当增施磷钾肥。（8）果实采摘。在杜仲果实呈黄绿色时采摘。具体时间湖南省 9 月上旬以后，河南省 9 月中旬以后，北京市 9 月下旬以后。用手轻摘杜仲果实，或采用机械摇动树干让果实掉落，树下铺设塑料布，以利于果实收集。采摘过程中注意保护结果枝组，禁止破坏树体。果实采集后置阴凉干燥处自然晾干。

5. 雄花园高效集约栽培模式

杜仲雄花园高效集约栽培模式是针对杜仲雄株数量大，雄花产量高等特点提出的杜仲高效栽培模式，目的是获得高产、优质的杜仲雄花等产品。以提高杜仲雄花产量和活性成分含量为主要目标，开展杜仲雄花园栽培模式及技术创新，是高效利用杜仲雄花资源，大幅提高林农收入，促进我国药用花粉资源有效利用的重要途径。中国林业科学研究院经济林研究开发中心以提高杜仲雄花产量为经营目的，从 1996 年开始，与原洛阳林业科学研究所合作，在洛阳、商丘、三门峡等地对杜仲雄花高效集约栽培技术进行了 10 多年的系统研究与规模化示范，取得了重要突破。采用雄花园高效集约栽培模式与技术创新，建园第 5 年和第 10 年每公顷雄花产量可分别达到 1579.5 千克和 3408.0 千克，经济效益十分显著。

栽培技术要点：（1）建园密度。综合考虑早实早花、丰产、稳产、优质和便于管理等方面，新建园可采用两种方式。常规建园方式：栽植密度 0.5 米 × 1 米 ~ 2 米 × 4 米，每公顷栽植 0.13 万 ~ 2.0 万株；宽窄行带状建园方式：宽行 1.0 ~ 1.5 米，窄行 0.5 米，株距 0.4 ~ 1 米，每公顷栽植 1.0 万 ~ 3.3 万株。（2）定干高度：40 ~ 60 厘米。（3）整形修剪技术。采用柱状树形或自然圆头形树形，控制树高 1.8 ~ 2.5 米。（4）环剥、环割技术。进入开花期后每年 5 ~ 7 月份采用环剥或环割的方法促进花芽分化。（5）雄花采收。采用修剪采花的方法，将雄花枝条留 4 ~ 8 个芽剪掉，将剪掉的雄花枝拿到树荫下采集雄花，采集时将针状的雄蕊摘下，摊晾后进行雄花茶、杜仲花粉等产品加工。

6. 立体经营模式

目前我国杜仲栽培方式比较单一，经营周期相对较长，幼林期土地利用率低。立体农业是现代农业发展的总趋势，它是一个综合的农业生态系统，可以针对不同植物品种的特点，通过合理组合，充分利用光能、空间，大幅度提高复种指数，增加经济收入，维护生态平衡。洛阳、南阳、三门峡、商丘、许昌、新乡、平顶山等地都先后开展了杜仲立体经营模式的实践，洛阳市杜仲林下间作小麦、蔬菜和草本药材，种植香菇等食用菌；三门峡林下养鸡；南阳市林下种植苗木；许昌市杜仲林间作花卉和油牡丹；商丘将杜仲与芍药间种；新乡市杜仲果园下种植西瓜、花生和油牡丹；平顶山杜仲林下种植辣椒等。以杜仲为主建立的不同的立体经营模式，取得了良好的经济和生态效益，达到了以短养长、以间代抚、以农养林、以林护农、互相促进的效果，对提高集约化经营水平和总体综合效益，推动平原农区和丘陵山区经济发展具有重要意义。

目前河南省的主要立体经营模式包括：杜仲、草本药材立体经营模式，杜仲食用菌立体经营模式，丘陵山区杜仲、茶园立体栽培模式，杜仲、家畜家禽立体种养模式等。

三　科技支撑在河南省杜仲产业发展中的作用

国家发改委、财政部、科技部、国家林业局等部门，在过去 20 多年对杜仲产业的科技支撑给予了较大支持。中国林业科学研究院经济林研究开发中心杜仲创新团队牵头，先后在杜仲育种、栽培和综合利用方面，承担国家和部省级攻关课题 10 多项，包括国家"十一五"科技支撑计划"杜仲和红豆杉工业原料林丰产栽培技术体系研究"、国家"十二五"科技支撑计划"杜仲材用和药用林定向培育关键技术研究"、国家公益性行业科研专项"杜仲育种群体建立及综合利用技术研究"、国家高技术项目"杜仲良种快繁及高产栽培技术研究"、国家 948 引进项目"杜仲主要活性成分提纯分离技术引进"、国家农业成果转化资金项目"杜仲高产胶良种中试及果园化栽培技术示范"及"杜仲雄花高效栽培及雄花茶中试与示范"、国家林业局重点攻关课题"杜仲雄花高产栽培与雄花茶开发利用"等。经过 5 个五年计划的研究，杜仲领域目前已形成以中国林业科学研究院经济林研究开发中心为核心，林业、医药、化工（橡胶）等行业专家组成的全国性的杜仲研究和创新团队。研究团队先后取得杜仲研究成果 20 多项，荣获国家和部省级科技奖励 10 多项；选育出不同用途的杜仲良种 10 多个；获得国家发明专利近 20 项；发表杜仲学术论文 100 余篇，出版杜仲专著 5 部。

（一）杜仲长期育种工程

中国林业科学研究院经济林研究开发中心分别在 1983～1986 年、1992～1995 年、2008～2012 年组织开展了 3 次全国杜仲种质资源调查收集工作。经过 30 年的不懈努力，建立了我国最大的杜仲基因库，目前保存杜仲种质和育种资源 906 份；以杜仲树皮（药材）的利用为育种方向，以提高杜仲皮产量和活性成分含量等为育种目标，选育出'华仲 1～5 号'等 5 个我国历史上首批杜仲良种，产皮量提高 97.8%～162.9%，为我国杜仲生产提供了优良资源；根据我国杜仲橡胶新兴产业和现代中药产业发展的需求，首次以杜仲果实的利用为育种方向，以提高杜仲果实产胶量和 α－亚麻酸产量等为育种目标，选育出'华仲 6～10 号''大果 1 号'等 6 个果用杜仲良种，产果量提高 163.8%～236.1%，对我国杜仲橡胶新材料和现代中药产业发展起到了积极的推动作用；根据杜仲雄花和花粉资源综合利用产业发展需求，选育出雄花专用良种'华仲 11 号'。同时，选育出叶用和观赏兼用杜仲良种'华仲 12 号'和

'密叶杜仲'。目前已选育出不同用途的优良无性系品种 30 余个，已审定杜仲良种 14 个，其中国审杜仲良种 10 个。

（二）杜仲果园和雄花园高效栽培技术创新

中国林业科学研究院经济林研究开发中心首创的杜仲果园化栽培模式和系列技术，实现了杜仲培育技术的历史性突破和重大创新，受到国务院、国家发改委、财政部、科技部、国家林业局等部门的高度重视，并引起国际天然橡胶界的轰动，由此带动了杜仲橡胶新材料和杜仲现代中药产业的纵深发展。利用杜仲果用良种，采用果园化栽培技术，杜仲产果量和产胶量比传统栽培模式提高 30 ~ 40 倍，这为大幅度降低杜仲橡胶成本，进行杜仲橡胶规模化开发，促进我国橡胶工业健康发展奠定了良好基础。果园化高效栽培系列技术"一种提高杜仲产果量和产胶量的培育方法" 2002 年获得国家发明专利。

中国林业科学研究院经济林研究开发中心针对杜仲雄花的显著经济开发价值和巨大产业化开发前景，还首次提出并研究实践了杜仲雄花高效栽培模式，开展了以提高杜仲雄花产量和质量的高产栽培技术研究，取得了十分显著的效果，盛花期每公顷产杜仲雄花鲜花达 3 ~ 4.5 吨，林农种植杜仲的效益提高 2 ~ 3 倍。杜仲雄花园高效栽培技术的应用，克服了现有杜仲雄花资源产量低、采摘困难、劳动效率低、原料采摘和生产成本高等缺点，显著提升了杜仲雄花的综合利用和产业化水平，有力助推了杜仲雄花系列产品的开发与产业化。研究出的"提高杜仲雄花产量的培育方法"获得国家发明专利。

（三）杜仲雄花茶及其产业化开发

杜红岩 1992 年发现了杜仲雄花的独特经济开发价值，并对杜仲雄花茶的研发开展了一系列试验，于 1998 年首创国家发明专利"杜仲雄花茶及其加工方法"，开创了杜仲综合利用的新局面。经过 20 多年的系统研究，杜仲雄花茶加工工艺日臻完善。杜红岩率领其团队系统进行了杜仲雄花茶的药理和毒理学研究，对其食品安全性及抗疲劳、抗氧化、降血脂、降血压效果等进行了系统实验分析，证实杜仲雄花茶为安全、无毒，具有良好保健功能的新资源功能食品。目前杜仲雄花茶已成为保健品市场炙手可热的产品。

（四）杜仲亚麻酸油及其产业化开发

中国林业科学研究院经济林研究开发中心系统研究了杜仲亚麻酸油的成分、功能和利用价值，研究出国家发明专利"杜仲油抗氧化保鲜方法"，使杜仲油的贮藏时间延长到 2 年以上，同时研发出杜仲亚麻酸软胶囊、杜仲亚麻酸调和油等专利产品，为杜仲油的产业化开发提供了技术支撑。

（五）杜仲功能饲料研究

中国林业科学研究院经济林研究开发中心利用杜仲叶等废弃物研制出杜仲功能饲料等产品，杜仲鸡蛋内胆固醇降低 10% ~ 20%，杜仲鸡肉、杜仲猪肉羟脯氨酸含量提高 50% 以上，品质显著改善，不仅大大减少了抗生素的应用，促进了我国肉蛋等食品的安全生产，同时大幅度提高了杜仲综合利用效率，种植杜仲的效益提高了 2 ~ 3 倍。

（六）杜仲功能型食用菌研究

利用杜仲叶、枝丫材、杜仲籽粕等中国林业科学研究院经济林研究开发中心研究出杜仲香菇、杜仲木耳、杜仲灵芝等功能型食用菌，这些功能型食用菌均检测出绿原酸等杜仲的活性成分。功能型食用菌——杜仲香菇、杜仲木耳已分别获得国家发明专利。

（七）杜仲生物提胶技术研究

中国林业科学研究院经济林研究开发中心开发了机械和生物发酵相结合的杜仲橡胶制取新工艺，杜仲果壳中的木质素、纤维素、果胶等非杜仲橡胶类物质的去除率达 88.6%，杜仲橡胶得率较化学法提高 20.11%，纯度提高5.14%；研制出了杜仲果实脱壳机，核心技术有新的突破，出籽率高达96.1%，为杜仲亚麻酸油、杜仲橡胶的高效分离和综合利用奠定了基础。

目前中国林业科学研究院经济林研究开发中心和河南大学研发的主要功能产品有：杜仲雄花茶、杜仲 α-亚麻酸软胶囊、杜仲雄花茶饮料、杜仲雄花

酒、杜仲雄花干红（半干红）、杜仲种子酒、杜仲提取物、杜仲养生挂面、杜仲养生饼干、杜仲香菇、杜仲木耳、杜仲灵芝、杜仲蛋（鸡）、杜仲猪肉、杜仲豆芽、杜仲化妆品等。

（八）杜仲科技成果转化

中国林业科学研究院经济林研究开发中心利用国家林业局杜仲工程技术研究中心的平台，与杜仲企业紧密合作，将主持选育出的杜仲良种，研发出的杜仲雄花茶、杜仲亚麻酸软胶囊、杜仲功能饲料、杜仲香菇、杜仲雄花茶饮料等系列研究成果和专利技术，分别在山东贝隆杜仲生物工程有限公司、上海华仲檀成杜仲种植科技发展有限公司、甘肃润霖杜仲种植产业开发有限公司、安徽金寨百利农林开发有限公司、河南恒瑞源实业有限公司等杜仲企业进行了转化。通过技术合作，为上述企业提供了有力的技术支撑，创新了产学研合作模式，促进了杜仲产业的持续健康发展。

四 河南省杜仲研究现状

（一）河南省杜仲文献发表及学位论文情况

经查询中国知网杜仲相关主题期刊我们得到了各个科研单位发表的论文及学位论文情况。表1显示的是河南省杜仲研究机构及其研究文献发表情况。从表1可以看出，河南省的杜仲研究主要集中在中国林业科学研究院经济林研究开发中心、河南大学、河南科技大学及原洛阳林业科学研究所。

表 1　河南省杜仲研究机构及文献发表一览

研究机构	文献发表数量（篇）
中国林业科学研究院经济林研究开发中心 （国家林业局杜仲工程技术研究中心）	102
河南大学	29
河南科技大学	25
洛阳林业科学研究所	19

续表

研究机构	文献发表数量（篇）
河南师范大学	7
郑州大学	5
河南农业大学	6
新乡学院	3
汝阳县人民医院	1
洛阳林校	1
河南省林业技术推广站	1
河南省经济林和林木种苗站	1
合　　计	200

学位论文能较好地反映科研状态，表 2 显示的是近年来河南省各高校和研究机构发表的有关杜仲研究的硕士和博士学位论文情况。从表 2 可以看出，河南省的杜仲研究主要集中在杜仲药用成分的分离提取和药理作用的研究，其次是杜仲橡胶合成途径的研究，而杜仲栽培模式研究几乎没有开展。

表2　河南省杜仲方面的硕士和博士论文统计

年份	学校	论文题目	作者/导师	研究专业、方向
2009	河南科技大学	杜仲镇静催眠物质基础研究	刘少阳/朱文学	农产品加工与贮藏工程
2010	河南大学	杜仲叶中绿原酸提取纯化及杜仲种仁中桃叶珊瑚苷积累规律初探	孙彦超/李钦、杜红岩	中药学
2010	河南大学	杜仲雄花茶的药效学研究	娄丽杰/陈百泉	药理学
2010	河南大学	杜仲皮及雄花中次生代谢产物的变化规律研究	赫锦锦/张保国、李钦	中药学
2011	中国林业科学研究院经济林研究开发中心	杜仲主要活性成分形成积累及其营养调控技术研究	刘昌勇/杜红岩	森林培育
2012	中国林业科学研究院经济林研究开发中心	杜仲 MEP 途径系列基因全长 cDNA 分离鉴定及序列特征研究	刘攀峰/杜红岩	森林培育
2012	河南大学	杜仲叶综合利用及杜仲雄花茶质量标准研究	陈静/张保国、李钦	中药学

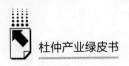
续表

年份	学校	论文题目	作者/导师	研究专业、方向
2012	河南大学	杜仲中松脂醇二葡萄糖苷的相关研究	吴慧敏/李钦	中药学
2012	河南大学	两种含绿原酸植物的质量控制方法和绿原酸制备工艺研究	叶东旭/李钦	药物分析
2012	河南科技大学	杜仲叶活性成分的提取分离及活性鉴定	郭菡/朱文学	生物化学与分子生物学
2012	河南科技大学	杜仲雄花功能成分的提取、分离及活性研究	刘严/李欣	生物化学与分子生物学
2012	郑州大学	杜仲颗粒治疗妊娠期高血压疾病的临床研究	彭红梅/李小姝	妇产科学
2012	河南大学	两种含绿原酸植物的质量控制方法和绿原酸制备工艺研究	叶东旭/李钦	药物分析
2013	中国林业科学研究院经济林研究开发中心	杜仲 EST – SSR 引物开发及遗传多样性研究	黄海燕/杜红岩	森林培育
2013	河南大学	杜仲提取物制备工艺及质量标准研究	李晓光	
2013	河南大学	杜仲质量控制和杜仲籽油软胶囊的研究	姜晓芳	
2014	中国林业科学研究院经济林研究开发中心	杜仲全基因组 SSR 标记开发及遗传多样性评价	吴敏/杜红岩	森林培育
2014	河南大学	杜仲保健酒的配制及质量标准研究	寇威	
2014	河南大学	杜仲叶提取物制备工艺及质量标准研究	陈海莉	
2014	河南大学	杜仲雄花中抗皮肤光老化活性成分的研究	郭洋静	
2014	河南大学	杜仲新产品的研发及杜仲叶中绿原酸的纯化工艺研究	徐兰波	
2014	河南大学	杜仲籽粕中桃叶珊瑚苷的分离纯化及化学成分研究	徐静	

（二）河南省杜仲科研立项情况

河南省杜仲科研立项始于 1986 年，其中中国林业科学研究院经济林研究开发中心承担了绝大多数国家级和国家林业局的重点项目，其次是洛阳林业科学研究所（1986～1997 年，杜红岩研究员在洛阳林业科学研究所工作），而其他单位如河南大学、河南科技大学、新乡学院等只承担了一些省级的课题。河南省是我国在杜仲育种方面首先立项的省份，从 1986 年开始育种，着力开展杜仲药用良种、高产杜仲橡胶良种、高产杜仲雄花良种、叶用杜仲良种的选育，并取得了多项成果。在中国林业科学研究院经济林研究开发中心承担的项目中，杜仲育种、栽培及综合利用都有比较系统的研究。随着科研团队的不断壮大，研究方向已开始向杜仲分子生物学方面发展（见表3）。

表3　河南省杜仲科研立项情况

序号	项目类别	项目名称	项目主持单位	立项时间
1	河南省林业重点攻关项目	杜仲良种选育及丰产栽培技术研究	洛阳林业科学研究所	1986
2	洛阳市重点攻关项目	杜仲丛林作业速生丰产栽培技术研究	洛阳林业科学研究所	1988
3	河南省重点攻关项目	杜仲优质丰产栽培技术研究	洛阳林业科学研究所	1990
4	河南省林业重点攻关项目	杜仲良种选育及高产栽培技术研究	洛阳林业科学研究所	1991
5	国家重点攻关专题	杜仲富胶良种的选育与优化栽培模式组装	洛阳林业科学研究所	1996
6	河南省重点攻关项目	"高效杜仲增皮灵"的研制与应用技术研究	中国林业科学研究院经济林研究开发中心	1998
7	国家高技术项目	杜仲良种快繁及高产栽培技术研究（99－15）	中国林业科学研究院经济林研究开发中心	1999
8	河南省重点攻关项目	提高杜仲产胶量综合培育技术研究	中国林业科学研究院经济林研究开发中心	1999
9	国家林业局重点课题	杜仲高产胶栽培技术研究(99－07)	中国林业科学研究院经济林研究开发中心	1999
10	国家"十一五"科技支撑计划	杜仲和红豆杉工业原料林丰产栽培技术体系研究(2006BAD18B0303)	中国林业科学研究院经济林研究开发中心	2006

续表

序号	项目类别	项目名称	项目主持单位	立项时间
11	国家林业局重点攻关项目	杜仲雄花高产栽培与雄花茶开发利用(2006-61)	中国林业科学研究院经济林研究开发中心	2006
12	国家农业成果转化资金项目	杜仲高产胶良种中试及果园化栽培技术示范(2006GB24320399)	中国林业科学研究院经济林研究开发中心	2007
13	河南省农业成果转化资金项目	'华仲6~9号'杜仲高产胶良种中试与高效栽培技术示范	中国林业科学研究院经济林研究开发中心	2007
14	国家"948"项目	杜仲活性成分提纯分离技术引进(2008-4-66)	中国林业科学研究院经济林研究开发中心	2008
15	国家林业局重点攻关项目	利用药用植物剩余物培育功能型食用菌开发与应用(2008-07)	中国林业科学研究院经济林研究开发中心	2008
16	国家林业公益性行业科研专项	杜仲育种群体建立与综合利用技术研究(201004029)	中国林业科学研究院经济林研究开发中心	2010
17	国家级推广项目	杜仲高产胶良种及果园化栽培技术推广(2010-17)	中国林业科学研究院经济林研究开发中心	2010
18	国家农业成果转化资金项目	杜仲雄花高效栽培及雄花茶中试与示范(2011GB24320012)	中国林业科学研究院经济林研究开发中心	2011
19	国家"十二五"科技支撑计划	杜仲材用和药用林定向培育关键技术研究(2012BAD21B0502)	中国林业科学研究院经济林研究开发中心	2012
20	中国林科院基金项目	杜仲高产胶良种规模化快繁关键技术与产业化示范(CAFYBB2012006)	中国林业科学研究院经济林研究开发中心	2012
21	国家林业公益性行业科研专项	杜仲主要食叶害虫综合防控技术研究	中国林业科学研究院经济林研究开发中心	2013
22	国家林业局行业标准	杜仲育苗技术规程(2013-LY-083)	中国林业科学研究院经济林研究开发中心	2013
23	国家林业局行业标准	杜仲雄花生产技术规程(2013-LY-081)	中国林业科学研究院经济林研究开发中心	2013
24	国家农业成果转化资金项目	'华仲1号'杜仲良种及快繁技术示范	中国林业科学研究院经济林研究开发中心	2013
25	国家自然科学基金项目	杜仲种子α-亚麻酸合成及高效积累的分子机制研究	中国林业科学研究院经济林研究开发中心	2013
26	国家级推广项目	'华仲5号'杜仲高产雄花良种及高效栽培技术推广	中国林业科学研究院经济林研究开发中心	2014
27	中国林科院基金项目	'红叶'杜仲叶色与EuANS基因表达量关系的研究	中国林业科学研究院经济林研究开发中心	2014
28	河南省科技攻关重点项目	杜仲标准提取物研究	河南大学	2009

续表

序号	项目类别	项目名称	项目主持单位	立项时间
29	河南省教育厅自然科学基金项目	杜仲果实中活性成分形成积累及其变异规律的研究	河南大学	2008
30	河南省教育厅自然科学基金项目	杜仲雄花功能因子检测及功能学评价研究	河南科技大学	2006

（三）河南省杜仲相关专利授权情况

河南省目前已获得杜仲相关专利授权 42 项，其中发明专利 26 项、实用新型专利 11 项、外观设计专利 5 项。在所有专利中，中国林业科学研究院经济林研究开发中心（国家林业局泡桐研究开发中心）拥有 16 项发明专利和 2 项外观设计专利；主要在杜仲相关培育技术、杜仲高效栽培模式及创新、杜仲产业化研究与开发等方面。11 项实用新型专利全部为河南恒瑞源实业有限公司申请，全部为杜仲橡胶生产过程中所需装置。河南科技大学和河南大学分别有 4 项和 3 项发明专利，主要集中在杜仲相关成分的提取及产品的研发方面（见表 4）。

表 4   河南省授权杜仲专利情况

序号	专利名称	发明人	申请人	授权时间	专利类型
1	杜仲雄花茶及其加工方法	杜红岩、李芳东等	中国林业科学研究院经济林研究开发中心	2011 年 10 月 24 日	发明专利
2	一种提高杜仲产果量和产胶量的培育方法	杜红岩、李芳东等	中国林业科学研究院经济林研究开发中心	2002 年 10 月 16 日	发明专利
3	提高杜仲雄花产量的培育方法	杜红岩、杜兰英等	中国林业科学研究院经济林研究开发中心	2007 年 7 月 11 日	发明专利
4	一种杜仲油的抗氧化保鲜方法	杜红岩、李芳东等	中国林业科学研究院经济林研究开发中心	2010 年 10 月 20 日	发明专利

序号	专利名称	发明人	申请人	授权时间	专利类型
5	一种杜仲雄花的贮藏保鲜方法	李芳东、杜红岩等	中国林业科学研究院经济林研究开发中心	2011 年 1 月 26 日	发明专利
6	利用杜仲植物剩余物培育功能型杜仲香菇及其生产方法	杜红岩、黄文豪等	中国林业科学研究院经济林研究开发中心	2012 年 6 月 27 日	发明专利
7	杜仲红茶及其生产方法	杜红岩、李芳东等	中国林业科学研究院经济林研究开发中心	2012 年 8 月 29 日	发明专利
8	茶叶包装组合(杜仲雄花茶)	杜红岩、李芳东等	中国林业科学研究院经济林研究开发中心	2012 年 9 月 5 日	外观设计
9	杜仲 α - 亚麻酸软胶囊包装组合	杜红岩、李芳东等	中国林业科学研究院经济林研究开发中心	2012 年 11 月 28 日	外观设计
10	一种利用药用植物剩余物生产的功能饲料及其制备方法	杜红岩、李芳东等	中国林业科学研究院经济林研究开发中心	2013 年 4 月 3 日	发明专利
11	一种杜仲良种嫁接苗的快速繁育方法	杜红岩、李芳东等	中国林业科学研究院经济林研究开发中心	2013 年 3 月 27 日	发明专利
12	一种培育功能型杜仲木耳的生产方法	杜红岩、黄文豪等	中国林业科学研究院经济林研究开发中心	2013 年 6 月 12 日	发明专利
13	一种促进杜仲剥皮后再生新皮的方法	杜红岩、孙志强等	中国林业科学研究院经济林研究开发中心	2013 年 8 月 14 日	发明专利
14	一种杜仲雄花茶的加工方法	杜红岩、李芳东等	中国林业科学研究院经济林研究开发中心	2013 年 8 月 14 日	发明专利
15	一种杜仲雄花茶饮料及其加工方法	杜红岩、李钦等	中国林业科学研究院经济林研究开发中心	2013 年 9 月 25 日	发明专利
16	一种杜仲雄花酒及其制备方法	杜红岩、李芳东等	中国林业科学研究院经济林研究开发中心	2014 年 4 月 30 日	发明专利

续表

序号	专利名称	发明人	申请人	授权时间	专利类型
17	一种杜仲种子酒的加工方法	杜红岩、李芳东等	中国林业科学研究院经济林研究开发中心	2014 年 5 月 7 日	发明专利
18	一种杜仲营养饼干	杜兰英、乌云塔娜等	中国林业科学研究院经济林研究开发中心	2014 年 8 月	发明专利
19	杜仲胶生产设备用的管道式逆流提取装置	李银环	河南恒瑞源实业有限公司	2013 年 11 月 13 日	实用新型
20	杜仲胶自动化生产提取系统	李银环	河南恒瑞源实业有限公司	2013 年 3 月 27 日	实用新型
21	杜仲胶生产设备用的带有分散机构的喂料装置	李银环	河南恒瑞源实业有限公司	2013 年 3 月 27 日	实用新型
22	杜仲胶生产设备系统	李银环	河南恒瑞源实业有限公司	2013 年 3 月 27 日	实用新型
23	杜仲胶生产设备用的自动排液器	李银环	河南恒瑞源实业有限公司	2013 年 3 月 27 日	实用新型
24	一种用于生产杜仲胶的提取装置	李银环	河南恒瑞源实业有限公司	2013 年 3 月 7 日	实用新型
25	杜仲胶生产设备用的原料初步粉碎装置	李银环	河南恒瑞源实业有限公司	2013 年 3 月 7 日	实用新型
26	杜仲胶生产设备用的喂料装置	李银环	河南恒瑞源实业有限公司	2013 年 3 月 7 日	实用新型
27	杜仲胶生产设备用的蒸发溶剂冷却回收装置	李银环	河南恒瑞源实业有限公司	2013 年 3 月 7 日	实用新型
28	杜仲胶生产设备用的滤渣回收装置	李银环	河南恒瑞源实业有限公司	2013 年 3 月 7 日	实用新型
29	杜仲胶生产设备用的滤渣挤压回收装置	李银环	河南恒瑞源实业有限公司	2013 年 3 月 7 日	实用新型
30	一种杜仲活性单体化合物、制备方法、药物组合物及其用途	朱文学、李欣等	河南科技大学	2014 年 5 月 7 日	发明专利

续表

序号	专利名称	发明人	申请人	授权时间	专利类型
31	一种杜仲雄花茶饮料的制作工艺及配方	罗磊、朱文学等	河南科技大学	2013 年 10 月 2 日	发明专利
32	一种杜仲提取物的应用	朱文学、李欣等	河南科技大学	2013 年 1 月 16 日	发明专利
33	一种杜仲总生物碱的应用	李欣、朱文学等	河南科技大学	2013 年 5 月 1 日	发明专利
34	一种功能型杜仲豆芽及其生产方法	李钦、许兰波等	河南大学	2014 年 3 月 12 日	发明专利
35	杜仲籽油的提取精炼法	李钦、姜晓芳等	河南大学	2014 年 7 月 9 日	发明专利
36	一种功能型豆芽及其生产方法	李钦、张京京等	河南大学	2014 年 4 月 9 日	发明专利
37	一种杜仲雄花茶的制备工艺	王昌华、邵站坡等	灵宝金地杜仲产业有限公司	2014 年 6 月 11 日	发明专利
38	一种绿色饲料添加剂及其制备方法	苏印泉、周改朝等	灵宝上洋科技有限责任公司	2012 年 5 月 30 日	发明专利
39	杜仲酒	张泽川		2005 年 5 月 21 日	发明专利
40	包装盒（参杞杜仲丸）	陈建华	河南仲景药业股份有限公司		外观设计
41	包装盒（复方杜仲）	乔清波	郑州韩都药业集团有限公司		外观设计
42	包装盒（复方杜仲胶囊）	乔清波	郑州韩都药业集团有限公司		外观设计

（四）河南省杜仲获奖及认定成果情况

到目前为止，中国林业科学研究院经济林研究开发中心（国家林业局泡桐研究开发中心）是河南省获得与杜仲相关的奖项最多的单位，荣获国家科技进步二等奖 1 项，部省级科技进步奖一等奖 1 项，其他奖 5 项；其次是洛阳林业科学研究所获得了 4 项。

表5　河南省杜仲获奖及认定成果情况

序号	成果名称	获奖(认定)情况	成果完成人	第一完成单位	获奖(认定)时间
1	河南杜仲种质资源调查及环剥技术研究	河南省科技进步三等奖	张再元、杜红岩等	洛阳林业科学研究所	1988
2	杜仲无性繁殖技术的研究	林业部科技进步三等奖	杜红岩等	洛阳林业科学研究所	1991
3	杜仲丛林作业速生丰产栽培技术研究	河南省星火奖三等奖	王惠文、杜红岩等	洛阳林业科学研究所	1992
4	'华仲1~5号'5个杜仲优良无性系的选育	河南省科技进步二等奖	杜红岩等	洛阳林业科学研究所	1996
5	'华仲6-9号'杜仲高产胶优良无性系选育	梁希林业科学技术奖二等奖	李芳东、杜红岩等	中国林业科学研究院经济林研究开发中心	2006
6	杜仲高产胶良种选育及果园化高效集约栽培技术	河南省科技进步一等奖	李芳东、杜红岩等	国家林业科学研究院经济林研究开发中心	2011
7	杜仲高效培育与加工利用关键技术研究与推广	中国林科院科技奖二等奖	杜红岩、李芳东等	中国林业科学研究院经济林研究开发中心	2012
8	银杏(杜仲)等工业原料林树种资源高效利用技术体系创新集成及产业化	国家科技进步二等奖	李芳东、杜红岩等	南京林业大学、中国林业科学研究院经济林研究开发中心	2011
9	特种工业原料林培育技术	梁希林业科学技术奖二等奖	杜红岩等	南京林业大学、中国林业科学研究院经济林研究开发中心	2011
10	杜仲高产胶良种选育及果园化高效集约栽培技术应用	河南省科普成果奖一等奖	杜红岩、李芳东等	中国林业科学研究院经济林研究开发中心	2013
11	功能型杜仲、银杏-香菇优质丰产栽培技术	河南省科普成果奖二等奖	黄文豪等	中国林业科学研究院经济林研究开发中心	2013
12	杜仲果园化高效集约经营及产业化开发技术	国家林业局认定成果	杜红岩等	中国林业科学研究院经济林研究开发中心	2005
13	杜仲雄花高产栽培及鲜花保鲜技术	国家林业局认定成果	杜红岩等	中国林业科学研究院经济林研究开发中心	2011

续表

序号	成果名称	获奖（认定）情况	成果完成人	第一完成单位	获奖（认定）时间
14	杜仲雄花茶加工工艺及其食品安全性评价技术	国家林业局认定成果	杜红岩等	中国林业科学研究院经济林研究开发中心	2011
15	杜仲主要活性成分提纯分离技术	国家林业局认定成果	孙志强、李钦等	中国林业科学研究院经济林研究开发中心	2013
16	杜仲口服液研发		吴龙奇、田汉文等	河南科技大学	2006
17	杜仲绿茶研发		吴龙奇、朱文学等	河南科技大学	2006
18	复方杜仲胶囊		刘玉德、凡天配等	郑州韩都药业集团有限公司	2005
19	杜仲雄花功能因子检测及功能学评价研究		朱文学、李欣等	河南科技大学	2008
20	杜仲松脂醇二葡萄糖苷、绿原酸分离提纯技术		李钦、杜红岩等	中国林业科学研究院经济林研究开发中心	2013

五　河南省杜仲产业发展情况

河南省是我国实施新型杜仲橡胶资源培育最早的地区，2000年开始，中国林业科学研究院经济林研究开发中心研究出的杜仲果园化栽培模式和高效集约培育技术，率先在位于河南西部的小秦岭山区规模化示范。10多年来，在中国林业科学研究院经济林研究开发中心专家指导下，杜仲果园化高效栽培技术取得了十分显著的效果，2013年杜仲果园每公顷年收入突破9万元，是传统杜仲栽培模式的8~10倍。

灵宝市是第一个转化中国林业科学研究院经济林研究开发中心国家发明专利技术成果"杜仲雄花茶"的地区。从2004年开始，杜仲雄花茶产量稳步提高，市场潜力逐步发挥，目前杜仲雄花茶产品已成为国内功能食品的知名品牌。在河南大学、中国林业科学研究院经济林研究开发中心的指导和帮助下，相关企业向国家卫生和计划生育委员会申报了"杜仲雄花"新食品原料，2014年4月通过审批，为杜仲雄花的综合利用和产品开发解决了根本出路。杜仲雄花茶目前已经实现规模化生产，2014年生产杜仲雄花茶5吨，产值可达7500万元。

除杜仲雄花茶外，灵宝市加快了杜仲系列产品的研发和生产，已生产出其他杜仲保健产品杜仲籽油胶囊、杜仲洋参软胶囊、杜仲叶饮料，杜仲亚麻酸软胶囊产品也已规模化推向市场，年设计杜仲软胶囊生产能力3亿粒，目前年产软胶囊1800万粒，产值约3600万元。同时，灵宝市和北京某公司合作建设了杜仲产品加工基地。项目一期投资5亿元，计划建设杜仲饮料、水果加工项目，预计2014年12月建成投产。二期投资20亿元，建设杜仲胶囊、杜仲保健酒、杜仲橡胶及果蔬饮料等产品的生产线，其中杜仲饮料产品年设计能力为30万吨。该项目对当地杜仲产业甚至全国杜仲产业的发展均有一定的带动作用。

三门峡市利用杜仲叶、苹果果渣、白酒糟等剩余物，通过微生物发酵改良，开发功能型杜仲饲料。杜仲功能饲料含有丰富的药用成分、营养成分和益生素等活性物质，是现代生物技术和营养理论完美结合的成果。充分融合杜仲活性成分、益生菌、抗菌肽、消化酶、纤维素和植物提取物等多重防御体系，可提高畜禽机体免疫力，减少抗生素的应用，为绿色功能型饲料的产业化开发探索出一条有效的途径。杜仲叶粉中所含的绿原酸、桃叶珊瑚苷、京尼平苷酸及黄酮类物质具有抗菌、消炎、抗病毒、抗氧化及升高白细胞等作用，且无毒副作用，是生产理想功能饲料的原料。经该饲料喂养的猪、鸡、鲤鱼、牛等，肉质显著改善。

三门峡市杜仲功能饲料规划年生产规模20万吨。目前在生产杜仲功能饲料过程中遇到了杜仲叶原料供应不足的突出问题，每吨5000元的收购价仍然买不到优质杜仲叶，生产一度停止。调研组认为，杜仲功能饲料市场十分庞大，是可以大幅度提高杜仲综合利用效率和经济效益的产品。目前我国饲料年产量约1.5亿吨，1%的市场占有率即150万吨，按每公顷杜仲实际产叶量2250千克计算，可以消化约66万公顷杜仲叶资源。且杜仲功能饲料的产业化开发还可与杜仲橡胶产业紧密结合，培育饲料专用杜仲林，将杜仲叶内的杜仲橡胶与杜仲叶肉进行分离，不仅能够提高杜仲功能饲料质量，还能够充分利用

杜仲叶内的橡胶资源，促进我国杜仲橡胶资源的产业化开发。

三门峡市从杜仲的种植模式上下功夫，让公司发挥技术优势、农户发挥人力优势合作互利。采用公司加农户模式快速繁育成品林。公司得资源，农户得利益。公司在洛宁县省级农业示范园区建立了杜仲优质种苗繁育基地，在灵宝后地黄河湿地建立了新的栽培模式示范园，以叶林模式、果园化栽培模式为主，联合中国林业科学研究院经济林研究开发中心、国家林业局杜仲工程技术研究中心共同开发，以期带动整个杜仲种植产业的发展，发挥综合效益。

河南省汝州市近年来在中国社会科学院社会发展研究中心、汝州市人民政府的协作下开发杜仲产业，成立了河南恒瑞源实业有限公司杜仲开发汝州分公司，实行"公司+基地+农户"的产业化经营方式，从事杜仲的培育、种植、收购、产品科研开发以及市场销售等业务。同时，项目得到了中国林业科学研究院经济林研究开发中心在技术上的大力支持。企业已获得 2012 年国家"火炬计划"、2013 年"863 计划"、河南省杜仲资源综合利用工程技术研究中心的资金支持，已获得实用新型专利 11 项。目前已建立杜仲橡胶资源培育基地约 200 公顷，建立了杜仲橡胶中试与生产线，但各杜仲产品的产业化开发有待进一步开展。

汝阳县是我国著名的杜仲基地县，20 世纪 90 年代初开始，陆续开发出"树仁"牌杜仲茶、杜仲养生醋、杜仲纯粉、杜仲雄花茶、杜仲保健筷子、杜仲保健枕头等系列产品。但总体看来属于作坊式经营，每年销售 300～500 千克的杜仲雄花茶和少量杜仲叶茶，对当地杜仲产业的带动作用不明显。

河南省鹤壁市是河南省近年来新建设的杜仲基地，目前已建杜仲生态示范林 6 公顷左右，规划用地 500 公顷，现示范林和规划林带处在淇河岸边，发展以杜仲文化为主体的杜仲橡胶用育苗、观光、种植、科学化空间培植有机生态养殖区，和后期杜仲有机食品、饮品，进行工艺旅游产品的开发、生产、交流。

六　存在问题与建议

杜仲由于其本身独特和无法替代的性能，既是世界上极具发展潜力的优质天然橡胶资源，又是名贵药材树种，同时也是改善生态环境、增加碳汇的重要树种，在农、林、医药、化工等方面已经成为一个庞大产业的基础资源和十分重要的国家战略资源。站在国家安全和发展战略性新兴产业的高度，发展杜仲橡胶产业是切实解决我国天然橡胶资源匮乏的最主要途径，也是加快我国橡胶工业健康发展的根本措施，战略意义重大；大力发展杜仲产业，在促进民生和民族工业发展的同时，还可为提升国民的身体素质和健康水平做出贡献。目前，杜仲的经济价值与战略地位已经取得有关部门和领导的广泛共识。针对目前河南省杜仲产业发展过程中存在的突出问题，提出如下建议，供国家和河南省有关部门及领导决策参考。

（一）强化新型杜仲橡胶资源培育技术——果园化高效栽培技术的培训与宣传

杜仲果园化栽培等技术创新成果在杜仲种植基地和产业化发展中起到了显著的示范作用。但是，仅就栽培模式而言，传统药用栽培模式杜仲种植面积占现有杜仲资源的95%以上。多数产区林农及杜仲企业对新的栽培模式和技术缺乏基本的了解，这已经成为制约杜仲产业发展的最重要因素之一。建议河南省利用驻豫中央科研单位中国林业科学研究院经济林研究开发中心和河南大学的技术优势，采用多种形式，在河南省主要产区加强杜仲新技术的培训与宣传，加快杜仲果园化栽培等新技术的应用与推广，大幅度提高杜仲橡胶及其相关产品的产量和质量，快速提升杜仲种植基地的建设水平，推动河南省杜仲橡胶产业和民生产业的健康发展。

（二）加强杜仲产业发展过程中的知识产权保护

在杜仲产业发展过程中对良种、专利技术等知识产权的保护还比较薄弱，这势必影响杜仲产业的持续健康发展。目前，杜仲已经被列入国家林业局植物新品种保护名录，建议尽快为杜仲良种申报林木新品种保护，建立规范的杜仲良种推广体系。技术研发单位与技术应用企业应规范合作模式，在互利双赢的原则下进行新技术和成果的转化，促进杜仲产业又好又快发展。

另外，在涉及杜仲橡胶产品开发的国际合作与对外贸易中，建议国家有关部门在杜仲橡胶产品开发、产品出口等方面制定相应的管理办法，以促进我国战略资源的保护和发展。

（三）加强对河南省杜仲产业的科技支撑和政策资金支持力度

科技支撑在杜仲产业的发展中起着十分重要的作用。河南省作为我国杜仲主产区之一，20多年来在杜仲育种、高效栽培及综合利用等方面都取得了重要的成果，为我国杜仲产业的发展做出了突出贡献。政策和资金等的支持对杜仲产业的发展起着不可替代的作用，除国家对中国林业科学研究院经济林研究开发中心长期的支持外，河南省有关部门需进一步加强对杜仲研究的支持力度，河南省政府和行业主管部门应该将杜仲产业发展列入河南省重点支持的领域大力支持。应重点解决杜仲产业发展过程中带有全局性的重大和突出问题，全面支撑杜仲产业快速发展；建立河南省杜仲工程中心和协同创新中心等科技平台，以中国林业科学研究院经济林研究开发中心、河南大学等科研院所和高校为依托，加快研发步伐，加强关键技术熟化，促进科研成果转化和产业化。从新型杜仲橡胶资源培育和产业发展的角度，期望有关部门制定杜仲产业发展规划，出台鼓励杜仲产业发展的政策，如新型杜仲橡胶资源培育基地建设支持政策，杜仲橡胶及其系列产品加工企业项目审批、税收优惠政策，市场准入审批程序的简化政策等。同时，不断完善杜仲工程技术产业科技创新体系，提高基础研究和技术创新能力，形成政府、科研机构、高校、企业、金融机构等主体的良性互动，实现河南省杜仲产业资源的有效集成和合理配置，扩大市场，带动我国杜仲产业关键技术工程化水平的提高，推动杜仲产业持续健康发展。

（四）强化企业带动和政府引导功能，稳步推进杜仲产业健康发展

由于杜仲产业的特殊性，杜仲的果实、叶、雄花、皮、木材等产品必须经过加工后才能利用。杜仲生产基地的建立，与后续的加工密不可分，一般果树和经济林的产业发展模式不适宜在杜仲产业中应用。因此，杜仲生产基地要以企业为主体，一是企业自己建立杜仲种植基地，自行经营；二是采用"公司＋科技＋农户"的发展模式，采用股份制等多种合作模式，建立杜仲原料基地，在保障农户收益的同时，实现企业和农户的双赢。种植基地要根据产业化规模和市场情况稳步推进，避免盲目发展。国家林业局应将杜仲单独

列入我国造林规划，政府应制定鼓励杜仲基地建设和产业发展的扶持及优惠政策，正确引导杜仲基地建设和产业化开发，推动我国战略性新兴产业稳步健康发展。

（五）加强和规范杜仲良种种苗市场管理，迅速提高杜仲生产良种化水平

建议河南省经济林和林木种苗工作站在河南省林业厅的指导下，具体抓杜仲良种种苗生产的组织和技术指导，保障杜仲生产中的良种使用率，并最大限度地提高杜仲良种苗木生产的产量；加强宏观调控，保障河南省杜仲良种苗木供应，稳步推进河南省杜仲良种基地建设；加强杜仲良种种苗质量控制和市场监管，采取强有力的措施抓紧抓实。组织专门执法队伍，加大执法力度，稳定杜仲良种苗木市场秩序。

（六）加强杜仲技术标准制定

杜仲产业涉及多个领域和行业，其产品涉及范围广。目前杜仲产品生产混乱，产品质量良莠不齐，还没有统一的技术标准或技术规范。建议以中国林业科学研究院经济林研究开发中心、河南大学等单位为主，加强杜仲培育技术和新产品地方标准、行业标准、国家标准等质量标准的制订，规范市场，促进我国杜仲橡胶资源与产业的健康发展。

参考文献

[1] 杜红岩、胡文臻、俞锐：《杜仲产业绿皮书：中国杜仲橡胶资源与产业发展报告（2013）》，社会科学文献出版社，2013。

[2] 李芳东、杜红岩：《杜仲》，中国中医药出版社，2001。

[3] 杜红岩：《杜仲活性成分与药理研究的新进展》，《经济林研究》2003 年第 21（2）期。

[4] 杜红岩：《中国杜仲图志》，中国林业出版社，2014。

[5] 杜红岩、张再元、刘本端等：《'华仲1号'等5个杜仲优良无性系的选育》，《西

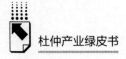
北林学院学报》1994 年第 9（4）期。

［6］杜红岩、乌云塔娜、杜兰英：《杜仲高产胶优良无性系的选育》，《中南林学院学报》2006 年第 26（1）期。

［7］杜红岩、赵戈、卢绪奎：《论我国杜仲产业化与培育技术的发展》，《林业科学研究》2000 年第 13（5）期。

［8］杜红岩：《杜仲优质高产栽培》，中国林业出版社，1996。

［9］谢碧霞、杜红岩：《绿色食品开发利用》，中国中医药出版社，2003。

［10］杜红岩：《我国的杜仲橡胶资源及其开发潜力与产业发展思路》，《经济林研究》2010 年第 28（3）期。

［11］杜红岩、刘攀峰、孙志强等：《我国杜仲产业发展布局探讨》，《经济林研究》2012 年第 30（3）期。

［12］张再元、王惠文、杜红岩：《河南省杜仲种质资源研究》，《经济林研究》1991 年第 9（1）期。

［13］毛海辰、赵喜宴、王伟：《灵宝市的杜仲资源建设与开发》，《中国水土保持》2012 年第 8 期。

［14］崔克明：《杜仲研究的历史、现状和展望》，《细胞林学院学报》1994 年第 9（4）期。

［15］冯风、梁志荣：《我国历史上对杜仲的认识和利用》，《细胞林学院学报》1996 年第 11（2）期。

G.5
湖南省杜仲橡胶资源培育与
产业发展报告[*]

金晓玲　胡文臻　王效宇　闫文德　胡希军　杜亚填[**]

摘　要：

湖南省是我国杜仲主要产区之一，但是栽培模式一直沿用乔木
林模式，粗放、低产、低效、单一是湖南省杜仲发展的典型特
点。杜仲果园化栽培等新型杜仲橡胶培育模式的示范在湖南刚
刚起步，从建园到管理都需要进一步规范。缺乏起带头示范作
用的龙头企业、缺少规划统筹的组织机构也是造成湖南杜仲产
业一直原地踏步、停滞不前的重要因素。通过对湖南省杜仲橡
胶资源培育与产业发展现状进行调查研究，本文分析了杜仲产
业发展中存在的突出问题，并针对这些问题提出了建议。

关键词：

湖南省　杜仲橡胶　资源培育　产业发展

一　湖南省杜仲产业发展概况

（一）湖南杜仲产业沿革

杜仲作为一种传统中药，其应用历史长达2000余年，由于科技水平的限

* ［基金项目］国家"十二五"科技支撑计划（2012BAD21B0502）。

** 金晓玲（1963～），女，浙江金华人，博士，教授，博士生导师，主要从事杜仲培育技术研究。胡文
臻，中国社会科学院社会发展研究中心，北京，100732；国家林业局杜仲工程技术研究中心，郑州，
450003。王效宇，中南林业科技大学，长沙，410004。闫文德，中南林业科技大学，长沙，410004；南
方林业生态应用技术国家工程实验室，长沙，410004。胡希军，中南林业科技大学，长沙，410004。杜
亚填，吉首大学林产化工工程湖南省重点实验室，张家界，427000。

制，人们对它的认识一直停留在取皮入药、零星种植的阶段，没有对其进行规模化种植的记载。直到现代，随着科技水平的不断提高，人们对杜仲的认识不断加深，才有了杜仲产业的兴起，可以说杜仲产业的发展与人类对它的认识程度息息相关。

1. 杜仲产业的第一次兴起

中国古代医学认为，作为一种名贵滋补药材，杜仲皮入药的主要功效是强筋健骨、补肝肾、安胎。1948~1951年俄罗斯学者用杜仲提取液做药理实验，证明其具有双向调节血压的功能，对高血压患者降血压作用显著且具有持久性，而对低血压患者具有升高血压的功能，通过对100多位高血压患者进行临床治疗，取得了满意的效果。

1955年，首次国际杜仲药理学研究学术讨论会在列宁格勒（今圣彼得堡）召开。作为杜仲研究史上最早的国际性学术研讨会，其影响范围很大。在这次学术大会上，正式公布了杜仲降血压的研究成果。杜仲被认为是世界上最高质量、无毒副作用的天然降压药，引起世界科学家的极大重视。

这一时期，全国范围内对杜仲发展比较重视，杜仲产业开始了第一次兴起。1952年，在苏联科学家的帮助下，湖南省张家界市慈利县建立了第一个以杜仲为主的江垭国有林场。江垭林场栽植杜仲纯林，面积达2658公顷，是当时湖南省内杜仲栽植面积最大、最集中的地区，其他地区有杜仲零星栽植，但面积很小。

2. 杜仲产业的第二次兴起

20世纪50年代后，湖南省内陆续开始了以采集杜仲皮为主要目的的杜仲种植，这种方式持续到90年代初，并在1989~1991年达到顶峰。这主要是由于20世纪80年代末90年代初，杜仲皮市场需求旺盛，价格快速蹿升，杜仲皮价格从1988年的20~30元/千克，迅速提高到1994年的100~200元/千克，出口价格更是达到60~80美元/千克（按当时汇率折合人民币510~690元/千克）。这一阶段是杜仲产业发展的黄金时期。

这段时间内，杜仲产业一度成为省内一些地区的热门产业甚至支柱产业。如张家界市慈利县，1991~1993年这三年间，杜仲产业作为慈利县支柱产业，发展如火如荼。除江垭林场等林场基地集中种植杜仲外，不少农户受到杜仲皮价格一路上涨的鼓励，开始自发种植杜仲，当时仅慈利县种植杜仲的面积就有2.67万公顷。可以说，当时的湖南省不仅是"杜仲之乡"，也是杜仲生产的重点省份、龙头产区之一。

然而，市场对杜仲皮的需求是有限的，在其他杜仲产品、杜仲的其他用途没有被充分挖掘的情况下，仅靠生产杜仲皮入药是无法长期支撑整个杜仲产业发展的。从20世纪90年代中期开始，杜仲皮供过于求，导致其价格一再下跌，每千克40～80元收购的杜仲皮卖出时仅4～5元（1995年）。在这种情况下，林场、农户对于杜仲种植的积极性大减，杜仲产业的发展也开始停滞不前。自1996年起，湖南省几乎无大片新植杜仲，原有杜仲林也因遭到比较严重的砍伐而改种其他经济作物。

3. 杜仲产业的第三次兴起

虽然杜仲产业于20世纪90年代中期开始陷于停滞状态，但我国学者对于杜仲的研究并未停止。正是随着对杜仲药用、经济价值了解的深入，特别是杜仲橡胶国家战略资源不断被重视，杜仲新产品不断被开发，从2010年开始，杜仲产业才又迎来新一轮的发展机遇。

杜仲传统入药部位为杜仲皮，然而，近代科学研究证明杜仲叶的药用有效成分、功能与皮基本一致。2005年，我国将杜仲叶正式列入《中华人民共和国药典》，并确定绿原酸为杜仲叶药材的主要药用有效成分，并规定了其含量标准。这一权威性文献经第八届国家药典委员会执行委员会审议通过，并经国家食品药品监督管理局批准颁布实施，为新中国成立以来的第八版药典。在这一权威性文献颁布后，各地开始开发以杜仲叶为原材料的杜仲茶。

不久，杜仲中 α - 亚麻酸、黄酮类等药用次生代谢物的发现，使杜仲被开发利用的内容更为丰富。几年间，对杜仲皮、叶的次生代谢物及其功效的研究不断深入，更有不少学者对杜仲籽、雄花、花粉等含有的天然活性物质进行了全面系统的研究，从而使杜仲各部位综合利用、组合增效成为可能。在这一研究基础上，杜仲雄花茶、杜仲雄花酒、杜仲籽油及其 α - 亚麻酸胶囊、杜仲蛋白、杜仲饲料等产品不断推出，使杜仲产业发展找到了新的方向。

而杜仲橡胶新用途的不断被发现、杜仲橡胶提取和加工工艺的完善更是将

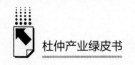
杜仲相关产业的地位提升到了战略高度。大规模生产杜仲橡胶不仅可以改变我国橡胶工业原料依赖进口、受制于人的现状，也是杜仲产业持续发展的重要保障。

以杜仲橡胶生产为龙头，采用现代化杜仲橡胶培育模式造林，实施橡胶用、药用、保健和材用等综合开发利用的经营模式，是此次杜仲产业革命的最大特点。

二 湖南杜仲资源培育历史与现状

（一）湖南省杜仲栽培历史

湖南是我国杜仲的主要产区之一，栽培历史悠久。宋寇宗奭的《本草衍义》（公元1000年）中，就有"杜仲产湖广，湖南者良"的记载。1952年，国家在慈利县建立了第一个国有江垭杜仲林场，20世纪60年代至80年代中期，国家曾拨专款扶持湖南杜仲基地建设。1986年以后，杜仲发展较快，特别是1993年，各地把杜仲开发作为重点产业，调整林种结构，杜仲栽培面积急剧扩大。1993～1995年，全省共造杜仲林37021.8公顷，年平均12340.6公顷。1996年后，由于杜仲市场趋于饱和，价格回落，造林面积逐年减少：1996年，全省造杜仲林2451.7公顷，1997年839.3公顷，1998年384.1公顷。

2010年，在慈利县政协委员、人大代表的积极呼吁和高度关注下，"慈利县杜仲特色产业科技示范基地建设"被列入湖南省农村科技特色产业基地建设项目，杜仲产业出现重新复兴的迹象。

（二）湖南省杜仲栽培现状

1. 资源数量与分布

2014年4～8月，我们对湖南省域范围内的杜仲资源分布及现有种植面积进行了详查。图1是湖南省杜仲资源分布县市。由图1可以看出，杜仲在整个湖南省现有的14个地级市中均有分布。其中张家界慈利县、湘西土家族苗族自治州（以下简称湘西州）保靖县、益阳安化县和常德石门县是目前湖南省杜仲资源分布的最主要区域，其他县市为零星种植。

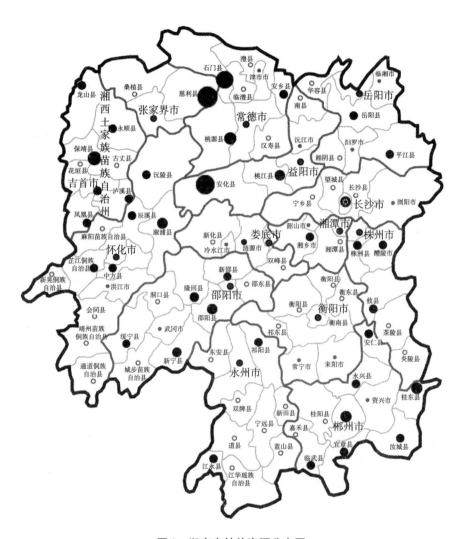

图1　湖南省杜仲资源分布图

注：黑点标识的地点有杜仲资源分布，黑点大小表示杜仲种植面积大小。

湖南省杜仲资源丰富，历史上（1996年左右）杜仲的栽植面积曾将近7万公顷。由于杜仲产业的下滑，1996～2010年，基本没有新增杜仲林，反而有许多农户开始砍伐杜仲而改种其他树木，使杜仲的种植面积不仅没有增加，

反而下降了很多。湖南省现有杜仲种植总面积为33634.6公顷。据调查，15年以下的幼龄林约占10%，10~25年的中龄林约占87%，25年以上的成年林约占3%。

2. 杜仲资源树龄结构

第一个树龄阶段是树龄在60年左右的大树。这个树龄阶段的杜仲是在杜仲产业发展的第一阶段种植的。目前，湖南省内这种大龄杜仲所剩不多，只在江垭林场保存有近100公顷。由于栽培密集，胸径在25~30厘米，树高达15~20米。目前几乎闲置在那里。另外，有几棵单独栽植的杜仲，与其他树的竞争较小，长得格外高大，是我们发现的在湖南省境内最大的杜仲，被称为"慈利杜仲王"。

第二个树龄阶段是树龄在16~25年的杜仲。这些杜仲都是在杜仲种植的第二个高峰时期，即20世纪80年代末、90年代初种植的，是现存的3个树龄阶段杜仲资源中面积最大的。其中又以21~25年的杜仲为最多，16~20年的次之，这与20世纪90年代初湖南杜仲产业迅速发展、大力造林有很大关系。由于1996年后杜仲市场趋于饱和，许多林场和农户不再种植杜仲，故6~15年的杜仲资源极少。

第三个树龄阶段是1~5年的杜仲。这是在杜仲新一轮产业革命的大背景下产生的。这个树龄阶段的杜仲种植面积相对较小，而且大多还处于苗圃育苗和示范性种植的阶段，尚未大规模成片种植。

3. 杜仲资源栽培模式

湖南省杜仲资源的栽培模式主要有传统栽培模式、果园化栽培模式、雄花园栽培模式和立体栽培模式等，其中传统栽培模式种植面积占总面积的98%以上，而果园化栽培、雄花园栽培和立体栽培模式所占面积极少，总面积仅约300公顷。

（1）湖南省杜仲的传统栽培模式

传统栽培模式即药用或材药兼用模式。这种模式是目前湖南省杜仲栽培最常见、历史最悠久、面积最大的模式。传统模式的栽植目的主要是获取杜仲皮，杜仲木材、杜仲叶和果实等为副产品。

由表1可知，传统种植模式下的杜仲树体一般较高大，且生长自然随意，不经过人工修剪整形。这主要是由于当时的杜仲种植栽培以剥取树皮炮制入药为主要生产目的，高大的树体有利于收获大块树皮，获取更多利润。但在1995年前后，杜仲中药市场饱和，供大于求，杜仲皮价格暴跌，基本维持在8~20元/千克，经济效益直线下滑，单靠剥取杜仲皮入药的生产模式难以为继，杜仲产业陷入发展停滞的境地，杜仲大多处于废弃状态，有些地方开始砍树。从1996年开始杜仲种植面积逐渐减少。

表1 湖南省杜仲资源的传统栽培模式抽样调查

产区	树龄	栽植密度（米×米）	树高（米）	枝下高（米）	胸径（厘米）	树皮厚（毫米）	冠幅（米）	树干通直度	备注
国营湖南省桃源白鹤山林场	11~15年	2×2	6.00	1.90	7.35	2.50	2.50	通直	与喜树混交
浏阳市七宝山药王庙	16~20年	不规则	9.13	2.20	8.86	3.60	3.67	通直	1995年栽植
张家界市慈利县国有江垭林场	21~25年	3×3	10.25	2.23	13.40	6.00	5.43	通直	
	≥26年	孤植	16.00	4.00	21.20	8.50	7.00	通直	1952年栽植

（2）湖南省杜仲资源的果园化栽培模式

由于杜仲传统栽培模式较为落后，出现了单位面积产胶量低、综合效益差等突出问题，难以满足杜仲全方位开发利用的需求，这种沿用2000余年的传统药用经营模式不再适应新形势下杜仲产业发展的需求。从1992年开始，经历20多年的系统研究，杜仲果园化栽培模式终于应运而生。杜仲果园化栽培模式是一种以生产杜仲果实为主，果、皮、叶、雄花综合利用的新型栽培模式，可使杜仲生产走向果园化、园艺化、集约化，单位面积杜仲产果量、产胶量大幅提升，经济效益也可得到大幅度提高。直到2010年左右，杜仲的药用、保健价值及工业用途被进一步研究挖掘，杜仲橡胶、杜仲茶、杜仲籽油、杜仲酒、杜仲雄花茶、杜仲蛋白、杜仲α-亚麻酸软胶囊等一系列杜仲产品被开发出来，引发了新一轮"杜仲热"，杜仲产业才又开始复兴。因此，湖南省在2010年前后开始引进这种新型栽培模式，但是栽培的地区不多，具有代表性的是湘西老爹生物有限公司和张家界新升农林科技开发有限公司。

湘西自治州自2011年开始开展果园化栽培模式的种植示范工作。凤凰县

两林乡腊尔山位于北纬 28°09′，东经 109°20′，海拔 948 米，是湘西杜仲高海拔种植栽培区，也是湘西腊尔山区杜仲产业项目示范基地。该基地始建于 2013 年 9 月，得到省、州、县政府的大力支持与相关高校和科研单位的技术帮助，计划引进富胶、多籽杜仲良种，实施 1000 吨杜仲天然橡胶及综合开发利用项目，建设中国南方杜仲天然橡胶原料林示范基地，规划面积 1000 公顷。2014 年 3 月开始建立杜仲果园，计划 3 年挂果、5～6 年丰叶丰果。

张家界市于 2012 年开始在慈利县桑木溪村建立杜仲基地，该基地以已播种的实生苗为主。目前计划在慈利县境内对 20 年左右树龄的杜仲进行选优工作，并利用选育出来的优良无性系品种为接穗对其进行嫁接，建立现代意义上的杜仲果园化栽培模式示范基地，该基地占地 6.6 公顷。另外，张家界市慈利县国有江垭林场在场内选取了部分 21～25 年杜仲树，2014 年 5 月将其截干矮化，并任其萌发新枝。此片杜仲树高 8～10 米，胸径 13～17 厘米（平均胸径 15.75 厘米），平均树皮厚 5.75 毫米。由于经济效益不好，林场将其在地面以上 20 厘米处截干并进行观察。近几年内，江垭林场计划将现有杜仲林选择 10 公顷左右，改造成便于采叶、采果、收获雄花的矮化模式，实现果园化栽培。

（3）湖南省杜仲资源的雄花园栽植模式

杜仲雄花是十分珍贵的药用花粉资源，含有丰富的营养和活性成分，其中氨基酸含量达 21.47%，且含有钙、钾、锌、铁、铜、硒等矿质元素和 V_C、V_E 等大量维生素，具有较高的营养价值。其含有的黄酮类、木脂素类等活性成分具有保肝、降血压、降血脂等药用价值，开发应用前景巨大。目前，利用杜仲雄花生产的杜仲雄花茶已成为我国保健品市场炙手可热的商品。然而，传统药用栽培模式杜仲树体高大、雄花采摘困难、质量良莠不齐、产量较低，造成雄花茶原料不足，严重制约了其产业化开发。

为了解决这些问题，中国林业科学研究院经济林研究开发中心杜仲团队的科研人员研究出杜仲雄花园栽培模式。雄花园栽培模式是以专门采集杜仲雄花为目的的新型栽培模式，针对杜仲雌雄异株、雄株数量多、雄花产量高等特点，于 1993 年提出，相关技术成果分别于 2007 年和 2011 年获得国家发明专利。杜仲雄花园生产出的雄花具有高产、优质的特点，建园第 5～10 年每公顷产杜仲雄花鲜花可分别达到 1579 千克、1906 千克、2304 千克、2632 千克、3021 千克、3408 千克，比传统药用栽培模式雄花产量提高 15～75 倍，经济效益十分显著。

张家界市慈利县桑木溪村和慈利县关脉村关脉山是张家界新升农林科技开发有限公司的杜仲栽培生产基地。表2为湖南省杜仲雄花园栽培模式抽样调查表。由表2可以看出，桑木溪村为杜仲雄花园和叶用林栽培基地，于2012年建立，占地6公顷。关脉村关脉山为杜仲雄花生产基地，占地约33公顷，其杜仲以传统药用模式栽植于20世纪80年代末90年代初，后因经济效益不好而荒废，于2006年左右被截干，后萌发新枝，现为丛生状。被张家界新升农林科技开发有限公司收购后，于2014年4月再次被截干矮化，改造为杜仲雄花园，为公司主要产品杜仲雄花茶提供原料。此外，公司还在该雄花园内养鸡，探索杜仲立体种养殖模式。

表2　湖南省杜仲雄花园栽培模式抽样调查

产区	树龄	栽植密度（米×米）	树高（米）	枝下高（米）	胸径（厘米）	树皮厚（毫米）	冠幅（米）	树干通直度	备注
张家界市慈利县桑木溪村	1～5 年	2×1	2.11	0.57	2.87	1.27	1.00	通直	
张家界市慈利县关脉村关脉山		2×2	3.50	无	3.85		1.80	无	2006 年第一次截干；2014 年 4 月第二次截干

总之，湖南省现有杜仲资源多为20世纪90年代种植，绝大多数采用传统栽培模式和材药兼用林模式。新的栽培模式引入时间短，处于应用示范阶段，尚未形成明显的经济效益，对农户的带动作用尚未显现出来。

（4）湖南省杜仲资源的立体化栽植模式

与果园化栽培模式相同，立体化栽培模式也是杜仲产业再次兴起后采用的新型栽培模式。杜仲是一种经济价值极高的树种，但其经营周期相对较长、幼龄期土地利用率低。以杜仲为主建立不同的立体经营模式，能够提高杜仲集约化经营水平和综合效益。

湖南省主要立体经营模式包括杜仲与农作物及经济作物的立体种植模式，杜仲与草本药材的立体经营模式，杜仲、茶园立体经营模式，及杜仲、养殖立体种养模式等。湖南省杜仲立体化栽培模式抽样调查结果见表3。

表3　湖南省杜仲立体栽培模式抽样调查

产区	树龄	栽植密度（米×米）	树高（米）	枝下高（米）	胸径（厘米）	树皮厚（毫米）	冠幅（米）	树干通直度	备注
湘西老爹生物有限公司杜仲天然橡胶采穗圃	1～5年	2×2	2.90	1.05	4.95	2.00	1.55	通直	枝下高为嫁接口高度

目前湖南省内开始出现的立体经营模式为杜仲、家畜家禽立体种养模式。表3中湘西老爹生物有限公司杜仲天然橡胶采穗圃属于湖南省吉首市湘西老爹生物有限公司的生产基地，位于北纬28°18'，东经109°38'，于2011年9月29日建立。此良种采穗园以杜仲实生苗平茬作为砧木，选用慈利江垭杜仲优树为接穗进行嫁接，现植株均生长良好，长势一致。采穗园内杜仲林下养殖鹅等家禽，园旁搭建猪舍，以杜仲叶粉加入饲料喂养湘西黑猪，生产出的黑猪品质较好、肉质紧实细腻，且不易染病。目前吉首市正计划与北京方面合作，进行100万头生猪养殖，实行种植—养殖循环经营模式。

三　湖南杜仲产业发展现状

（一）经营管理形式

从20世纪80年代末开始，湖南杜仲资源的培育由以往的国有造林为主发展到国家、集体、个人一起上；由分散经营为主向基地化、规模化、林场化方向发展。根据湖南山林分户经营状况，主要产区一般采取统一规划、分户或联营造林、林场管理、收益比例分成的经营形式，以提高规模效益。这一经营形式一直沿用至今，但杜仲产生的经济效益已越来越小。传统种植模式下杜仲大多生产树皮，缺乏杜仲综合利用技术，除了杜仲皮和杜仲叶被利用外，杜仲果和雄花等原料均未被开发利用。湖南杜仲产业目前缺乏起带头示范作用的龙头企业、缺少规划统筹的组织机构也是其一直原地踏步、停滞不前的重要因素。由于缺少专门的行业、单位、机构为杜仲产业的现状及发展前景做规划与分析，只靠各林场、生产基地自发种植，湖南各地都曾出现过盲从行为，大量栽植杜仲，最终杜仲产品价格下跌，不仅经济效益骤降，也严重挫伤了各地对杜仲种植的信心与积极性。

意识到这些问题后，湖南省内一些具有悠久杜仲种植历史且杜仲栽培面积较大、杜仲资源丰富的地区开始思考新型杜仲经营管理模式，其中具有代表性的有张家界慈利县与湘西自治州，并出现了杜仲产业协会与龙头企业，希望以带头企业主导、行业协会辅助、科研单位支撑、生产基地跟进的做法进行科学管理与运作，提高杜仲产业效益。

目前慈利县形成了由县政府牵头，县科技局、县林业局等相关部门组成项目实施组，以湖南省林产化工工程重点实验室为技术支撑，江垭林场和有关乡镇开展试验示范的产学研一体化模式，并开始积极筹备组建张家界杜仲协会，希望申请建立国家级杜仲种植与加工交流中心，招募专业人员，建立办公场所与网站，以期在近期内建立杜仲产业研发—生产—销售产业链。

与此同时，湘西自治州栽植杜仲林 15 公顷作为研发基地，收集了 30 余个来自湘西本土武陵山区与从北方引种的杜仲良种，采用果园化栽培模式，现可支持湘西州全州 5 万亩/年杜仲种苗的嫁接。杜仲产业是湘西州 4 个扶贫项目之一。州政府计划在近两年内建立 2300 公顷示范基地，分布于州内 3 个县，每个县规划栽培面积约 660 公顷，计划年产杜仲橡胶 1000 吨，杜仲籽油 800~1000 吨，以杜仲橡胶生产为主体，杜仲综合开发与养殖业结合，以此引导农户自主种植，在 2020 年前将杜仲种植面积扩大到 2300~2660 公顷，实现湘西州 20 万~30 万人的脱贫致富。湘西州希望通过产学研合作模式，为其杜仲产业发展提供模式样板，实现中国南方杜仲的产业化、国际化。

（二）产品开发现状

目前，湖南省不少以杜仲为产品的公司还处于投产阶段；稳定生产的企业主要以杜仲皮、杜仲叶为原料。杜仲产品以杜仲茶、杜仲橡胶、绿原酸、杜仲

饲料为主。杜仲木材制品如杜仲牙签、杜仲筷子等，由于加工技术等问题，销路不好，现基本停止生产。

表4　湖南省杜仲产业的主要产品类型及现状

地区	市县	现状	经济效益	产品类型*	产量	备注
湘潭市	褒忠山林场	粗放管理	1.5 万元/年	D、E	0.5 吨/年	
	湘乡市	苗期		D、E		
益阳市	安化县	收购杜仲皮	一般	D	5.0 吨/年	
岳阳市	岳阳县	苗木幼林管理阶段		无		
	岳阳市	处于投入阶段		无		
	平江县	面积15.0公顷，生长良好，平均径级10厘米		无	200 株/亩	
衡阳市	衡阳市	现植杜仲4.5公顷	40.0 万元/年			园林绿化
郴州市	桂东县	少量经营	一般	D	5.0 吨/年	
	苏仙区	新建基地 20.8公顷				
张家界市	慈利县	生产	800.0 万元/年	A、C	400.0 吨/年	绿原酸、杜仲饲料添加剂、杜仲茶
湘西州	吉首市	已完成造林520.0公顷		A、B、C、D、F	少量样品	杜仲胶、杜仲籽油、杜仲植物蛋白、杜仲叶茶、杜仲雄花茶、绿原酸等产品
	泸溪县	正常生产	3000.0 万元/年	C、D	240.0 吨/年	

*产品类型：雄花（A）、果（B）、叶（C）、皮（D）、木材（E）、杜仲橡胶（F）

从表4可以看出，像张家界市慈利县这样杜仲种植比较早、面积比较大的地区，其杜仲产品开发利用也较早。现存的杜仲产品中，主要还是利用杜仲皮入药，其次是杜仲叶做茶和饲料，少数企业已经开始做杜仲籽油、绿原酸和杜仲雄花茶，杜仲橡胶也已有少量产品。

调查还发现，张家界市慈利县在20世纪五六十年代杜仲产业发展得最好，主要产品有杜仲酒、杜仲茶、杜仲中成药、杜仲纯粉、杜仲饲料、杜仲木材制品等。杜仲酒投放市场后，反应较好，年生产规模为 60 吨；杜仲纯粉 1995 年正式投产，当年外销日本 120 多吨。但慈利县由于种种原因，目前生产的杜仲产品主要是杜仲茶，其他产品产量逐渐减少，已不能形成规模化生产，基本上由小型作坊加工而成，因此品质也参差不齐。

张家界市 2002 年开始建设杜仲深加工项目，目前建有现代化生产线 3 条，杜仲系列产品有杜仲绿原酸、杜仲饲料添加剂、杜仲茶等。

湖南省吉首市采用杜仲橡胶为主、综合开发的生产经营模式，杜仲橡胶年产 10 吨左右，其工业级杜仲橡胶供应十余家单位，可制作高铁轮胎、飞机轮胎、汽车轮胎、沥青改性剂、超高压电网绝缘材料等。最近该市开始引进杜仲果园化栽培模式，并利用杜仲剥壳机分离杜仲果壳和种仁，从果壳中提取杜仲橡胶。

另外，吉首市还利用杜仲果实剥壳后剩下的种仁来提取杜仲籽油及杜仲籽蛋白；从杜仲中提取出绿原酸和 α - 亚麻酸；用杜仲叶粉作为饲料添加剂。

（三）湖南省杜仲研究现状

1. 湖南省杜仲文献发表及学位论文情况

表 5 显示的是湖南省杜仲研究机构及其研究文献发表情况。从表 5 可以看出，湖南省的杜仲研究主要集中在吉首大学、中南林业科技大学、湖南农业大学和中南大学。

表5　湖南省杜仲研究机构及文献发表一览

单位：篇

研究机构	文献发表数量
吉首大学	95
中南林业科技大学	50
湖南农业大学	42
中南大学	38
湖南中医药大学	14
湖南省慈利县林业局	9
湖南师范大学	4
湖南省中医药研究院（湖南省中药新药研究与开发重点实验室）	3
湖南省慈利县药材公司	1
常德地区林业局	1
合　计	257

学位论文能比较好地反映科研状态，表6显示的是近年来湖南省各高校和研究机构有关杜仲研究的硕士和博士学位论文情况。从表6可以看出，湖南省的杜仲研究主要集中在杜仲药用成分的分离提取和药理作用的研究，其次是杜仲籽油的提取和杜仲繁殖技术，对杜仲橡胶的特性及其变异规律研究较少，杜仲育种和高效栽培模式研究几乎没有开展。这反映了目前湖南省杜仲研究的基本情况和学术状态，为了带学生完成学位论文对某一方面进行深入研究的较多，对杜仲育种、栽培与综合利用等方面进行系统和连续研究的较少。另一方面也反映了科技支持力度和研究经费的不足。

表6　湖南省杜仲方面的硕博士论文统计

年份	学校	论文题目	作者/导师	研究专业、方向
2013	中南林业科技大学	杜仲组织培养及再生体系的建立	王征/金晓玲	林木遗传育种、园林植物育种
2013	中南林业科技大学	杜仲 MVA 途径相关基因表达差异及全长 cDNA 序列特征	叶生晶/乌云塔娜、田大伦	生态学、城市生态学
2013	中南大学	骨质疏松大鼠血清代谢组学研究及杜仲小复方疗效评价	王方杰/马虹英、刘韶	药物分析、体内药物分析
2013	中南大学	杜仲胶复合根管充填材料根尖封闭性能的初步研究	孔祥宇/冯云枝	口腔医学、口腔临床医学
2013	中南大学	杜仲中化学成分的提取、分离、纯化与测定	冯薇薇/郭方遒	分析化学、中药分析
2013	中南大学	杜仲木脂素对 HepG2 细胞甘油三酯聚集的影响	李慧/欧阳冬生	药学、药理学
2013	中南大学	杜仲木脂素对血管紧张素 II 诱导的大鼠肾小球系膜细胞增殖的影响及其机制	景贤/欧阳冬生	临床药理学
2013	吉首大学	杜仲总木脂素及松脂醇二葡萄糖苷的提取纯化研究	吕强/彭密军	林产化学加工工程、林产资源化学
2012	吉首大学	菜籽粕的脱毒工艺及添加杜仲、脱毒菜籽粕鸡饲料研制	兰文菊/彭密军	林产化学加工工程、林化产品开发与利用
2012	湖南中医药大学	从杜仲翅果中提取果仁油、桃叶珊瑚苷和杜仲胶的工艺研究	欧阳辉/李顺祥	中药学、中药化学
2012	中南林业科技大学	杜仲中京尼平苷酸和松脂醇二葡萄糖苷的分离及多种成分同时检测方法	胡文彬/李湘洲、杨国恩	林产化学加工工程、天然产物化学与利用

续表

年份	学校	论文题目	作者/导师	研究专业、方向
2012	中南林业科技大学	杜仲叶中绿原酸和芦丁的提取分离及纯化	贺义昌/李湘洲、旷春桃	林产化学加工工程、天然产物化学与利用
2012	中南大学	杜仲叶化学成分分离及指纹图谱研究	邓梦茹/刘韶	药学（药剂学）
2012	中南大学	杜仲木脂素对 Aug II 诱导大鼠肾小球系膜细胞增殖和细胞外基质合成的影响	邓晓兰/欧阳冬生	药理学
2012	中南大学	杜仲叶化学成分分离及指纹图谱研究	邓梦茹/刘韶	药剂学
2011	吉首大学	杜仲叶抗氧化活性成分研究及桃叶珊瑚苷的制备	彭胜/彭密军	林产化学加工工程、林化产品开发与利用
2011	湖南农业大学	杜仲中活性成分的提取分离纯化技术研究	刘慧/刘仲华、张盛副	营养与食品卫生学、食物的活性成分与功能评价
2011	中南大学	杜仲木脂素对高血压肾损害的保护作用及机制研究	李玲/欧阳冬生	药理学（临床药理学）
2010	中南林业科技大学	杜仲优良无性系快速微繁殖技术研究	唐亮/金晓玲	林木遗传育种、园林植物育种
2008	湖南大学	湘西杜仲有效成分提制分析及其指纹图谱研究	童玲/王玉枝	分析化学、有机波谱与色谱分析
2007	湖南农业大学	杜仲和桐粕提取物功能活性研究（博）	王建辉/贺建华	饲料作物生产与应用、饲料资源开发与利用
2007	湖南农业大学	杜仲大蒜复方添加剂对草鱼免疫力与生产性能的影响	罗庆华/贺建华	饲料作物生产与应用、饲料添加剂研究与应用
2007	湖南农业大学	杜仲籽油的提取及微胶囊化技术研究	麻成金/马美湖、张永康	种植、农产品贮藏与加工
2007	中南大学	杜仲抗高血压有效部位的作用机制研究	罗丽芳/欧阳冬生	临床药理学
2007	中南大学	杜仲抗高血压有效部位的制备及降压效应研究	吴卫华/欧阳冬生	药理学
2007	中南大学	自发性高血压大鼠醛糖还原酶活性变化及卡托普利和杜仲木质素对其活性的影响	王俊杰/欧阳冬生	药理学

续表

年份	学校	论文题目	作者/导师	研究专业、方向
2006	湖南农业大学	杜仲叶中绿原酸的提取、纯化研究	李光锋/饶力群	植物学、天然产物开发及利用
2005	湖南农业大学	杜仲提取物对彭泽鲫抗病和促生长的研究	姚红梅/肖克宇	水产养殖、微生物
2005	湖南农业大学	张家界杜仲提取物繁殖毒性及对小鼠淋巴细胞DNA损伤的研究	周东升/袁慧	临床兽医、毒物与动物中毒
2005	湖南农业大学	杜仲提取物的防霉效果及其在肉鸡日粮中的应用研究	吕武兴/贺建华、李科云	动物营养与饲料科学、饲料资源开发与利用
2005	中南大学	杜仲中降压活性成分的分离和表征研究	曹慧/陈晓青	分析化学
2004	中南大学	杜仲中松脂醇二葡萄糖甙和京尼平甙酸提取、纯化及测定	李宇萍/陈晓青	分析化学
2004	中南大学	杜仲叶中绿原酸的提取及动力学研究	李进飞/黄可龙	应用化学、药物化学
2004	中南大学	杜仲中几种活性成分的提取、分离、纯化及测定	贺前锋/陈晓青	分析化学
2004	中南大学	杜仲中高纯活性成分的分离制备新工艺研究(博)	彭密军/周春山	应用化学
2004	湖南农业大学	张家界杜仲提取物的毒理学研究	刘月凤/袁慧	临床兽医、毒物与动物中毒
2003	中南林学院	杜仲含胶特性及其变异规律与无性系选择的研究(博)	杜红岩/谢碧霞、李芳东	森林培育
2003	湖南师范大学	紫锥菊、杜仲等的LC/MS方法研究及相关标准对照品的制备	罗旭彪/姚守拙、陈波	有机化学、有机分析
2003	湖南农业大学	杜仲叶粉对鸡肉用性能影响的研究	欧爱明/薛立群、卢成瑛	养殖、畜牧
2003	湖南农业大学	大蒜、杜仲饲料添加剂对雏鸡肠道微生物和生产性能的影响	何云/贺建华	养殖、畜牧
2002	湖南中医学院	复方杜仲降压片治疗高血压病的临床研究	李武明/谭元生	中西结合内科临床、心血管疾病
2002	湖南师范大学	杜仲精粉的超声波提取制备工艺及杜仲叶中绿原酸的分离研究	彭密军/银董红	有机化学、有机分析

2. 杜仲科研立项情况

从表7湖南省杜仲立项情况可以看出，湖南省杜仲的研究趋势基本与硕博士论文的研究方向一致，在各研究领域中开展最多的是综合利用，这些研究周期短，可塑性大，容易出结果；其次为杜仲的生理、生化方面；而对杜仲育种与培育技术的立项几乎没有。一般需要10多年甚至几十年的不懈努力才能选育出良种，研究出高效培育技术，从管理部门到参与研究的机构都很难连续支持或坚持开展研究，这就是多数杜仲产区杜仲科研的现状。而各研究机构的研究侧重点有所不同，如吉首大学的研究主要集中在杜仲剥壳机的制备、杜仲籽油和杜仲叶茶等新产品的开发方面。中南大学则主要集中在杜仲药用成分的分离提取和药理作用方面，而中南林业科技大学则主要集中在杜仲的生长生理、组织培养等繁殖技术、优良无性系选育、利用分子生物学技术及手段改良杜仲性状、定向培育新品种以及杜仲木材性质等领域。从表7还可以看出，湖南省的杜仲研究立项工作在2000～2005年出现空白期。

表7　不同年份湖南省杜仲科研立项和研究内容统计

年份	主要研究内容	研究单位	基金来源
2014	混合溶剂提取杜仲籽油工艺研究	吉首大学	湖南省科技厅计划项目(2012J3099)
2014	张家界不同产地杜仲叶/皮中矿质元素含量的测定及比较	吉首大学林产化工工程湖南省重点实验室	国家"十二五"科技支撑计划(2011BAI01B08)
2014	响应面法优化杜仲叶中总多酚超声波辅助提取工艺研究	吉首大学林产化工工程湖南省重点实验室	国家"十二五"科技支撑计划(2011BAI01B08)
2014	湘西地区杜仲翅果性状多样性的研究	吉首大学	国家自然科学基金(31300337)
2014	微波辅助提取杜仲翅果籽粕蛋白的工艺优化	吉首大学	湖南省科技计划项目(2012NK3099)
2013	碱性蛋白酶提取杜仲籽粕蛋白的工艺优化	吉首大学	湖南省科技计划项目(2012NK3099)
2013	杜仲籽油混合脂肪酸制备工艺优化及脂肪酸组成分析	吉首大学	2010年湖南省高校科技成果产业化培育项目(10CY010)

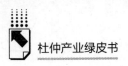
续表

年份	主要研究内容	研究单位	基金来源
2013	杜仲成熟胚器官发生途径的研究	中南林业科技大学	国家林业公益性行业科研专项(201004029)
2013	张家界杜仲叶的化学成分研究	中南大学	国家"十二五"科技支撑计划(2011BAI01B08)
2013	日粮中添加杜仲素对鸡蛋品质的影响	吉首大学林产化工工程湖南省重点实验室	国家"十二五"科技支撑计划(2011BAI01B08)
2013	施肥与盐胁迫对杜仲幼苗生长及生理影响研究	中南林业科技大学	中南林业科技大学研究生科技创新基金项目(CX2013B17)
2013	大孔吸附树脂对杜仲叶总黄酮的吸附热力学和动力学研究	吉首大学植物资源保护与利用湖南省高校重点实验室	国家自然科学基金项目(No. 51262008、No. 51202087、No. 51364009)
2012	吉首市杜仲病虫害调查及防治	吉首大学	国家科技基础条件平台建设子项目(2005DK21006)
2012	杜仲材用和药用林定向培育关键技术研究	中南林业科技大学	国家"十二五"科技支撑计划课题子专题(2012BAD21B0502)
2011	杜仲翅果油体外抗氧化能力研究	吉首大学	植物资源保护与利用湖南省高校重点实验室开放基金课题(JSK201114)
2011	杜仲翅果综合开发利用研究现状与展望	吉首大学	湖南省教育厅产业化培育项目(10CY010)
2009	从杜仲翅果中提取杜仲胶的工艺研究	吉首大学	湖南省技术创新项目(湘经科技[2004]307号)
2006	杜仲百合醋的研制	吉首大学食品科学研究所 湖南省林产化工工程重点实验室	2004年湖南省技术创新项目(湘经科技[2004]307号)
1999	慈利县杜仲开发探讨		
1998	湖南省慈利县杜仲人工林生长模型的研究	中南林学院	
1990	武陵山区杜仲生态气候特征的初步研究	湖南省慈利县林业局	
1990	武陵山区杜仲生态特征调查分析	湖南省慈利县林业局	

续表

年份	主要研究内容	研究单位	基金来源
1957	杜仲的主要产区——鄂西、湘西北诸县调查报告	湖南农学院	
1956	湖南慈利林场（杜仲专业林场）调查简报	湖南农学院	
1956	湖南的杜仲	湖南农学院	
1955	杜仲种子萌发和幼苗生长生理研究初报	湖南农学院	

3. 湖南省杜仲相关专利授权情况

湖南省目前已授权杜仲相关专利21项，其中发明专利13项、实用新型专利5项、外观专利3项。发明专利主要包括杜仲功能饲料、杜仲木脂素对人类疾病的功效、活性成分的测定提取及杜仲相关产品的研究与开发等。

表8　湖南省授权杜仲专利情况

序号	专利名称	主要发明人	申请人	授权时间	专利类型
1	一种家禽杜仲饲料的生产方法	欧阳德润	张家界大众饲料有限责任公司	2003 – 02 – 26	发明专利
2	一种鱼杜仲饲料的生产方法	欧阳德润	张家界大众饲料有限责任公司	2003 – 02 – 26	发明专利
3	一种牲猪杜仲浓缩饲料的生产方法	欧阳德润	张家界大众饲料有限责任公司	2003 – 02 – 26	发明专利
4	一种从杜仲翅果中提取高纯度杜仲胶的方法	张永康	吉首大学	2014 – 04 – 16	发明专利
5	杜仲胶冻析装置	张永康	吉首大学	2014 – 05 – 28	实用新型
6	真空脉动式杜仲胶提取装置	陈功锡	吉首大学	2014 – 04 – 16	实用新型
7	杜仲翅果壳打胶机	陈功锡	吉首大学	2014 – 02 – 26	实用新型
8	杜仲翅果壳磨胶机	张永康	吉首大学	2014 – 02 – 26	实用新型
9	一种同时测定杜仲中多种活性成分含量的方法	李湘洲	中南林业科技大学	2014 – 05 – 07	发明专利
10	杜仲木脂素及其提取物在防治糖尿病并发症上的应用	欧阳冬生	中南大学	2010 – 07 – 28	发明专利
11	杜仲木脂素在制备防治高血压肾损害药物上的应用	欧阳冬生	中南大学	2012 – 09 – 12	发明专利

续表

序号	专利名称	主要发明人	申请人	授权时间	专利类型
12	杜仲木脂素及其提取物在抗心血管重塑上的应用	欧阳冬生	中南大学	2010－07－28	发明专利
13	一种杜仲牡丹烟及制造方法	程辰	慈利县国太桥乡白合村	2013－02－13	发明专利
14	一种杜仲金银花茶及其制作方法	杨建新	慈利县天润农林科技发展有限公司	2012－10－03	发明专利
15	杜仲速溶茶	符星辉	吉首大学张家界学院	2010－5－12	发明专利
16	一种杜仲红薯粉及其生产方法	邓后勤	张家界丝丝湘食品有限公司	2013－01－23	发明专利
17	超临界 CO_2 连续萃取杜仲翅果仁中有效成分的工艺方法	张永康	湘西自治州和益生物科技有限公司	2007－10－24	发明专利
18	杜仲翅果脱壳筛选分离装置	张永康	湘西自治州和益生物科技有限公司	2006－11－29	实用新型
19	包装盒（养生杜仲面）	邓后勤	湖南家家面业科技有限公司	2012－06－06	外观设计
20	包装盒（杜仲降压片）	曾培安	康普药业股份有限公司	2013－09－18	外观设计
21	包装盒（杜仲降压片2）	贺莲	康普药业股份有限公司	2013－12－18	外观设计

四 湖南杜仲产业发展目前面临的问题

根据我们的调查，湖南省杜仲产业发展中存在的问题主要有以下几个方面。

（一）种植模式落后，杜仲橡胶原料供应严重不足

目前湖南省杜仲绝大多数采取传统种植模式，以提供皮、叶资源为主，管理粗放，生产技术含量低。传统种植模式下，杜仲树体高大，不仅采摘难度大，土地、人力资源浪费严重，生产成本高，而且产量低，产品质量、经济效益不高，影响企业、林场、农民种植杜仲的积极性，导致杜仲种植面积减少，产量减少，相关产品难以实现工业化大批量生产。

与此同时，沿用这种传统种植模式还影响了湖南省杜仲产业的多样化发展。传统栽培模式下杜仲生产原料主要为树皮和叶，其他原料如雄花、果实等产量极低，难以进行杜仲产品的综合开发，使杜仲产品生产成本大大增加，导致经济效益降低。例如：传统栽培模式下，杜仲产果量仅有每公顷 50～75 千克，远远无法满足杜仲橡胶、杜仲油等产品的产业化开发。在这种情况下，厂家为提取杜仲橡胶，只能以杜仲皮和杜仲叶作为主要原料，其中，杜仲皮作为药材所获利润远超过制胶利润，因此大部分企业采用杜仲叶提取杜仲橡胶。然而，杜仲叶内橡胶含量约为 2%，远远低于杜仲果皮内 17% 的含胶量，这就使杜仲橡胶生产成本居高不下；另外，传统栽培模式下杜仲雄花产量少，树体太高采集难度大，也使杜仲雄花鲜花价格偏高。缺少必要的原材料、原材料价格居高不下，使杜仲雄花制成的杜仲雄花茶也无法推广生产。

而在果园化栽培模式下，杜仲产果量是传统栽培模式产量的 40 倍；雄花园栽培模式下，建园 6 年内每公顷平均每年鲜花产量可达 747.25 千克，约为传统栽培模式下产量的 10 倍，而进入雄花盛花期后，第 7～11 年平均每年可产鲜花 3001.20 千克，约为传统栽培模式产量的 38 倍。因此，大力发展杜仲果园化栽培模式、雄花园栽培模式等新型栽培模式是非常必要的。然而，湖南省内新型种植栽培模式尚处于起步试验阶段，还没有大面积推广应用，新型杜仲橡胶培育模式和技术推广需要做的工作仍然很多。

（二）技术应用缺乏先行者

目前国内开发出的杜仲产品种类很多，除了杜仲 α - 亚麻酸胶囊、杜仲绿原酸、杜仲茶、杜仲雄花酒、杜仲饲料、杜仲植物蛋白等产品外，还有杜仲橡胶这一战略性产品。这些产品的生产技术现在都已较为完善成熟，然而，湖南省内能运用这些技术对杜仲进行开发利用的企业却非常少。

湖南省杜仲原材料供给主要集中在皮、叶，用这些原料加工成传统中药材和杜仲茶相对来说技术简单、成本低、收益快；而从中提取杜仲橡胶、蛋白、绿原酸等成分工艺较为复杂、成本较高，因此研发出的先进技术不被应用的情况不在少数。杜仲橡胶的生产情况也很类似，虽然杜仲橡胶的成分接近三叶橡胶，在医疗、机械、航空航天等各个行业和领域均具有极高价值，但由于生

产成本高，大多数企业都无力负担。

此外，能否进行产业化生产关键还要看原料供应是否正常，如果不能保证原料及时充足供应，就不能保证下游企业的正常生产。市场风险大，回报时间长，也是许多企业目前不愿涉足此类杜仲产品生产的原因。

（三）缺少行业支持

杜仲作为一种珍贵的药用、经济植物，其价值已在国内外得到公认，对其的开发研究也在不断进行。然而，缺乏政府部门的宣传、倡导和支持，缺少推广应用经费成了阻碍杜仲产业发展的一大问题。例如：国家食品药品监督管理总局对药用、食用产品准入审批时间太长，即使是最快的食品审批也要2~3年。如果国家能够批准杜仲叶等为新食品原料，企业就可以顺畅地开发各种杜仲功能性食品，做大产业链。此外，杜仲的新品种培育、种植和管理也应该得到林业部门的资金支持。

除了政策、资金方面缺乏支持外，目前湖南省杜仲产业领域内缺乏企业与科研单位的合作也是一大问题。缺少持续稳定的科技创新平台，会使科研成果与生产脱节的现象越来越严重，使杜仲产业发展难上加难。

五 湖南杜仲产业发展策略

针对湖南省杜仲产业发展的现状和存在的问题，我们认为湖南省杜仲产业发展的策略应该有以下几个方面。

（一）转变观念

湖南是杜仲栽培生产的传统大省，尤其是慈利，被称作"杜仲之乡"。在这次调查中我们发现，无论是慈利的领导阶层还是普通老百姓，都以当地是杜仲之乡为荣。然而，目前慈利乃至湖南全省的杜仲产业都发展缓慢，这与湖南作为杜仲大省的地位极不相符。究其原因，主要是果园化栽培等现代杜仲经营模式与传统的杜仲经营模式相比已经发生了根本性的变化，但人们对于杜仲的认识尚停留在传统杜仲生产的层面，谈起杜仲仍只知其药用功效，而不知道其可以作为保健品、工业原料、高档木材等，不清楚杜仲潜在的巨大利用价值，对于现代果园化栽培模式和立体栽培模式也了解很少。正是这种认识的不全面，使湖南省的杜仲产业难以进入立体综合开发阶段。因此，湖南杜仲产业的相关从业人员需要开阔视野，从栽培方式开始，尽快实现对杜仲产品综合开发利用的根本性转变。

（二）科技先行，科学管理

新一轮杜仲产业革命的最大特点是依靠科学技术，综合开发利用。传统的单一用途的种植模式已经退出历史舞台，从栽培模式到产品结构都发生了根本的变化。现在迫在眉睫需要开展的工作主要有以下几个方面。

（1）选择适合湖南地区栽培的杜仲优良无性系或新品种

在全国范围内，已经选了许多杜仲优良品种，而湖南尚没有选育本省的杜仲新品种。全省现有杜仲面积已近4万公顷，资源储量十分丰富。利用这些资源进行优良无性系选育，选育出适合湖南本地栽植的优良品种，进行新型杜仲橡胶资源培育模式种植，可以大大提高杜仲果实等产量和综合效益。

（2）将传统杜仲林改造成适合现代杜仲产业发展的新型杜仲橡胶资源林

虽然湖南省有丰富的杜仲资源，但现有资源的种植形式都是传统的种植模式，无法适应现代杜仲产业发展的基本需求。可以利用现有的杜仲资源，采用高接换优等措施，将其改造成适合现代杜仲产业发展的杜仲果园、雄花园、叶用林等新型杜仲橡胶资源培育基地。

（3）掌握杜仲有效药用部位与土壤重金属含量的关系

湖南省部分地区土壤电解质含量高，了解杜仲开发利用的有效部位如杜仲叶、杜仲种子、杜仲雄花和杜仲皮等部位重金属含量与土壤重金属含量之间的关系，对杜仲药品和功能食品开发至关重要。开展湖南省杜仲种植土壤调查和杜仲栽培区划，可为湖南省杜仲产业科学发展提供理论依据。

（三）发挥基层林业部门的主观能动性，开展现代杜仲综合经营模式示范

杜仲产业的发展要靠全体林农的共同参与。但林农的积极性需要行业管理

部门来带动和示范。相关部门要充分利用"杜仲之乡"群众基础好的优势，让基层林业部门和林场等单位积极参与现代杜仲经营模式的示范和推广，给广大林农起示范带头作用，促进杜仲产业的健康发展。

（四）政府支持，发挥大型企业的带头作用

政府主要职能部门要认识到杜仲产业革命对湖南经济发展的重要作用，同时还要充分发挥企业的资金优势和榜样作用。发展杜仲产业，原料生产是根本，但单靠企业种植杜仲是不够的，必须动员广大农民积极参与到杜仲种植中来，首先是要让农民感受到种植杜仲确实可以产生可观的经济效益。这就很有必要让企业做好示范和带头作用，农民看到了经济效益，种植杜仲的积极性自然就有了。

（致谢：感谢湖南省林业厅夏晓敏和姜芸等在杜仲资源调查和产业发展报告撰写过程中给予的大力支持。另外，感谢中南林业科技大学研究生伍江波、陈毅烽和周杨晟等付出的辛勤劳动。）

参考文献

［1］ 杜红岩、胡文臻、俞锐：《杜仲产业绿皮书：中国杜仲橡胶资源与产业发展报告（2013）》，社会科学文献出版社，2013。

［2］ 李芳东、杜红岩：《杜仲》，中国中医药出版社，2001。

［3］ 杜红岩：《中国杜仲图志》，中国林业出版社，2014。

［4］ 杜红岩、赵戈、卢绪奎：《论我国杜仲产业化与培育技术的发展》，《林业科学研究》2000年第13（5）期。

［5］ 杜红岩：《我国的杜仲胶资源及其开发潜力与产业发展思路》，《经济林研究》2010年第28（3）期。

［6］ 杜红岩：《杜仲优质高产栽培》，中国林业出版社，1996。

［7］ 杜红岩、刘攀峰、孙志强等：《我国杜仲产业发展布局探讨》，《经济林研究》2012年第30（3）期。

［8］ 崔克明：《杜仲研究的历史、现状和展望》，《西北林学院学报》1994年第9（4）期。

［9］ 冯风、梁志荣：《我国历史上对杜仲的认识和利用》，《西北林学院学报》1996年

第 11（2）期。

［10］覃正亚：《论湖南杜仲产业发展的策略调整》，《经济林研究》2001 年第 19（1）期。

［11］张维涛：《湖南省慈利县杜仲生产调查初报》，《经济林研究》1990 年第 8（1）期。

［12］郭照光、张玉石：《慈利县杜仲开发探讨》，《河南林业》1996 年第 6 期。

［13］丁锐：《慈利县杜仲资源的保护与开发》，《湖南环境生物职业技术学院学报》2001 年第 7（2）期。

［14］张贵、王承南：《湖南省慈利县杜仲人工林生长模型的研究》，《经济林研究》1998 年第 16（4）期。

G.6
如何解决我国杜仲橡胶战略储备与
产业发展瓶颈问题[*]

杜红岩　胡文臻　乌云塔娜　刘攀峰　杜兰英[**]

摘　要：

杜仲是我国十分重要的国家战略储备资源，在产业升级过程中，遇到了许多瓶颈问题。资源瓶颈主要是现有杜仲资源无法进行杜仲橡胶产业化开发；技术瓶颈包括培育技术进一步研究与创新的空间有限，杜仲橡胶绿色提取及其产品研发技术突破较难；在企业人才与管理方面，目前参与杜仲橡胶资源培育及产业开发的企业，从企业规模、人才储备、产品研发、管理水平等诸多方面，都与现代化企业的要求和标准有相当大的差距；在国家政策和行业管理等方面则有政策滞后、行业协调困难等瓶颈问题。国情调研杜仲项目组、橡胶协会、国家林业局杜仲工程技术研究中心的成立和《杜仲产业绿皮书》的发布对杜仲产业发展都起到了良好的推动作用。建议：强力推进新型杜仲橡胶资源培育与基地建设；林业行业管理部门承担起杜仲产业发展的重任；加大中央财政对杜仲橡胶资源培育和新产品研发的投入；加大对杜仲产业发展的财政补贴力度和税收优惠力度；拓宽杜仲橡胶资源培育的投融资渠道；发挥行业协会的组织作用；

* ［基金项目］国家林业公益性行业科研专项（201004029）；国家"十二五"科技支撑计划（2012BAD21B0502）。

** 杜红岩（1963～），男，河南中牟人，博士，研究员，博士生导师，主要从事杜仲育种、栽培与综合利用的研究。胡文臻，中国社会科学院社会发展研究中心，北京，100732；国家林业局杜仲工程技术研究中心，郑州，450003。乌云塔娜、刘攀峰、杜兰英，中国林业科学研究院经济林研究开发中心，郑州，450003；国家林业局杜仲工程技术研究中心，郑州，450003。

制定并逐步完善杜仲培育技术和新产品的质量标准，促进我国杜仲橡胶资源与产业健康发展。

关键词：

杜仲橡胶　产业升级　技术瓶颈　发展建议

杜仲是我国十分重要的国家战略资源。杜仲能够形成一个庞大产业，基础是其本身所具有的独特和无法替代的性能，它既是世界上极具发展潜力的优质天然橡胶资源，又是名贵药材树种，同时也是改善生态环境、增加碳汇的重要树种。

发展杜仲橡胶产业，是解决我国天然橡胶资源匮乏的唯一途径；发展杜仲橡胶产业，能够优化林业产业结构，促进林业三大效益有机结合；同时发展杜仲产业，能够有效提高国民身体素质和健康水平。但是，在杜仲产业发展和产业升级过程中，遇到了一些突出问题。应认真研究影响杜仲产业发展的瓶颈问题，找出有效解决办法，促进我国杜仲橡胶资源与产业健康发展。

一　我国杜仲产业发展的主要瓶颈问题分析

（一）资源瓶颈

由于杜仲长期取皮入药的利用特点，2000 多年来，我国一直沿用传统的药用经营模式，树高可达 20 米以上，主要产品是杜仲皮，木材、果实、树叶等为副产品。20 世纪 80 年代末至 90 年代中期，杜仲皮市场需求旺盛，价格快速蹿升，从 1988 年国内杜仲皮市场价每千克 20～30 元，迅速提高到 1994 年的每千克 100～200 元，出口价格更是高达每千克 60～80 美元（按照当时汇率折合人民币 510～690 元）。但是，1996 年杜仲皮价格暴跌至每千克 5～10 元，并于 1996～2010 年一直在谷底徘徊了 15 年，其间杜仲皮市场价基本维持在每千克 8～20 元的低位。经济效益的直线下滑，严重挫伤了林农经营杜仲的积极性，杜仲产业遇到前所未有的挑战。杜仲资源从 1988～1995 年的急速发展，到 2000 年遭遇林农无奈砍伐，为决策者和研究人员带来更多的思考。究其原因，一方面，杜仲栽培面积膨胀式扩大，全国杜仲栽培面积从 1988 年的约 2 万公顷迅速扩张到 1995 年的 40 万公顷左右，栽培面积在短短 8 年时间内扩大了约 20 倍。资源无限扩张，杜仲皮产量大幅度提高，而杜仲皮作为中药材其受众群体和市场容量均相对稳定，造成杜仲皮严重供过于求。另一方面，老杜仲产区仍然一直沿用传统的药用栽培模式，仅利用其取皮入药的单一用途，当杜仲皮市场滑坡时，经济效益便直线下降。据调查，在全国主要杜仲产区，杜仲曾经是林农主要的收入来源，杜仲收入占林农全部收入的 50% ~ 80%，是林农赖以生存的主要经济来源。而"皮贱伤农"严重影响了杜仲主要产区林农的收入，在河南汝阳、陕西略阳和贵州遵义等国家级杜仲基地县甚至已经影响了地方经济的发展。

在杜仲皮市场处于低谷时，中国林业科学研究院等单位一直努力在杜仲综合利用方面开展创新研究，且卓有成效。从单一的杜仲皮利用的传统药用栽培模式，到杜仲果实、杜仲叶、杜仲雄花、木材综合开发的果园化栽培模式的创新；从单一药用研究，上升到国家战略资源杜仲橡胶、关乎民生和国民健康的杜仲亚麻酸油及杜仲花粉资源、涉及食品安全的杜仲叶功能饲料等研究与应用的全方位突破，都为杜仲产业的发展注入了强大的活力。杜仲果实、杜仲雄花、杜仲叶等开始全面利用，市场价格稳中有升，市场活力开始显现。然而，在全国大多数产区，现有杜仲资源树体高大，在立地条件较好的伏牛山区，20 年生杜仲树胸径可达 20 ~ 25 厘米，树高 15 ~ 20 米。而杜仲果实产量每亩仅 5 千克左右，杜仲雄花鲜花每亩产量不足 10 千克，每亩杜仲叶产量也仅 100 千克左右。由于杜仲皮收购价一直偏低，每千克仅 5 ~ 15 元，林农靠杜仲皮基本没有收益；而杜仲果实采收率不足 20%，杜仲叶则基本没有利用；由于杜仲雄花茶等产品的开发，杜仲雄花近几年开始利用，但产量低。林农靠种植杜仲每亩年收入不足 500 元，且传统药用栽培模式杜仲果实、雄花等原料采集十分困难，采集成本高，这些资源在现代杜仲产业化开发中利用率极低，效益差的现状没得到根本改变。当地政府和林业主管部门对改变杜仲产业现状的愿望是迫切的，然而对杜仲产业发展的新技术和新阶段尚没有清晰的认识。

目前我国 95% 以上的现有杜仲林采用传统药用林栽培模式，杜仲橡胶产量低，综合效益差。以我国现有杜仲橡胶资源，年产杜仲橡胶不足 5 万吨，面对全国每年 300 万吨左右的天然橡胶需求量，根本无法解决。另外，由于传统栽培模式产量低、效益差，利用现有资源开展杜仲橡胶产业化开发难度极大。进行杜仲资源培育技术创新，大幅度提高杜仲橡胶资源产量和质量，成了摆在我们面前的重大课题。

杜仲果园化栽培模式是我国杜仲橡胶资源与产业发展的方向和主要栽培模式，是杜红岩在 20 世纪 90 年代初首创的栽培模式，将我国沿用 2000 余年的传统药用经营模式进行了重大改革，由传统以生产杜仲皮为主的药用栽培模式转向以生产杜仲果实为主，果、雄花、叶、皮、木材综合利用的全新栽培模式，使杜仲生产逐步走向果园化、园艺化，相关技术 2002 年获得国家发明专利。经过 20 多年的系统研究，取得重大突破，果园化栽培模式盛果期杜仲产果量和果实产胶量比药用栽培模式提高 40 倍以上，经济效益大幅度提高，2011 年荣获河南省科技进步一等奖。

但是，果园化栽培模式与系列技术目前尚未在全国主要产区大规模示范推广，高产杜仲橡胶资源战略储备严重不足，制定大力培育杜仲橡胶资源的国家战略规划，快速培育杜仲橡胶资源，增强杜仲橡胶资源战略储备已迫在眉睫。

（二）企业人才与管理瓶颈

杜仲产业集群是以杜仲橡胶、医药、功能食品、杜仲"碳汇"等为基础的生物产品产业链，该产业链所开发的产品涵盖橡胶工业、航空航天、国防、船舶、化工、体育、医疗、食品等国民经济许多部门，其用途之广，经济价值之高，是其他任何一种天然植物无法比拟的。杜仲产业是典型的新兴工农业复合循环经济产业体系。

杜仲产业的特殊性，使其与普通的果树及其他经济林产业有着明显的差异。果树等经济林树种，一般农户都可以根据市场情况和自己的条件进行种植，种植规模可大可小。而杜仲产业链长，涉及行业多，产业覆盖面广，且所有杜仲原料都需要加工成产品后，才能投放市场。必须要有一定的种植规模才能满足较大规模生产的需求，如要满足 1 万吨杜仲橡胶的生产规模，需要 3 万公顷以上的杜仲果园种植面积，这是一般农户和小企业无法做到的。杜仲橡胶资源及其产业发展，迫切需要一批强有力的大型企业进行带动。但是，目前参

与杜仲橡胶资源培育及其产业开发的企业，几乎都是中小规模的民营企业，企业发展过程中存在许多十分突出的问题。

首先，从事杜仲开发的企业规模普遍较小。企业年产值不超过1亿元，甚至不足千万元，这样规模的企业，根本无法带动杜仲产业和地方经济的发展，甚至连带动部分农民增收和企业生存都十分困难。如湖北、湖南、陕西、甘肃一些杜仲企业，都在艰难的挣扎中维持生计。其次，企业在人才队伍建设和人才储备方面投入严重不足。几乎所有参与杜仲产业的企业没有基本的技术和研发团队、宣传和营销团队，严重影响了产品的销售和企业可持续发展。再次，在管理水平上，小农经济的烙印在目前的杜仲企业中反映得十分明显，与现代化企业的要求和标准都有相当大的差距。企业管理者普遍学历水平不高，管理水平低，一些开金矿、煤矿的个体老板投资杜仲企业，对杜仲产业缺乏全面的理解，对现代企业的管理模式缺乏基本的了解，家族式管理现象普遍，这严重影响了产业的发展。另外，企业思路不清，产品在低层次重复的现象十分严重。杜仲橡胶是我国十分重要的战略资源，但由于种种原因目前杜仲橡胶产品开发尚没有实现产业化。然而，目前多数杜仲企业没有真正重视杜仲橡胶产品的研发，而只是在杜仲茶等保健品上实行低层次重复开发，科技含量和附加值低，产品质量和综合效益差，这严重影响了整个杜仲产业的健康发展。吸引大型国有企业介入杜仲产业，培育杜仲产业的航母对促进杜仲产业腾飞极其重要。

（三）技术瓶颈

科技支撑对杜仲产业的发展起到了有力的推动作用。以中国林业科学研究院经济林研究开发中心为核心的全国杜仲研究团队长期系统开展杜仲橡胶资源的育种、栽培和综合利用研究，承担国家和部省级杜仲育种、栽培和综合利用方面的攻关课题20多个。经过5个五年计划的研究，杜仲领域目前已形成以中国林业科学研究院经济林研究开发中心为核心，林业、医药和化工（橡胶）等行业专家组成的全国性的杜仲研究和创新团队。选育出一批高产杜仲橡胶（药、雄花）良种，其中国审杜仲良种10个；完成了杜仲全基因组精细图绘制，这是我国完成的第一个天然橡胶植物基因组精细图，也是世界上第一个木本药用植物基因组精细图，将杜仲作为胶用和木本药用植物的模式植物，搭建了分子遗传学和育种研究的关键技术平台；通过杜仲果园化高效栽培模式与技术创新，大幅度提高了杜仲产胶量；开展杜仲果实、雄花、叶、皮、木材综合利用研究，以及杜仲雄花茶等一系列功能产品研发，获得国家发明专利 20 余项，从研究思路上为产业发展指明了方向。实践证明，相关科研和技术推广工作取得了良好的示范效果，显著提高了杜仲全树利用效率和整体经济效益。

但是，科技支撑仍然是杜仲产业发展十分薄弱的环节：（1）现有良种远远不能满足未来杜仲橡胶资源与产业发展的需求；（2）栽培模式与技术需要进一步研究与创新；（3）产品特别是保健品的研发低层次重复现象十分普遍；（4）杜仲橡胶绿色提取及其产品研发技术还很不成熟，目前没有一家能够真正进行产业化开发的杜仲橡胶加工企业，与杜仲橡胶的国家战略地位极不相符，已经严重影响了杜仲橡胶及其相关产业的健康发展。

（四）国家政策瓶颈

除杜仲橡胶外，杜仲还是名贵中药材。杜仲自古以来就是中药上品，杜仲叶、杜仲皮、杜仲雄花、杜仲籽油等经过毒理药理实验，均被确认属于无毒级的，为药食同源的珍贵资源。但是，杜仲产品开发涉及食品等诸多领域，在产品产业化过程中遇到了许多政策问题。2013 年 7 月 29 日，甘肃润霖杜仲种植产业开发有限公司向兰州市工商局申请注册杜仲橡胶生产、杜仲食品加工等经营范围，结果无法注册。工商局执行的是 20 年前确定的杜仲中药材许可经营范围。该公司遇到的困难和问题被专题报告至甘肃省工商局，省工商局高度重视，专门向国家工商总局请示给予支持。这一个事件折射出国家政策或者管理工作的缺陷。由于国家有关部门对中药材生产、加工与经营管理工作的滞后，在杜仲的综合开发利用过程中遇到了各种问题和阻力。目前仅有杜仲籽油和杜仲雄花作为新食品原料获得国家卫生计生委批准，打通了杜仲籽油和杜仲雄花系列产品产业化开发的通路。但是，杜仲叶、杜仲皮等原料尚没有被列为新食品原料，其产品的产业化开发仍然受到根本的制约，这已经严重影响了杜仲产业的可持续发展。

（五）行业管理瓶颈

杜仲是我国特有的经济林树种，国家林业局是杜仲橡胶资源培育的行业管理部门，对杜仲橡胶的资源培育和产业发展负有直接领导责任。但是杜仲产业又涉及化工、橡胶工业、航空航天、国防、医疗等多个部门，在管理上存在一定困难；工业和信息化部虽然在橡胶生产加工等方面有优势，但是杜仲橡胶资源培育不属于其管辖范围；医药部门在统筹杜仲产业发展方面同样存在一定难度。国务院目前尚没有能够协调杜仲产业发展的专门机构，杜仲产业发展过程中遇到的许多问题难以协调解决。多部门统一协调，应是杜仲产业健康发展的必由之路。

二 国情调研等对杜仲产业发展的促进作用

（一）国情调研对杜仲产业的推动作用

为推动杜仲产业快速发展，中国社会科学院将杜仲橡胶资源培育与产业发展列为国情调研重大项目，邀请了跨部门的专家、领导、企业家加入杜仲项目课题组，赴河南、甘肃、上海、山东、安徽等地进行调研。新华社、中央电视台参与并向社会介绍了国情调研杜仲项目的实践活动。国情调研杜仲产业项目是国家研究智库首次进行的跨部门、跨行业的重点创新工程实践项目，集生态环境建设、生态资源产业开发、生态文化产业建设于一体，涉及科研院所、企业、地方政府等多个部门，旨在研究和推动杜仲橡胶资源培育和综合产业可持续发展，具有重要的战略意义。

几年来，国情调研杜仲项目得到了多方面的支持和帮助。特别是在国家有关部门支持下，中国社会科学院社会发展研究中心、中国林科院经济林研究开发中心、国家林业局杜仲工程技术研究中心、地方政府和相关企业探索合作模式与机制，正在走出一条杜仲绿色资源综合开发利用的生态文明建设道路。

（二）橡胶协会杜仲产业促进会对杜仲产业的推动作用

为推动杜仲橡胶产业发展，中国橡胶工业协会成立杜仲产业促进会，从

2010 年开始，先后组织数次杜仲产业发展论坛，为参与杜仲产业的企业、科研单位、高校等提供了相互交流的平台，为促进杜仲橡胶产业发展起到了良好的推动作用。

但是，受行业归口的局限性，促进会在协调杜仲橡胶资源培育和杜仲橡胶以外的产品开发等方面显得力不从心。

（三）国家林业局杜仲工程技术研究中心对杜仲产业发展的推动作用

2013 年 1 月国家林业局批复，依托中国林科院经济林研究开发中心成立了国家林业局杜仲工程技术研究中心。"杜仲工程中心"成立以来，组建了全国杜仲研究与产业开发团队，在杜仲定向育种、栽培模式、资源综合利用、产品研发等领域开展深入研究，取得了多项具有里程碑意义的重大突破，对杜仲资源培育方式进行了革命性的创新，孵化出大量科技成果，并以产业化、规模化为目标，促进科技成果的转化，推动杜仲产业发展方式由粗放、低产、低效、单一向精细、高产、高效、综合方向发展。"杜仲工程中心"与中国社会科学院社会发展研究中心开展长期合作与跟踪研究，成立了杜仲产业发展专家委员会及项目研究和建设专业组，承担指导杜仲橡胶资源培育、橡胶产品研发及杜仲综合产品开发等可行性评审、项目投资建设、项目验收等行业管理职能，引导企业建设务实、健康、有序的生态杜仲产业可持续发展模式。

国家林业局杜仲工程技术研究中心拥有不可替代的技术和人才资源。研究开发团队经过近 30 年的不懈努力，选育出一批高产杜仲良种；突破了杜仲高效栽培的技术瓶颈，将杜仲橡胶产量提高了 30~40 倍，接近三叶橡胶的水平；完成了对杜仲研究具有里程碑意义的全基因组测序与全基因组精细图绘制的工作；建立了杜仲橡胶绿色提取及系列产品研发技术体系；研发出杜仲雄花茶、杜仲 α-亚麻酸、杜仲雄花酒等一系列功能产品，为传统杜仲产业向现代杜仲产业转变和持续健康发展提供了强有力的科技支撑。

（四）《杜仲产业绿皮书》对杜仲产业的推动作用

为有效利用我国珍贵的杜仲资源，加快我国杜仲产业发展，中国社会科学

院与原国家新闻出版总署联合批复立项，从 2013 年开始由社会科学文献出版社发布《杜仲产业绿皮书》（中国杜仲橡胶资源与产业发展报告）。

《杜仲产业绿皮书》是我国第一个以单个树种对社会发布的"绿皮书"，一方面显示了国家对杜仲橡胶产业的高度重视，另一方面说明杜仲橡胶产业在我国国民经济和国家战略中的重要地位和作用。

《杜仲产业绿皮书》根据我国杜仲橡胶资源及产业发展的实际需要，对杜仲橡胶及综合开发产业发展进行研究、科学布局和规划建设并提出政策建议，编撰集创意研究、决策指挥、工程实践于一体的国家智库型权威性年度研究报告，旨在为我国杜仲橡胶资源与产业开发向中央、国家有关部门提供理论指导和决策咨询。《杜仲产业绿皮书》依照生态文明理念，按照生态学原则建立的自然、经济、社会和人协调发展的中国杜仲种植产业开发项目，是国家高度重视，科技力量发展到新阶段的新型资源产业，是中国杜仲产业化发展的必由之路。

2013 年 9 月 18 日，《杜仲产业绿皮书：中国杜仲橡胶资源与产业发展报告（2013）》新闻发布会暨"中国杜仲橡胶资源培育与产业发展年会"2013第一次年会在中国社会科学院会议中心举行。中央电视台、新华社、《人民日报》、《光明日报》、中国网等 30 家新闻媒体参加了新闻发布会。中国网进行了网络直播，国务院新闻办网站、凤凰网等 300 多家新闻媒体和网站进行了报道或转载。《杜仲产业绿皮书》的发布得到了国家有关部委的高度重视，杜仲产业的发展受到了空前的关注，全国各产区咨询杜仲资源培育与产业发展的来电络绎不绝，一些大型央企对参与杜仲产业发展表现出浓厚兴趣，民间资本要求参与杜仲产业发展的呼声越来越高，我国杜仲产业已经迈入加速发展的轨道，迎来了最好的发展机遇。

三 促进我国杜仲产业发展的建议

（一）强力推进杜仲橡胶资源培育

杜仲橡胶资源是整个杜仲产业发展的基础。我国适宜杜仲种植的区域十分广阔，要满足我国杜仲橡胶资源战略储备的需求，首先必须开发和采用适应现代杜仲橡胶资源及其产业发展的新的培育模式和技术。高产杜仲橡胶良种和果园化高效培育技术等是新型杜仲橡胶资源培育的必由之路。只有采用高产杜仲橡胶良种和果园化高效培育技术，强力推进杜仲橡胶资源培育，才能满足 300 万公顷以上杜仲橡胶资源战略储备的需要。这需要投入巨资新造林近 300 万公顷，这么大规模的新型杜仲橡胶资源，不仅涉及国家安全和国计民生，而且有利于生态林业发展和林业战略地位提升。就投资方式而言，杜仲橡胶资源培育可以采用国家、地方、企业等多种投资主体相结合的方式。就杜仲橡胶资源培育基地建立的模式而言，一是可以采用大中型企业独立建立新型杜仲橡胶资源培育基地的模式；二是可以采用公司＋合作社（或农户）的模式建立新型杜仲橡胶资源培育基地；三是可以采用政府＋企业＋合作社（或农户）的模式，政府和企业共同出资，专业合作社和农户以劳动力等形式入股，共同建立新型杜仲橡胶资源培育基地。在新型杜仲橡胶资源培育基地建设过程中，国家和地方政府应出台支持杜仲橡胶资源培育的鼓励政策，促进杜仲橡胶资源国家战略储备和杜仲产业持续健康稳定发展。

（二）林业行业管理部门要承担起杜仲产业发展的重任

杜仲是我国特有的经济林树种，国家林业局是杜仲资源与产业发展的归口行业管理部门，承担着制订杜仲产业发展规划、杜仲造林规划及杜仲橡胶资源培育工程建设等职能，对杜仲橡胶资源培育和产业发展负有直接领导责任。但是杜仲产业又涉及化工、橡胶工业、航空航天、国防、医疗等多个部门，在管理上存在一定困难，因此多部门统一协调，是杜仲产业健康发展的必由之路。只有如此，才能指导杜仲橡胶及其系列产品产业化开发、杜仲中药及其功能产品产业化开发等，快速扩大杜仲橡胶资源种植规模，使我国杜仲产业迈入有序、健康、快速发展的轨道。

杜仲橡胶在种植、加工利用以及行业管理等方面尚存在许多问题：一是现有资源产量低，无法进行大规模产业化开发，必须快速发展高产杜仲橡胶良种，推广高效栽培技术，扩大杜仲橡胶林种植面积，为杜仲橡胶产业发展提供优良可靠的资源保障；二是在杜仲橡胶产业发展过程中，在其延伸产品

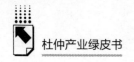
如食品（饮料）、功能饲料、杜仲亚麻酸油等产品产业化过程中，科研单位、企业均遇到了生产许可等问题，成熟的加工产品无法进入市场，亟须相关部门统一协调解决；三是杜仲橡胶及其配套产品综合开发缺乏有序性、规范性和质量标准。上述情况严重影响了杜仲产业的健康快速发展。由国家林业行业主管部门成立统筹规划杜仲产业发展的办公机构，对其实施规范管理已刻不容缓。

因此，我们建议尽快成立由国家林业局牵头的杜仲产业发展办公室，由其统一组织制定全国杜仲产业发展政策、法规并监督执行，制定杜仲橡胶资源培育和产业发展规划、杜仲造林和良种繁育实施计划；负责推广杜仲橡胶良种、高效培育技术；负责协调国家发改委、财政部、科技部、工信部等有关部门，指导、协调、服务、管理杜仲橡胶及其系列产品产业化开发等，快速扩大杜仲橡胶资源培育种植规模；指导和引导相关企业进行标准化生产，逐步完善、规范市场；逐步形成功能完备、运行规范、生态资源永续发展的新型杜仲产业经济。这对促进我国优质杜仲橡胶资源培育，强力推动国家战略性新兴产业健康快速发展都具有十分重要的战略意义。

（三）加大中央财政对杜仲橡胶资源培育和杜仲新产品的研发投入

我国杜仲产业发展，亟须中央财政加大投入，将杜仲列入国家和行业中长期科技发展规划，加强科技支撑力度，以具备良好研发基础的企业为主体，以科研院所和高等院校为依托，加快研发步伐，促进科研成果产业化。特别是重点倾斜扶持杜仲橡胶资源培育与产品研发，以及杜仲绿色功能饲料等的研发与推广应用。

（四）加大对杜仲橡胶资源培育和杜仲新产品开发的财政补贴力度和税收优惠力度

应在一定时期内采取一定的财政补贴政策，降低杜仲新食品原料的消费价格，使我国人民能够真正享受到自己辛勤劳动的果实。应认真贯彻执行中共中央《关于加快推进农业科技创新持续增强农产品供给保障能力的若干意见》，采取一定的税收优惠政策，鼓励企业增加开发投入，进行技术创新，依靠科技创新驱动，引领支撑现代生态农业企业建设，通过实践，总结经验，建立高效、节能、环保型高新技术企业。

（五）拓宽杜仲橡胶资源培育的投融资渠道

要从根本上改善杜仲新食品原料开发农业企业的资金状况，必须拓宽投资模式，多渠道融资，这需要财政、银行、银监、保监等管理部门通力合作，利用好各种专项扶持资金，建设杜仲新食品原料产业投融资的服务平台，完善多元融资体制，鼓励和引导设立杜仲新食品原料产业风险投资基金，为民间资本和社会资本进入杜仲新食品原料产业畅通渠道。

（六）发挥行业协会等社团组织的作用

目前，我国杜仲产业的推动发展主要是中国社会科学院社会发展研究中心、国家林业局杜仲工程研究中心、中国林科院经济林研究开发中心，以及其他一些杜仲资源相对集中区域的政府、企业和科研单位在参与。充分发挥杜仲产业协会等组织的功能，可为杜仲新产品的开发营造良好的发展环境，减轻企业负担，支持企业发展。

中国社会科学院社会发展研究中心、国家林业局杜仲工程研究中心、中国林科院经济林研究开发中心、中国林产工业协会杜仲产业分会（筹备）经过5年多国情调研项目的推动和"产学研"合作的产业化实践活动，已经具备成立杜仲产业协会的条件。

原依托农业部门成立的"中国杜仲综合开发协会"已经注销，依托林业主管部门成立中国杜仲产业协会的时机已经成熟，杜仲产业协会联合中国社会科学院、医药和化工（橡胶）行业，可形成真正的全国杜仲产业协会，指导、协调全国杜仲橡胶资源与产业发展。

杜仲产业协会的成立有助于协调组织杜仲产业开发研究，实现企业生产活动的组织规范化及产业标准实施的科学化，协会应逐步承担国家林业局、中国林科院、国家发改委和财政部、工信部、科技部、环保部等部门政策、资金扶持的可行性研究和专家审查考评工作，使之运转合理、有序、合法。

杜仲产业协会应推动杜仲产业发展，为企业推广先进做法，引进国外先进经验，学习日本等国外杜仲保健食品产业的先进理念，构建"杜仲产业协会＋杜仲龙头企业＋杜仲专业合作组织＋基地农户"四位一体的新型产业化模式，走规模化、产业化及科、工、贸一体化的道路。不断生产出科技含量高的优质名牌产品，立足国内，开拓国际市场，加强行业自律，维护行业利益，促进林农增收，促进我国杜仲橡胶资源培育和杜仲新食品原料产业健康、有序发展，需要一个强有力的机构充分发挥社会组织的协同配合作用，加强资源整合，充分利用社会资源，推进、加大产学研合作力度，按照产业集群需求构建区域创新体系，为我国杜仲橡胶资源培育和杜仲新食品原料的开发与发展搭建一个高效的平台。

（七）制定并逐步完善杜仲培育技术和新产品质量标准

在当前杜仲橡胶资源培育和杜仲新产品未出台国家标准的情况下，中国林业科学研究院经济林研究开发中心、中国社会科学院社会发展研究中心、国家林业局杜仲工程研究中心、河南大学药学院合作研究，上海华仲檀成公司参与实践，已经制定了较为规范、科学的指导杜仲橡胶资源培育和杜仲新食品原料生产的标准，全程参与指导了相关企业生产和产品标准的制定工作，并计划将其逐步提升为地方标准、行业标准、国家标准，以此规范市场，促进我国杜仲橡胶资源与产业的健康发展。

参考文献

［1］ 杜红岩、胡文臻、俞锐：《杜仲产业绿皮书：中国杜仲橡胶资源与产业发展报告（2013）》，社会科学文献出版社，2013。
［2］ 李芳东、杜红岩：《杜仲》，中国中医药出版社，2001。
［3］ 杜红岩：《杜仲优质高产栽培》，中国林业出版社，1996。
［4］ 杜红岩：《中国杜仲图志》，中国林业出版社，2014。
［5］ 杜红岩、谢碧霞：《杜仲胶的研究进展与发展前景》，《中南林学院学报》2003年第23（4）期。
［6］ 严瑞芳：《杜仲胶的开发及应用概况》，《橡胶科技市场》2010年第8（10）期。
［7］ 严瑞芳：《杜仲胶研究进展及发展前景》，《化学进展》1995年第7（1）期。

［8］杜红岩、张再元、刘本端等：《'华仲1号'等5个杜仲优良无性系的选育》,《西北林学院学报》1994年第9（4）期。

［9］杜红岩、乌云塔娜、杜兰英：《杜仲高产胶优良无性系的选育》,《中南林学院学报》2006年第26（1）期。

［10］杜红岩：《我国的杜仲胶资源及其开发潜力与产业发展思路》,《经济林研究》2010年第28（3）期。

［11］杨丹、黄慧珍：《杜仲胶的研究与发展》,《世界橡胶工业》2009年第36（7）期。

［12］陈静：《杜仲叶综合利用及杜仲雄花茶质量标准研究》,河南大学硕士学位论文,2012。

［13］杜红岩：《杜仲活性成分与药理研究的新进展》,《经济林研究》2003年第21（2）期。

［14］陈静、刘昌勇、杜红岩等：《杜仲叶饲料添加剂对鸡肉及鸡皮中胶原蛋白含量的影响》,《中国畜牧兽医》2011年第30（1）期。

［15］杜红岩、赵戈、卢绪奎：《论我国杜仲产业化与培育技术的发展》,《林业科学研究》2000年第13（5）期。

［16］谢碧霞、杜红岩：《绿色食品开发利用》,中国中医药出版社,2003。

［17］杜红岩、刘攀峰、孙志强等：《我国杜仲产业发展布局探讨》,《经济林研究》2012年第30（3）期。

［18］杜红岩：《我国杜仲工程技术研究与产业发展的思考》,《经济林研究》2014年第32（1）期。

G.7

杜仲新资源健康食品研究与开发[*]

李钦 张京京 丁艳霞 张峰 李铁柱 刘红亮 丛 悦^{**}

摘 要：

随着社会经济的快速发展和世界人口的不断增加，健康食品资源短缺的问题日益突出。由于饮食、生活习惯带来各种高血压、高血脂等疾病的出现，人们的消费理念也发生了改变，越来越重视饮食健康，保健食品行业也得到了高速发展，应运而生的便是各种新资源健康食品。杜仲作为我国名贵中药材已有2000多年的应用历史。近代国内外大量研究发现杜仲全身都是宝，不仅可以作为药品，在临床上用于补肝肾、强筋骨、平衡人体血压、抗细胞毒性、抗骨质疏松、降低体内脂肪等方面，而且可以作为保健品，抗疲劳，改善睡眠，辅助降血压、降血脂等，国家食品药品监督管理总局也已批准32种含杜仲的保健食品。另外杜仲还可作为功能性食品，目前国内已开发出杜仲醋、杜仲晶、杜仲籽油软胶囊、杜仲雄花酒、杜仲雄花饮料、杜仲香菇、杜仲木耳、杜仲饮料、杜仲酒、杜仲面条、杜仲豆芽、杜仲糕等产品。近年来，杜仲籽油和杜仲雄花被国家卫生和计划生育委员会批准为新食品原料，杜仲在健康食品研究开发方面具有广阔的前景。

关键词：

杜仲 新食品原料 功能性食品 产业开发

---

* ［基金项目］国家公益性行业科研专项（201004029）。

** 李钦（1965～），男，河南中牟人，博士，教授，主要从事杜仲医药保健品研究。张京京、丁艳霞、张峰、刘红亮、丛悦，河南大学药学院，开封，475004；杜仲栽培与利用河南省工程实验室，开封，475004。李铁柱，中国林业科学研究院经济林研究开发中心，郑州，450003；国家林业局杜仲工程技术研究中心，郑州，450003。

一 新食品原料

随着社会经济的不断发展，人们生活质量的不断提高，世界人口的迅速增长和食物资源的日益短缺，层出不穷的新食品原料已成为市场上不可缺少的食品原料。据悉，目前国家卫生和计划生育委员会已经批准了300多个新食品原料，且国家《新食品原料安全性审查管理办法》也明确指出：国家鼓励对新食品原料的科学研究与开发。杜仲作为中药材应用，药用价值极高，其在食品加工中也有良好的应用前景。杜仲籽富含桃叶珊瑚苷、多聚环烯醚萜苷、绿原酸、油脂、蛋白、膳食纤维等天然活性成分，杜仲籽油中含有不饱和脂肪酸、V_E，杜仲雄花中含有环烯醚萜类、黄酮类、苯丙素类、木质素类、萜类、多糖、酚类等活性成分和矿质元素、维生素、氨基酸等营养物质，能够降血压、降血脂、抗炎镇痛、抗氧化、抗衰老、增强机体免疫力、提高记忆能力和视力等，且无毒副作用，已被广泛用于药品、食品的研究与开发中。杜仲籽油作为新食品原料（新资源食品）由卫生部2009年第12号公告确认，杜仲雄花在2014年4月16日也被批准为新食品原料。杜仲籽油和杜仲雄花作为新食品原料，还具有多种功能，如辅助降血压、调节血脂、减肥、增强免疫力、改善睡眠等。

（一）新食品原料的定义

新食品原料的基本含义就是非传统食品，无安全食用历史的食品，但不同国家，不同国情，不同认识，对新食品原料的定义也不尽相同。

1. 中国

国家卫生和计划生育委员会2013年颁布实施的《新食品原料安全性审查管理办法》规定，新食品原料是指在我国无传统食用习惯的以下物品：（1）动物、植物和微生物；（2）从动物、植物和微生物中分离的成分；（3）原有结构发生改变的食品成分；（4）其他新研制的食品原料。新食品原料不包含转基因食品、保健食品和食品添加剂新品种。

2. 欧盟

新食品原料是指1997年5月15日之前没有在市场上消费的食品和食品成

分，包括：含转基因生物的；由转基因生物生产的；主要结构是有目的改造的或者新的；含有藻类、微生物或真菌或从其中分离的；含有具有安全食用史的传统动、植物或从其中分离的；新的食品在加工处理过程中，明显改变了食品和食品成分的成分和结构，影响了食品营养价值的。

在 1997 年 5 月 15 日之前消费的提取溶剂、食品、食品添加剂和调味品不属于新食品原料。

3. 加拿大

新食品原料，是指过去未使用，或由传统食品改造、使用新的食品加工方法，包括微生物在内，没有食用史的物质，以未使用过的新工艺生产、加工、储存、包装的食品，且发生了较大的变化；由转基因动、植物或微生物制成的食品，食品特征部分或完全改变，或产生了新的特征。

4. 澳大利亚

新食品原料被定义为非传统食品，即没有被澳大利亚广泛食用的食品。包括：膳食宏量成分，植物、动物和微生物提取物，单一食品成分和活的微生物。但不包括转基因食品，转基因食品依照另外法规进行管理。

中国、欧盟、加拿大和澳大利亚对新食品原料的定义均以无人类食用或消费的历史为基础，强调新食品原料必须有传统食品所不具有的新的特征，实质内容相似，但我国新食品原料中不再包含转基因食品。

（二）新食品原料与保健食品

新食品原料不同于保健食品，保健食品是指具有特定保健功能的食品，而且申请审批时也必须明确指出具有哪一种保健功能，并且需要在产品包装上进行保健功能标示及限定，而新食品原料具有的一种或者多种功能则不在产品介绍中详细标示，且新食品原料既可以作为原料来制成其他食品，也可以直接作为食品食用。

由于新食品原料尚未被人们熟知，有些商家便利用这点在营销中大肆宣扬新食品原料具有多种保健功能，致使很多消费者认为新食品原料就是保健食品，步入消费误区。

当然，有的保健食品的确是以新食品原料为原材料加工而成的，但新食品原料并不能等同于保健食品，新食品原料还可以生产普通食品。保健食品是指适于特定人群食用，具有调节机体功能，不以治疗疾病为目的的食品；而新食品原料通俗地讲是指新的资源原料、人们以前没有食用习惯的食品原料。另外新食品原料和保健食品的适用人群不同，前者适用于任何人群，而后者适宜于特定人群。如果新食品原料应用在保健食品中，还需要提供如下材料：（1）新食品原料审批的行政许可书（含国家卫生和计划生育委员会公告）；（2）经当地卫生厅备案的质量标准；（3）企业的相关证照（包括 QS 证书）；（4）产品的毒理研究材料；（5）样品；（6）产品研究的历史文献。

（三）新食品原料的发展与分类

1. 新食品原料的发展

人们对健康的追求以及食品行业的高速发展推动了新食品原料的开发和利用。截至目前，我国原卫生部以及现在的国家卫生和计划生育委员会已经审批新食品原料（新资源食品）共计 300 多种，其中 2008 年发布公告批准了低聚半乳糖、水解蛋黄粉、植物甾烷醇酯、低聚木糖、短梗五加、库拉索芦荟凝胶、透明质酸钠等 17 个，2009 年批准了多聚果糖、蛹虫草、杜仲籽油、共轭亚油酸甘油酯、初乳碱性蛋白、盐藻及提取物、茶叶籽油等 16 个，2010 年批准了植物甾醇酯、棉籽低聚糖、花生四烯酸油脂、金花茶、玉米低聚肽粉等 17 个，2011 年批准了翅果油、牡丹籽油、玛咖粉等 5 个，2012 年批准了蛋白核小球藻、人参（人工种植）、蚌肉多糖、蔗糖聚酯等 8 个，2013 年批准了磷虾油、显齿蛇葡萄叶、长柄扁桃油、丹凤牡丹花、茶树花、美藤果油、阿萨伊果、茶藨子叶状层菌发酵菌丝体等 18 个，2014 年批准了线叶金雀花、奇亚籽、蛹虫草、水飞蓟籽油、杜仲雄花、乳酸片球菌等 13 个。随着时间的推移，新食品原料将越来越多。

新食品原料的管理也一直在发展变化，自从改革开放以来，我国多次对食品卫生的法律及法规进行了修订。早在 1987 年，原卫生部就颁布了第一部《新资源食品管理办法》，法令规定若要使用新资源生产食品必须经卫生部审核及批准，必须在经过许可的情况下才可实施；1995 年实施的食品卫生法中，明确指出，在产品生产过程中若要使用新资源必须提前按相关规定程序进行报请审批；2009 年颁布实施的食品安全法中规定，在产品生产过程中若要使用

新食品原料，需向国家卫生部门提前提出申请，通过安全性评估，且满足一定的食品安全条件后才可予以批准。最新一版的食品安全法正在修订中。

2. 新食品原料的分类

（1）按新食品原料的定义可分为：第一类：在我国无食用习惯的动物、植物和微生物。具体来说，是指以前我国居民没有食用习惯，经过研究发现可以食用的对人体无毒无害的物质。动物是指禽畜类、水生动物类或昆虫类，如地龙等。植物是指豆类、谷类、瓜果菜类，如芦荟、杜仲籽油、金花茶等。微生物是指菌类、藻类，如盐藻及提取物。第二类：以前我国居民无食用习惯的从动物、植物、微生物中分离出来的成分。具体包括从动、植物中分离、提取出来的对人体有一定作用的成分，如氨基酸、糖醇、植物甾醇等。第三类：原有结构发生改变的食品成分。第四类：其他新研制的食品原料。如蔗糖聚酯等。

（2）按新食品原料来源不同，可分为：植物资源、动物资源、微生物资源和海洋生物资源四大类。植物资源包括植物茎叶、野生植物的种子和果实、植物的花及花粉和植物的块根及块茎，如：芦荟、短梗五加、杜仲籽油、叶黄素酯、金花茶、玛咖粉等；动物资源包括昆虫和禽畜副产品（畜禽的血液、骨、内脏、皮毛、蹄等），如：地龙蛋白、初乳碱性蛋白等；微生物资源包括单细胞蛋白和食用菌，如：嗜酸乳杆菌、透明质酸钠等；海洋生物资源包括海洋植物和海洋动物，如：盐藻及提取物、鱼油及提取物等。

（四）新食品原料法规要求

2007 年 7 月，原卫生部依据《食品卫生法》制定公布了《新资源食品管理办法》，并于同年 12 月 1 日起施行。2009 年 6 月《食品安全法》正式实施，根据《食品安全法》及其实施条例规定，国家卫生行政部门负责新食品原料的安全性评估材料审查。为规范新食品原料安全性评估材料审查工作，2013 年国家卫生计生委将原卫生部依据《食品卫生法》制定的《新资源食品管理办法》修订为《新食品原料安全性审查管理办法》。

《新食品原料安全性审查管理办法》规定：新食品原料是指在我国无传统食用习惯的以下物品：（1）动物、植物和微生物；（2）从动物、植物和微生物中分离的成分；（3）原有结构发生改变的食品成分；（4）其他新研制的食品原料。

《新食品原料安全性审查管理办法》规定：拟从事新食品原料生产、使用或者进口的单位或者个人（以下简称申请人），应当提出申请并提交以下材料：（1）申请表；（2）新食品原料研制报告；（3）安全性评估报告；（4）生产工艺；（5）执行的相关标准（包括安全要求、质量规格、检验方法等）；（6）标签及说明书；（7）国内外研究利用情况和相关安全性评估资料；（8）有助于评审的其他资料。申请进口新食品原料的，还应当提交以下材料：（1）出口国（地区）相关部门或者机构出具的允许该产品在本国（地区）生产或者销售的证明材料；（2）生产企业所在国（地区）有关机构或者组织出具的对生产企业审查或者认证的证明材料。

新食品原料研制报告一般包括：新食品原料的研发背景、目的和依据；新食品原料的名称；新食品原料的来源，例如动物和植物类需提供产地、食用部位、形态描述、生物学特征、品种鉴定和鉴定方法及依据等；新食品原料主要营养成分及含量，可能含有的天然有害物质；新食品原料食用历史；新食品原料使用范围和使用量及相关确定依据；新食品原料推荐摄入量和适宜人群及相关确定依据；新食品原料与食品或已批准的新食品原料具有实质等同性的，还应提供上述内容的对比分析材料。

新食品原料的安全性评估报告一般包括：新食品原料的成分分析报告（包括主要成分和可能的有害成分检测结果及检测方法）；卫生学检验报告（三批有代表性样品的污染物和微生物的检测结果及方法）；毒理学评价报告（①国内外均无传统食用习惯的，原则上应当进行急性经口毒性试验、三项遗传毒性试验、90天经口毒性试验、致畸试验和生殖毒性试验、慢性毒性和致癌试验及代谢试验；②仅在国外个别国家或国内局部地区有食用习惯的，原则上进行急性经口毒性试验、三项遗传毒性试验、90天经口毒性试验、致畸试验和生殖毒性试验；③已在多个国家批准广泛使用的，在提供安全性评价材料的基础上，原则上进行急性经口毒性试验、三项遗传毒性试验、28天经口毒性试验；④国内外均无食用习惯的微生物，应当进行急性经口毒性试验/致病性试验、三项遗传毒性试验、90天经口毒性试验、致畸试验和生殖毒性试验）；微生物耐药性试验报告和产毒能力试验报告；安全性评估意见（按照危害因子识别、危害特征描述、暴露评估、危险性特征描述的原则和方法进行）。

新食品原料生产工艺应当包括下列内容：（1）动物、植物类：对于未经加工处理的或经过简单物理加工的生产工艺流程及关键步骤和条件，非食用部分去除或可食部位择取的方法；野生、种植或养殖规模、生长情况和资源的储备量，可能对生态环境的影响；采集点、采集时间、环境背景及可能的污染来源；农业投入品使用情况。（2）微生物类：发酵培养基组成、培养条件和各环节关键技术参数等；菌种的保藏、复壮方法及传代次数；对经过驯化或诱变的菌种，还应提供驯化或诱变的方法及驯化剂、诱变剂等研究性资料。（3）从动物、植物和微生物中分离的和原有结构发生改变的食品成分：详细、规范的原料处理、提取、浓缩、干燥、消毒灭菌等工艺流程图和说明，各环节关键技术参数及加工条件，使用的原料、食品添加剂及加工助剂的名称、规格和质量要求，生产规模以及生产环境的区域划分。（4）其他新研制的食品原料：详细的工艺流程图和说明，主要原料和配料及助剂，可能产生的杂质及有害物质等。

新食品原料的国内外研究利用情况和相关安全性评估资料应当包括下列内容：（1）国内外批准使用和市场销售应用情况；（2）国际组织和其他国家对该原料的安全性评估资料；（3）在科学类期刊公开发表的相关安全性研究文献资料。

《新食品原料安全性审查管理办法》增加了向社会征求意见的程序。有关部门受理新食品原料申请后，向社会公开征求意见，在不涉及企业商业机密的前提下，公开其生产工艺及执行的相关标准等内容。国家卫生计生委自受理新食品原料申请之日起60日内，应当组织专家对新食品原料安全性评估材料进行审查，做出审查结论。

《新食品原料安全性审查管理办法》进一步规范了新食品原料应当具有的食品属性和特征，为规范新食品原料安全性评估材料审查工作提供了更为严格的依据。

（五）杜仲新食品原料及安全性评价

1. 杜仲新食品原料

杜仲（*Eucommia ulmoides* Oliv.），为杜仲科植物，是经第四纪冰川侵袭后残留下来的孑遗植物，在我国作为中药已有 2000 多年的历史。杜仲传统上以树皮入药，《神农本草经》载具有"补肝肾、强筋骨、安胎、降血压"功效。《本草纲目》载："昔有杜仲服此得道，因以名之。思仲、思仙，皆由此义。杜仲，能入肝而补肾，补中益精气，坚筋骨，强志，治肾虚腰痛。久服，轻身耐老……"《中国药典》2005 年开始收载杜仲叶入药，为杜仲科植物杜仲的干燥叶。夏、秋两季枝叶茂盛时采收，晒干或低温烘干。杜仲为雌雄异株，杜仲雄花为杜仲雄株 3 月开的花，是我国十分珍贵的药用花粉资源。杜仲籽油是每年 11 月采收杜仲籽，剥去外壳，采用冷榨或 CO_2 超临界萃取法制取的一种植物油，被人们誉为健康的"植物黄金"。杜仲性味甘温，无毒，有多种保健功能，如作强壮剂、安胎药、降血压药等。研究表明，杜仲功效成分主要有木质素类、环烯醚萜类、黄酮类、苯丙烷类、多糖类、氨基酸类、其他萜类及脂肪类；杜仲活性主要表现在降血压、抗疲劳、提高记忆力、增强免疫功能、促进胶原蛋白合成、抗骨骼组织老化、防癌、抗癌、保肝利胆、利尿、抗菌、抗病毒，且无毒副作用。

原卫生部 2009 年第 12 号公告，将杜仲籽油批准为新食品原料（新资源食品）。杜仲籽油是以杜仲翅果仁为原料采用超临界 CO_2 萃取制得的，翅果仁出油率高达 27% 左右，杜仲籽油中含有 60% 左右的 α-亚麻酸，为菜油、核桃油、橄榄油中所含 α-亚麻酸的 8~60 倍，且杜仲籽油和紫苏籽油的气相指纹图谱非常相似，脂肪酸的组成及其含量也基本相同，杜仲籽油与紫苏籽油的外观、气味和折光指数也非常相近，这说明杜仲籽油与紫苏籽油的理化性质基本相同。人体自身不能合成"α-亚麻酸"，也无法由其他营养成分来合成，必须依靠膳食来获得。α-亚麻酸进入人体后在脱氢酶和碳链延长酶的催化作用下转化成二十碳五烯酸（EPA）和二十二碳六烯酸（DHA）被吸收，DHA 俗称"脑黄金"，EPA 俗称"血管清道夫"，因此 α-亚麻酸不仅能维持大脑和神经机能，增强人的思维、记忆和应激能力，提高儿童智力，防止老年人大脑衰老，对孕妇与婴幼儿具有健脑作用（优化胎儿大脑锥体细胞磷脂的组成成分，增进视网膜先感细胞的成熟），而且可以降血压、调节血脂、减肥、抗抑郁、抗炎、增强免疫力等。杜仲籽油作为食用油，颜色浅、酸值低、无溶剂残留、品质好、贮藏时间长，一直受到广泛关注，国内外在对其药理功能等进行

研究评价的同时，对杜仲籽油食品的安全毒理学也进行了评价，研究发现杜仲籽油安全无毒。

杜仲雄花在2014年4月16日被批准为新食品原料。杜仲雄花是杜仲雄树在每年初春时开的花。20世纪90年代初以来，杜红岩研究员对杜仲雄花开始了为期20多年的系统研究，并以杜仲雄花为原料生产出杜仲雄花茶，于1998年首次申请"杜仲雄花茶及其加工方法"国家发明专利，2001年获专利授权。研究发现，杜仲雄花含80多种天然活性物质，含有丰富的木质素类、苯丙素类、环烯醚萜类、酚类、多糖类和人体必需的氨基酸、维生素、生物碱，以及人体所需的矿质元素钙、铁、锌、锰、硼、铜、钾等。杜仲雄花茶具有无毒降三高（高血压、高血脂、高血糖）、补肝肾、促进睡眠、提高免疫力等诸多养生功效，且其汤色黄绿透亮，口味接近普通茶叶又具有独特的清香，饮用爽口，得到国内同行专家和日本杜仲专家的普遍好评。

2. 杜仲新食品原料安全性评价

（1）杜仲籽油

以杜仲籽为原料，经去杂、分离壳仁、粉碎，进行冷榨或 CO_2 超临界萃取、过滤等工艺而制成的黄棕色透明、具有特有的清香气味的油状液体称为"杜仲籽毛油"，杜仲籽毛油经精炼后得到杜仲籽油。河南大学李钦教授课题组对杜仲籽油的提取精炼方法进行了系统研究，并于2014年7月9日获得国家发明专利授权（ZL201210565015.3）。杜仲籽油建议每天食用量为不大于3毫升，可直接食用。

1）杜仲籽油的活性成分

研究发现，杜仲籽油中 α - 亚麻酸的含量为61.04%，不饱和脂肪酸的含量高达91.18%，人体必需脂肪酸（EFAS）——亚油酸与 α - 亚麻酸共为73.68%，同时气相色谱法还分析出杜仲籽油中含有维生素E，含量为32毫克/100克。

2）杜仲籽油的质量标准

2014年，在《中国杜仲橡胶资源与产业发展报告（2013）》一书已制定出的"杜仲籽油产品质量标准"基础上，杜仲籽油质量标准新增加了折光率、密度、不溶性杂质、碘值、含皂量、总砷（以As计）、苯并（α）芘、黄曲霉毒素 B_1、农药残留（氯氰菊酯、α - 六六六、敌敌畏）十一个指标，依据国家标准 GB/T 614 – 2006（折光率测定通用方法）、GB/T15688 – 1995（动植物油脂中不溶性杂质含量的测定）、GB/T 5532 – 2008（动植物油脂碘值的测定）、GB/T 5533 – 2008（粮油检验植物油脂含皂量的测定）和 GB 2716 – 2005（食用植物油卫生标准）测定。

表1　杜仲籽油的理化指标

项目	指标	
	毛油	精油
密度(g/cm^{-3})	0.91	0.93
折光率	1.482	1.482
不溶性杂质(g)	≤0.002	≤0.001
碘值(gl/100g)	—	190.5 ± 10
含皂量(%)	—	<0.04
总砷(以 As 计)/(mg/kg)	<0.01	<0.01
苯并(α)芘/(μg/kg)	≤10	≤10
黄曲霉毒素 B$_1$/(μg/kg)	≤1	≤1
氯氰菊酯/(mg/kg)	≤0.003	≤0.003
α – 六六六/(mg/kg)	≤0.01	≤0.01
敌敌畏(mg/kg)	≤0.01	≤0.01

3）杜仲籽油的毒理学研究

①急性毒性试验

为考察杜仲籽油的急性毒性，取于试验前禁食16小时的 SD 大鼠雌、雄各10只，体重180~210克，采用最大耐受试验法，连续灌胃14天。结果表明20只大鼠全部存活，且在观察期间大鼠进食、活动、行为等未见异常，雌、雄大鼠急性经口最大耐受量（MD）均大于18.68克/千克，相当于人体推荐用量的374倍，属无毒级。

②遗传毒性试验

杜仲籽油对昆明种小鼠的遗传毒性试验分为：骨髓细胞微核试验、Ames 试验和精子畸形试验。实验结果均表现为阴性，在18.68克/千克、9.34克/千克、4.67克/千克三个剂量下雌、雄小鼠微核发生率为0.10%、0.20%，阳性对照组分别为3.28%、3.42%，阴性对照组分别为0.16%、0.22%；三个剂量组雄性小鼠精子畸形发生率分别为2.18%、1.72%、2.22%，阳性对照组为12.78%，

阴性对照组为 1.86%；不同浓度的受试物，无论加不加 S9 活化系统，回变菌落数与阴性对照组均无统计学意义，表明杜仲籽油未见潜在的遗传毒性。

③长期毒性试验

将杜仲籽油按 9.34 克/千克、4.67 克/千克、2.34 克/千克剂量进行 90 天喂养试验，来观察杜仲籽油对 SD 大鼠的长期毒性试验。每天灌胃一次，连续90 天，其间自由饮食、喝水，每天记录大鼠的一般表现，每星期测定体重和进食量，计算食物利用率。试验 45 天时内眦取血，测定大鼠血液学指标。试验 90 天结束时拔眼球取血，测定其血液学指标和血清生化指标。试验结束后处死大鼠进行解剖，观察有无异常，取脾、肾、肝、睾丸称重，并将对照组和9.34 克/千克的高剂量组大鼠的脾、肾、肝、胃肠、睾丸或卵巢固定，进行组织病理学检查。喂养结果表明：杜仲籽油对试验大鼠的生长发育、血液学、血液生化学和组织病理学等方面各个相关指标均未产生明显不良影响。杜仲籽油高剂量组雌、雄性大鼠的剂量为人体推荐量的 187 倍。

④传统致畸试验

为观察杜仲籽油的传统致畸性，分别在受孕 SD 大鼠的第 7 ~ 16 天每天灌胃一次，分 9.34 克/千克、4.67 克/千克、2.34 克/千克三个剂量组，并在受孕的第 0、第 7、第 12、第 16、第 20 天测定其体重，记录给受试物的量。妊娠的第 20 天，将孕鼠处死，剖腹检查其胚胎着床数、吸收胎数、活胎数和死胎数。实验结果显示：试验大鼠胎鼠均没有发生致畸变化。

（2）杜仲雄花

杜仲雄花为杜仲雄树当年所开的花，簇生于当年生枝条基部，是我国十分珍贵的花粉资源，有关其安全性评价在《中国杜仲橡胶资源与产业发展报告（2013）》一书中已有论述，此处不再赘述。

（六）杜仲新食品原料开发现状

1. 杜仲籽油

（1）杜仲籽油的药理活性

1）降压作用

随着人们生活质量的提高和节奏的加快，高血压病患者日益增多，目前临床上针对原发性高血压和继发性高血压的治疗，既有西药又有中药，西药降低血压迅速，但停药后血压多又出现回升，中药治疗虽没有西药疗效明显、作用迅速，但因为作用温和、毒副作用小、不容易反复，受到患者青睐。杜仲籽油作为新食品原料，可在日常食用时降低人体血压，是理想的降压食品。研究表明：在正常人身上，增加亚油酸不影响血压，而增加 1% α - 亚麻酸可使平均动脉压下降 667Pa。

2）调节血脂的作用

近年的流行病学调查显示，高脂血症与心血管疾病、脂肪肝的形成等有着十分密切的关系，已成为威胁人类健康的主要疾病之一。调节血脂的研究一度成为热点。研究发现药物主要通过降低血清甘油三酯（TG）、胆固醇（TC）和低密度脂蛋白（LDL - C）的水平，升高高密度脂蛋白（HDL - C）的水平来预防高脂血症。

郭美丽等采用《保健食品检验与评价技术规范》（卫生部 2003 年版）中辅助降血脂功能的检验方法，发现"杜仲籽油"在 0.25 ~ 1.00 克/千克的剂量范围内灌胃大鼠 30 天后，各剂量组大鼠血清 TG 及 TC 均较模型对照组明显降低（P < 0.05，P < 0.01）。

文飞亚等研究发现杜仲翅果油对于高脂饲料喂养诱导的小鼠肝脏脂肪变性和高脂血症有非常显著的保护作用，杜仲组小鼠与模型组小鼠相比，其血清 TC、TG、LDL - C 全部显著降低（P < 0.05），HDL - C 高于模型组的（P < 0.05），肝组织脂肪变性的程度也明显减轻，没有明显炎细胞浸润和坏死。

3）抗氧化、抗衰老作用

随着年龄的不断增长，人体的抗氧化功能会逐渐下降，清除体内自由基的能力降低，过剩自由基会不断攻击人体生物膜的多不饱和脂肪酸（PUFA）、蛋白质、DNA 和其他一些生物大分子，进而引起脂质的过氧化损害，引发组织的损害及器官的退行性等变化，其中脂质的过氧化产物（MDA）又可继续引起细胞很多方面的损害，对细胞产生更大的伤害和毒性效应。根据上述，MDA 的含量能直接反映生物膜被氧化的程度。因此体内维持适当水平的抗氧化剂，有效阻断自由基引起的一系列连锁反应，是我们抗氧化、抗衰老的重要途径。

向志刚等采用三氯乙酸法测定杜仲翅果油的还原能力，采用 Fenton 反应体系测杜仲翅果油的羟自由基（·OH）清除率，采用 NBT 光化还原法测杜仲翅果油的超氧阴离子自由基（$O_2^- ·$）清除率。红细胞氧化溶血法表明杜仲翅果油对细胞膜有保护作用。采用硫代巴比妥酸法测肝匀浆丙二醛（MDA）的相对含量来反映杜仲翅果油对脂质过氧化的影响，并与 V_c 进行比较，发现杜仲翅果油有体外抗氧化能力，具有显著的清除 $O_2^- ·$ 和 ·OH 的能力，能抑制小鼠肝组织 MDA 的生成，减少红细胞氧化溶血和肝组织自发性脂质过氧化，且成量效关系，质量浓度为 9 毫克/毫升时作用最强。

4）增强免疫力

人体的免疫系统是由非特异性免疫、细胞免疫和体液免疫三者共同构成的防御系统。单核－巨噬细胞的吞噬能力是衡量机体非特异性免疫功能的指标之一，当细菌、病毒、异物等抗原物质进入人体后，该细胞可迅速将其吞噬和清除，因而单核－巨噬细胞廓清指数的多少可反映其吞噬能力的大小。溶血空斑和溶血素可以反映体液免疫功能，而细胞免疫功能是由迟发型变态反应的耳肿胀程度和淋巴细胞的分化强度来反映的。

姚思宇等分别以 88.8 毫克/千克、177.7 毫克/千克、355.4 毫克/千克剂量的 α－亚麻酸（以纯 α－亚麻酸的含量计）给予小鼠不间断灌胃 30~35 天后，检测小鼠的各项免疫指标。结果显示 α－亚麻酸可以提高小鼠抗体生成细胞的数量和血清溶血素的水平，可以促进小鼠单核－巨噬细胞碳廓清，提高腹腔巨噬细胞的吞噬能力，可以促进小鼠迟发型变态反应，也可以提高小鼠的 NK 细胞活性，表明 α－亚麻酸具有增强小鼠免疫力的作用。

5）减肥功能

进入 21 世纪后，肥胖越来越受关注，已成为当今世界严重而紧迫的公共卫生问题之一。虽然治疗方法很多，但迄今为止还没有公认的疗效比较确切、毒、副作用比较小的方法。因此健康食品在防治肥胖方面作用的研究应运而生。

王彦斌等采用预防肥胖模型法。连续给 Wistar 大鼠灌胃 45 天后，称定大鼠体重，剖腹取其体脂肪（睾丸及肾周围脂肪垫）并称定重量，计算脂/体比值和食物利用率，α－亚麻酸各剂量组大鼠的体重及增重量全部低于模型对照组，且差异有显著性（P＜0.01 或 P＜0.05），各剂量组大鼠的脂肪重量和脂肪/体重比值全部低于模型对照组，而且各剂量组脂肪重量和模型对照组差异均有显著性（P＜0.01，P＜0.05）；低剂量组脂肪/体重比值和模型对照组差异具有显著性（P＜0.01）。证明 α－亚麻酸对大鼠具有减肥作用。

6）抗抑郁、改善情绪和睡眠

美国卫生研究院研究发现，1945 年后出生的人有抑郁病的比率是 1934 年以前出生人的 20 倍，且抑郁在人生中出现的时间也越来越早。统计发现约有50 万小学生正在服用抗抑郁剂。对于十几岁的少年，大量抑郁症患者会自杀或企图自杀，这样的惨剧不断发生。从 1960 年以来，少年自杀率就增加了 3倍，自杀现已经成为青春期死亡的第三位因素。同时，患抑郁症的人易发生心脏病，其发生概率是正常人的 4 倍。面对抑郁症发病率的快速攀升，寻找高效低毒的天然药物已刻不容缓。

研究发现：α－亚麻酸能促进大脑内新蛋白的生成，调节大脑内单胺类神经递质的水平，改善睡眠。代谢产物 DHA 可通过血脑屏障，在脑组织中积累，来稳定细胞内外环境，且提供活能，提高细胞膜的流动性和通透性，从根本上还原细胞高活性状态。且能促进正常脑电波的传导，抑制异常的脑细胞信号传导，进而使脑细胞得到充分的休整，克服人的焦虑情绪，调节睡眠。

7）对脑、视网膜、学习记忆能力的作用

徐章华等利用全合成饲料对 Wistar 大鼠进行两代喂养实验，用视网膜电位测定仪、Morris 水迷宫及气相色谱仪对第二代大鼠的视网膜电位、学习记忆及脑、肝脂肪酸进行分析，结果证明 α－亚麻酸能促进大鼠脑和视觉的发育，能提高第二代大鼠的视网膜电位和学习记忆能力；在生化方面也提高了脑总脂中C22∶6 和肝总脂中 C18∶3、C20∶5 的百分含量；α－亚麻酸缺少将影响视觉及脑正常功能的发挥。

8）抗炎、抗过敏作用

炎症是十分常见而又重要的基本病理过程，日常生活中，经常可以听到身边朋友说自己这儿有炎症，那儿有过敏。治疗炎症、过敏，目前市面上不仅有口服药物，还有涂抹的药物，近年研究发现食用油——杜仲籽油有很好的抗炎、抗过敏作用。炎症发生时出现的病理改变主要是炎症介质的释放，而炎症

介质有脂类介质和肽类介质两种，脂类介质主要是 n-6 系类花生酸物质，包括白三烯（LTs）和前列腺素 E_2（PGE_2），两者是从不饱和脂肪酸花生四烯酸转化过来的；肽类介质包括肿瘤坏死因子 α 和细胞因子 1β。抑制这些因子的产生，可以起到抗炎、抗过敏的作用。

任杰等研究表明，α-亚麻酸（ALA）通过封锁 NF-JB 激活和抑制丝裂原激活蛋白激酶（MAP kinases）磷酸化，潜在地抑制了脂多糖（LPS）诱导 RAW 264.7 巨噬细胞产生 NO 和 PGE_2，抑制了 iNOS、COX-2 和 TNF-A 的基因表达，进而发挥了抗炎作用。

王永奇等发现 α-亚麻酸可通过强抑制 PAF（血小板活化因子）和白三烯的产生发挥抗过敏作用。

9）对心肌损伤的保护作用

心血管疾病是一种严重威胁人类的常见病，其发病率在逐年增加，已成为主要死亡原因之一。因此，寻找有效而廉价的心脏保护药物迫在眉睫。目前研究表明，无论何种原因，最终导致心力衰竭、心功能减退的共同通路是氧化应激反应，它会引起炎症性心肌细胞坏死、心肌重塑和心肌细胞损伤。

于小华等采用 RT-PCR 和免疫组织化学法检测心肌 MIF mRNA 及蛋白表达，采用 ELISA 法测定血清 MIF 水平，采用常规 HE 染色检查心肌病理变化，证明纳米 α-亚麻酸可通过抑制 MIF 表达减轻 VM 雄性纯种 SPF 级 Balb/c 小鼠的心肌损害，提高 VM 小鼠的生存率。

陈杰斌等通过测定雄性纯种 SPF 级 Balb/c 小鼠给药前后的心率变化率，计算死亡率；14 天后处死小鼠，并取血检测血清肌酸激酶同工酶（CK-MB）、心肌肌钙蛋白（cTn-T）和 B-型钠尿肽（BNP）水平，证明纳米 α-亚麻酸可以提高病毒性心肌炎小鼠的生存率，减轻心肌损害。

陶辉宇等发现纳米 α-亚麻酸可明显减少 CK-MB 的释放，改善 SD 大鼠的心功能，减轻其心肌损伤，减少其死亡率，增强 Cu-Zn-SOD 在 mRNA、蛋白水平的表达，增强 Cu-Zn-SOD、CAT、GSH-Px 活力，与模型组相比差异都非常显著或具有显著性意义（P<0.01 或 0.05），它的疗效也呈一定的剂量依赖性。证明纳米 α-亚麻酸治疗大鼠阿霉素造成的心肌损伤有很明显的疗效，将来可能发展为一种较有效保护心脏的药物。它的作用机制可能与它抑

制氧化应激反应、清除氧自由基等作用有关。

10) 对尿结石的影响和作用

尿结石发病原因复杂，有报道称前列腺素 E_2 可能是尿结石形成的原因之一，因其可以调节肾小管的电解质和血流变化，还可改变肾小管对钙、钠等电解质的重吸收，致使尿钙、尿钠排泄变多，且其可以加速骨吸收，刺激破骨细胞，抑制降钙素，升高血钙水平；也有报道认为尿纤溶活性是重要的结石形成阻碍因素，因为尿石可由血管内皮细胞受损致使其合成的纤溶酶原激活物减少而引起；还有研究报道炎症性细胞因子 TNF － α、IL － 6 和 IL － 1 等在结石的发病机理中有重要作用。无论哪种原因，研究发现 α － 亚麻酸均可以抑制，且饮食影响尿结石产生也已被多数人认可。杜仲在我国种植广泛，药用、食用历史悠久，杜仲籽油富含 α － 亚麻酸，其热稳定性和氧化稳定性均优于鱼油，且价格低廉，作为食用油具有防治尿结石和保护肾功能的作用。

王军等通过对 α － 亚麻酸和亚油酸预防结石形成作用的比较发现，紫苏籽油（含 α － 亚麻酸 50% ~60% 和亚油酸 15%）组的肾组织水肿较轻，肾内草酸钙结晶的数量和肾钙含量明显低于成石组（$P < 0.01$），24 小时尿钙的排泄、肌酐的浓度、血尿素氮显著低于成石组（$P < 0.05$），尿肌酐排泄也增加（$P < 0.05$）。葵花籽油组只有血尿肌酐较成石组有明显改善（$P < 0.05$），其他指标与成石组的差异均无显著性意义（$P > 0.05$），证明 α － 亚麻酸可以有效改善肾的功能，减少尿钙的排泄，抑制肾草酸钙结晶的形成。

梁颖等发现 α － 亚麻酸可以提高草酸钙结石 Wistar 大鼠的尿纤溶活性，抑制尿石的形成。王军等通过实验得出炎性细胞因子 IL － 6、IL － 1A 可能参与尿石形成的过程，α － 亚麻酸有可能由于抑制炎性细胞因子产生而对尿结石形成起阻碍作用。王军等通过实验得出前列腺素 E_2 有可能参与并且促进尿石的形成，α － 亚麻酸有可能通过抑制肾前列腺素 E_2 产生而抑制尿石形成。

11) 对糖尿病的影响

糖尿病（DM）是当前威胁人类健康的严重慢性疾病之一，也有人称其为富贵病。它是一组胰岛素作用和分泌缺陷所导致的蛋白质、脂肪、碳水化合物等代谢紊乱疾病，具有临床异质性的表现，并以长期的高血糖为标志，长期的

高血糖会引起全身多系统的代谢障碍，引起大血管和微血管病变，出现严重的心、脑、神经、眼、肾等的并发症，严重影响患者的生活质量，甚至危及生命。

张薇等发现植物来源的 n-3 不饱和脂肪酸 α-亚麻酸对高糖环境下培养的内皮细胞的功能和生长有两面性作用：一方面，在较低浓度下，α-亚麻酸可以通过减弱高糖诱导的内皮细胞凋亡来发挥保护作用，减弱 MDA 的合成、增加 NO 合成、增强内皮细胞的活力；另一方面，较高浓度的 α-亚麻酸反而会进一步加剧高糖对血管内皮细胞的损伤，这一作用可能与 α-亚麻酸参与氧化应激反应有关。

姜明霞等通过猪肾近曲小管上皮细胞高糖损伤模型实验，证明在高糖环境下可以抑制在体外培养的 LLC-PK$_1$ 细胞增殖，形成体外高糖损伤的模型；经合适浓度（50~100μmol/L）的 ALA 干预后，持续干预组和前干预组细胞凋亡率明显低于阳性对照组（P<0.05）；当 ALA 浓度为 10~100μmol/L 时，持续干预组的 LLC-PK1 细胞内的 ROS 含量明显低于阳性对照组（P<0.05），当 ALA 浓度为 50μmol/L 时，前干预组的 LLC-PK1 细胞内的 ROS 含量明显低于阳性对照组（P<0.05）。

赵要武等采用高效液相色谱法（HPLC）测定丙二醛（MDA）含量，采用流式细胞仪（FCM）检测膜的磷脂的不对称性，采用高效液相-质谱联用法（LC/MS）测定谷胱甘肽含量，采用超扫描电子显微镜（USEM）检测红细胞膜形态，证明 ALA 可能是通过改变红细胞内的氧化应激状态来发挥保护红细胞功能和结构的作用，继而预防糖尿病并发症产生的。

韩淑芳等发现应用 α-亚麻酸干预后，实验性糖尿病动物外周血中内皮损伤标志物的水平下降，而 NO 的水平升高，说明 α-亚麻酸对内皮功能具有一定的保护作用。

张利华等发现 ALA 可显著降低糖尿病 SD 大鼠血清炎症介质的生成，减轻氧化应激水平，具有抗炎和抗氧化的作用。与正常对照组相比，糖尿病大鼠血清中炎症介质肿瘤坏死因子（TNF-α）、可溶性 P-选择素（sP-selectin）和可溶性细胞间黏附分子（sICAM-1）的含量增加，血清 NO 含量下降而 MDA 升高，同时抗氧化酶 SOD 和 CAT 的活性降低；ALA 治疗可显著降低糖尿病大鼠血清中 TNF－A、sP－selectin 和 sICAM－1 的含量（与 STZ＋vehicle 组相比，P＜0.01），增加血清 NO 水平并减少 MDA 含量，升高抗氧化酶 SOD 和 CAT 的活性（与 STZ＋vehicle 组相比，均 P＜0.05）。

田菲等研究摄食 α－亚麻酸（ALA）对高脂饲料－链脲霉素（HFD－STZ）诱导的 SD 糖尿病大鼠心肌缺血/再灌注（MI/R）损伤的影响，每日灌胃给予正常或 HFD－STZ 大鼠 ALA 处理（500 微克/千克）。4 周后发现对正常动物 MI/R 损伤无影响，HFD－STZ 大鼠缺血/再灌注损伤加重，但心梗面积减小至 37.7%±5.4%，显著低于对照组的 45.6%±8.5%（P＜0.05），且血清肌酸激酶（CK）、乳酸脱氢酶（LDH）活性及细胞凋亡减少；另外 ALA 还可增加 HFD－STZ 大鼠心肌 PI3K 表达及 Akt 磷酸化。结果表明：长期摄食 ALA 有效减轻糖尿病大鼠 MI/R 损伤，可能与激活 PI3K－Akt 信号有关。

12）抗肿瘤作用

谢丽涛等研究了亚油酸、油酸、α－亚麻酸及其硒化物对 BEL－7402 人工肝癌细胞的杀伤作用，结果 α－亚麻酸硒化物的作用是最强的，而且具有量效关系。并且，在亚油酸、油酸、α－亚麻酸对肿瘤细胞甲胎蛋白 AFP 分泌作用影响的比较试验中，研究者发现 α－亚麻酸能较明显地抑制其分泌，其抑制作用与其分子中的双键有关。

13）对脂肪性肝纤维化的作用

目前非酒精性脂肪性肝病（NAFLD）越来越受到人们的重视，研究发现大约 1%～5% 的 NAFLD 患者最终会发展为肝纤维化及肝硬化，在其中肝星状细胞的活化和增殖起了重要作用。

王莉娟等研究发现转化生长因子 β₁（TGF－β₁）能诱导肝星状细胞（HSC）增殖并促进胶原的分泌，ALA 可不同程度地抑制 TGF－β₁ 所诱导的 HSC 增殖和 Ⅰ、Ⅲ 型胶原及 α－平滑肌肌动蛋白（α－SMA）的表达，且呈剂量依赖性。ALA 在高浓度时对 TGF－β₁ 诱导的 HSC 起抑制作用，可能对脂肪性肝纤维化及其引起的肝硬化有治疗作用。

（2）杜仲籽油产品开发

鉴于杜仲籽油多方面的药理活性，李钦等研制出一种富含 α－亚麻酸的保健调味油，由 10%～60% 富含 α－亚麻酸的植物油、0%～0.02% 抗氧化剂和芝麻油配制组成，不仅具有芝麻油风味而且具有多种优良的保健功能，如降血脂、降血压、抗炎、抗过敏等。并且调味油食用时温度低、加热时间短或不加热，较好地保留了调味油中不饱和脂肪酸免受破坏。受此启发，李钦教授还研制出一种富含α-亚麻酸的蛋黄酱。杜红岩等针对杜仲籽油易酸败等问题，研究出"杜仲油抗氧化保鲜方法（ZL200810050000.7）"，使杜仲油的贮藏时间延长到2年以上。赵德义等研制出一种以杜仲花粉和杜仲籽油或紫苏籽油为原料富含α-亚麻酸的杜仲花粉软胶囊，含有大量的α-亚麻酸和杜仲总黄酮，具有降血压、降血脂、预防脑血栓和心肌梗死、预防老年痴呆症，抗肿瘤等作用，已获得国家发明专利(专利号：ZL200710017223.9)。湖南奇异生物科技有限公司目前研制出了一种杜仲籽油美白润肤乳液，能有效抗击紫外线，保持皮肤弹性和润泽，增进肌肤白皙，淡化色素、色斑（专利号：ZL201310019105.7)，并且发明了一种杜仲籽油纳米乳注射液，粒度均匀，质量稳定，能供给人体热能，补充必需脂肪酸，具有提高机体免疫能力、促进组织修复、抗炎、抗辐射、防突变、抑制癌细胞扩散、抗血栓、降血脂等作用，可满足特殊病理状态下的能量输入要求，还可作为一种新型的药物体内传递载体，已获得国家发明专利（专利号：ZL201310022804.7）。吕静基研制了杜仲籽油维生素复方软胶囊（处方：叶酸0.1~0.4份、维生素B_6 0.3~1.2份、混合后加入1000份杜仲籽油混匀制成），该产品质量稳定、生物利用度高、吸收好，且可安胎，具有显著的补充α-亚麻酸、叶酸、维生素B_6，促进孕妇及婴幼儿健康的作用，已获得国家发明专利（专利号：ZL201310100306.X）。吕静基还研制出一种杜仲籽油红曲复方软胶囊，具有显著的调节血脂、降低胆固醇、疏通血管、改善心脑血管疾病、调节血压、提高机体抵抗力的作用，已获得国家发明专利（专利号：ZL201310100230.0）。杜兰英等研制出一种杜仲营养饼干，含有杜仲的大部分活性成分，如α-亚麻酸、桃叶珊瑚苷、京尼平苷酸等，具有降血压、降血脂、增强机体免疫力、抗衰老、抗癌、防癌等辅助作用，提高了饼干的营养价值，已获得国家发明专利（专利号：ZL201310279909.0）。天津天狮生物发展有限公司分别把杜仲籽油与植物甾醇，杜仲籽油与沙棘油、大蒜油，杜仲籽油与玉米油、大蒜油按不同比例混合制成了含有杜仲籽油的降血脂组合物，已获得3项国家发明专利（专利号：

*ZL*201210217280. 2、*ZL*201210217257. 3、*ZL*201210217267. 7）。王月华等研制出一种由 40% ~60% 的玉米油，5% ~15% 的杜仲籽油，35% ~55% 的紫苏籽油复配得到的调和油，该杜仲调和油具有辅助降血脂功能，既可降低血清总胆固醇（TC）浓度，又可显著降低甘油三酯（TG）浓度，升高高密度脂蛋白胆固醇（HDL－C）浓度，已获得国家发明专利（专利号：*ZL*201310536624. 0），同时他还研制出一种由 91% ~97% 的玉米油和 3% ~9% 的杜仲籽油组成的玉米调和油，解决了玉米油中脂肪酸构成不平衡、α－亚麻酸含量低的问题，提高了玉米油的营养价值，已获得国家发明专利（专利号：*ZL*201310536758. 2）。

随着科学技术的不断提高，与杜仲籽油相关的系列产品必定会不断涌现，且必定具有巨大的市场潜力。

2. 杜仲雄花

（1）杜仲雄花的药理活性

杜仲雄花具有降血压、降血脂、防癌、抗癌、抗病毒、增强免疫力、镇静催眠、抗惊厥、抗疲劳、抗应激、抗肌肉骨骼老化、抗衰老、抗皮肤光老化、减肥、保肝利胆、利尿、抑制 α－葡萄糖苷酶活性等药理活性。日本大量临床试验证明杜仲雄花可以治疗肩周炎、牙周炎、记忆力衰退、头晕目眩、腰腿无力等病症。鉴于杜仲雄花以上的药理活性，且无毒，杜仲雄花具有广阔的发展前景。

（2）杜仲雄花产品开发

1）分离单体

鉴于杜仲雄花以上的药理活性，李钦教授的课题组对杜仲雄花环烯醚萜类成分进行了分离提取，得到 8 个化合物，其中 EUB－6 和 EUB－7 为首次从该科植物中分离得到的。取杜仲雄花 15 千克，加 95% 乙醇 110 升加热回流提取 2 小时，收集提取液，向滤渣中加入新的等量的 95% 乙醇加热回流提取 2 小时，收集提取液，合并 2 次滤液，抽滤，浓缩至浸膏状，称重得 1000 克浸膏，依次用石油醚、氯仿、乙酸乙酯、正丁醇、水对浸膏进行萃取，得石油醚萃取物 78克、氯仿萃取物 187 克、乙酸乙酯萃取物 67 克、正丁醇萃取物 260 克，用甲醇将正丁醇萃取物溶解，用硅胶：样品 1:1.5 的比例对正丁醇萃取物进行拌样，用乙酸乙酯－甲醇（8:2）展开，并用乙酸乙酯－甲醇 30:1、6:4、5:5、

纯甲醇进行梯度洗脱，共分 8 段，反复用 D101 大孔吸附树脂、硅胶柱、ODS 柱、Sephadex LH－20、聚酰胺柱进行分离纯化，得化合物 EUB－1、EUB－2、EUB－3、EUB－4、EUB－5、EUB－6、EUB－7、EUB－8，工艺流程图如图 1，化合物编号、名称、结构、鉴定方法见表2。

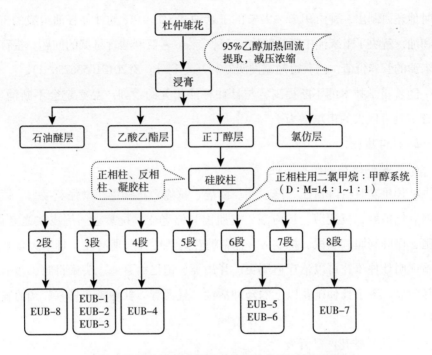

图1　从杜仲雄花中提取分离化合物的工艺流程图

表2　从杜仲雄花中分离得到的化合物

化合物编号(NO.)	名称(Name)	结构式(Structure)
化合物1 (EUB－1)	京尼平苷酸 (Geniposidic acid)	

化合物编号(NO.)	名称(Name)	结构式(Structure)
化合物 2 (EUB - 2)	京尼平苷 (Geniposide)	
化合物 3 (EUB - 3)	车叶草苷 (Asperuloside)	
化合物 4 (EUB - 4)	桃叶珊瑚苷 (Aucubin)	
化合物 5 (EUB - 5)	杜仲醇苷 (Encommio - side)	
化合物 6 (EUB - 6)	3,4 - 二氢 - 3 - 甲氧基藤苷 (3,4 - Dihydro - 3 - methoxypaederoside)	

185

续表

化合物编号（NO.）	名称（Name）	结构式（Structure）
化合物 7（EUB - 7）	车叶草苷酸乙酯（Asperulosidic acid ethyl ester）	
化合物 8（EUB - 8）	交让木苷（Daphylloside）	

2）产品开发

1998 年杜红岩研究员以天然植物杜仲雄花为原料，经精选、摊晾、杀青、揉捻、低温鼓风干燥制成杜仲雄花茶。该茶含有京尼平苷酸、绿原酸、桃叶珊瑚苷以及多种氨基酸等成分，具有迅速解除人体疲劳、抗衰老、提高人体免疫力等作用，已获得国家发明专利（专利号：ZL9811757.9）。2012 年杜红岩研究员又对杜仲雄花茶加工工艺进行了改进，采用超低温冷冻干燥方法，在短时间内能去除杜仲雄花的水分，保持了杜仲雄花原有的营养成分，干燥后的杜仲雄花含水量极低，使珍贵的杜仲雄花资源能够得到更有效利用，已获得国家发明专利（专利号：ZL20121022815.7）。经近几年研究，杜红岩等还开发出杜仲雄花速溶茶和水饮品等，还研制出一种杜仲雄花茶饮料，该饮料利用经过杀青干燥后的杜仲雄花茶，采用常温超微粉碎技术、超声提取技术和高温浸提技术以及科学配方技术，使杜仲雄花茶的营养成分和活性成分能得到更有效的利用，同时加入适量杜仲主要活性成分绿原酸，能够起到更良好的保健作用，已获得国家发明专利（专利号：ZL201210471126.8）。此外，杜红岩等又以杜仲雄花、杜仲芽和杜仲叶为原料，经过一系列特殊工艺加工制成了一种特别适宜冬季饮用的杜仲红茶，该红茶具有汤色红亮、浓香、速溶、温补、保健的特点，已获得国家发明专利（专利号：ZL201110056242.9）。另外，杜红岩等还研制出一种由杜仲雄花活性物质与30～70度酿制白酒制成的杜仲雄花酒，其中的活性物质由杜仲雄花蕊和桃叶珊瑚苷制成。将杜仲雄花置入白酒中浸提，过滤取得滤液并向其中添加桃叶珊瑚苷，可制成杜仲雄花酒。该酒可有效地溶解杜仲雄花中的活性成分，使其具有补肝肾、强筋骨、抗氧化等功效，同时由于其中含有大量保肝护肝的活性成分——桃叶珊瑚苷，还可以减少饮酒对人体的伤害，已获得国家发明专利（专利号：ZL201310130119.6）。杜红岩等还用杜仲雄花1份、桑叶0.2～0.5份、香菇0.5～1份和水500～1200份，将活性物质煮沸，冷却得其滤液，与优质面粉、鸡蛋混合，加水搅拌均匀，切条，干燥，制得一种杜仲养生挂面。董娟娥等采用杜仲雄花蕾，经过清拣、热处理、散热、揉茶、护色、增香、摊晾、装袋等步骤，制备成一种绿色杜仲雄花蕾茶，其产品色、香、味俱佳，沏茶后一直保持汤色黄绿，且具有通便、利尿、降血脂、降血压、抗衰老、保肝补肾等作用，已获得国家发明专利（专利号：ZL200510042883.3）。王宏涛和吕静基研制出一种杜仲雄花参叶茶及其速溶茶，将4月份授完花粉采集的雄花经过干燥、热处理、散热、揉捻、真空干燥、冷藏等步骤，以50%～95%：5%～50%的比例和"汉中参叶"混合，"闷"、提香之后制备成杜仲雄花参叶茶，或者将制备的杜仲雄花参叶茶再加入适量的水，在温度60℃～90℃的条件下浸提2～3小时，得浸提液，放冷，80目筛过滤，滤出清液，进行干燥，直至固化成粉，再按照100～150克/千克的量加入赋形剂混合，制粒，装袋，可制备成杜仲雄花参叶速溶茶，能有效抗疲劳、降血脂、降血压、降血糖并有效补充多种人体微量元素和氨基酸。董娟娥等将杜仲雌花、杜仲雄花、杜仲叶按2:1:6～10的比例配伍，经过原料适时采收、清拣去杂、晾晒、筛除花粉、淋洗、脱除异味、散发异味、增香、粉碎、混料、装袋等11个工艺步骤，制备了一种杜仲花叶茶，具有降血压、降血脂、降血糖、预防老年痴呆症、抗肿瘤、抗衰老、抗疲劳、增强免疫力等功能，已获得国家发明专利（专利号：ZL201110067575.1）。李钦等研制出一种功能性杜仲豆芽，首先以重量百分含量计，按杜仲叶30%～90%、杜仲皮0～60%、杜仲雄花0～12%加水或乙醇提取，滤过，滤液中加入占其重量

0.01% ~ 0.1%的维生素 C，用食用醋酸调制该液 pH 值在 3.0 ~ 6.0 之间，制得杜仲营养液，接着用杜仲营养液浸泡豆种，用杜仲营养液或/和用水喷淋，按照常规豆芽培育方法培育，该产品含有绿原酸等有利于人体健康的活性成分，向人们提供了一种新型的绿色功能食品，提升了传统豆芽的保健作用，已获得国家发明专利（专利号：*ZL*201310037956.4）。刘卫春也研制出一种杜仲养生挂面，该杜仲养生挂面，原料组成丰富，营养丰富均衡，口感香甜软滑，风味独特。配方还添加了其他中药有益成分，增强保健功能，常食能增强人体免疫功能，具有抗衰老、健脾利肾、养胃清心、安神除乏、活血美容的功效，有益人体健康。杜兰英等研制出一种杜仲雄花果酒，不仅能够很好地溶解出杜仲雄花蕊中的水溶性和醇溶性物质，还兼有葡萄酒的滋补功效和杏李的营养及香味，是一种具有一定功效药效的果酒。目前杜仲雄花茶已经成为国内保健茶市场的知名产品，且还有极大的拓展空间。

二　功能性食品

（一）功能性食品的定义与分类

功能性食品是指具有特定保健功能或者以补充维生素、矿物质为目的的食品，即适宜特定人群食用，具有营养功能、感觉功能和调节生理活动功能，不以治疗疾病为目的，并且对人体不产生任何急性、亚急性或慢性危害的食品。

功能性食品根据消费对象可分为：日常功能性食品和特殊功能性食品；根据作用目的可分为：增强人体体质（增强免疫能力，激活淋巴系统等）的食品；防止疾病（高血压、糖尿病、冠心病、便秘和肿瘤等）的食品；恢复健康（控制胆固醇、防止血小板凝集、调节造血功能等）的食品；调节身体节律（神经中枢、神经末梢、摄取与吸收功能等）的食品和延缓衰老的食品。

（二）功能性食品的发展

20 世纪 80 年代，功能性食品就已进驻欧美市场，接着功能性食品经历了三代发展：第一代依据基料的成分推测判断产品功能，没有经过实验验证，缺乏科学性和功能性评价；第二代经过动物与人体实验，被证实确实有生理调节功能；第三代在第二代的基础上又有进步，研究人员更进一步地研究了产品的功能因子的结构、含量以及作用机理，同时保持其生理活性成分在食品中以稳定的形态存在。

我国功能性食品的发展经历了四个阶段：一是 20 世纪 80 年代初到 80 年代末的起步阶段：功能性食品以滋补品为主，且大部分是以酒为载体的药酒。二是 20 世纪 80 年代末到 21 世纪初的成长阶段：随着我国经济快速发展，保健逐渐成为时尚，功能性食品行业步入快速成长的阶段。三是 2001～2003 年的信任危机阶段：功能性食品行业连续出现负面事件，消费者对功能性食品信任度不断下降，功能性食品行业暂时陷入危机。四是 2003 年至今的复兴发展阶段：2003 年的 SARS 让消费者又重新建立起对功能性食品的信心，市场需求开始有了极大的提高。目前，我国功能性食品产业已经具有了相当大的规模，而且逐渐被消费者青睐和关注，在今后的发展中，功能性食品定将在促进身体健康方面彰显其特有的魅力并发挥出重要作用。

（三）杜仲作为功能性食品的研究成果

返璞归真的热潮加之杜仲众多药理活性且无毒性的特点，推升了杜仲功能性食品开发的热度。早在 20 世纪 80 年代，著名学者、美籍华人胡秀英归国讲学时就把杜仲与人参并列为两大补品，对杜仲的保健功效给予了极高的评价。日本从 20 世纪 80 年代末至 90 年代中期市场上开始急剧增多杜仲产品，研究则以杜仲茶为主，还有杜仲挂面、杜仲汤、杜仲果冻、杜仲点心、杜仲液体饮料、杜仲酱等产品。我国开始杜仲功能性食品的研究起步较晚，但发展很快，目前杜仲功能性食品也已经有杜仲醋、杜仲晶、杜仲籽油软胶囊、杜仲雄花酒、杜仲雄花饮料、杜仲香菇、杜仲木耳、杜仲饮料、杜仲酒、杜仲面条、杜仲豆芽、杜仲糕等近 300 个品种。

1. 杜仲功能性茶

杜仲在功能茶方面研究成果丰硕。在我国，樊英寿等率先用杜仲叶为原料，经拣选、漂洗、萎凋、高温杀青、揉捻、发酵、烘干、车色、筛分、拼配、匀堆制得杜仲叶茶，再将杜仲叶茶与茶叶拼配、匀堆、装袋，制得杜仲茶，既具有茶叶的色、香、味、形，又具有杜仲特有的清香和疗效，可治高血压、降血脂、强筋骨。1996 年，日本又研制出一种速泡型杜仲茶，生产者将杜仲生叶进行汽蒸后，又进行揉捻，之后一边干燥一边使其进一步熟化，将得到的干燥物进行焙烤而制造出杜仲茶。杨建新发明出一种杜仲金银花茶，具有降血压、抗病毒、增强免疫功能、抗炎、败火、润喉、解热等功效，特殊的制作方法可以有效保证自然的口感和纯正的香气，老少皆宜，饮用方便。王浩贵研制出一种由杜仲、桑葚、牛膝（熟）、蜂蜜按一定重量配比制成的杜仲保健茶，该茶具有补肝益肾、息风滋阴、黑发明目、强筋骨之功效，饮用非常方便、口感好，可用于神经衰弱、头昏、多梦、少寐、记忆力减退、贫血、大便干结、须发早白等病症患者的治疗保健。王水生研制出普洱杜仲茶，他将杜仲晒青叶与云南大叶种普洱晒青毛茶按比例拌匀，经过后发酵加工成紧压茶，在普洱茶的基础上增加了杜仲的保健疗效。采用同样方法，他还研制了杜仲红茶、杜仲乌龙茶等。程辰发明出一种健康长寿的杜仲桂花茶，可补肝肾、强筋骨、降血压、疏肝通气、醒脾开胃、有益肾气、散寒破结、化痰止咳等，男女老少皆适宜饮用，利用同样方法他还发明出杜仲茶、杜仲茉莉花茶、杜仲金银花茶、杜仲野菊花茶、杜仲木瓜茶和杜仲草莓果茶等，同时还发明了相对应的饮料。程顺研制了一种补肝肾、强筋骨、降血压，还可预防和治疗高血压、糖尿病，对心脑血管等疾病和肥胖症等也有一定疗效的杜仲雪莲果茶。湖北太阳峰生物科技有限公司研究出了杜仲红茶粉和杜仲绿茶粉，保留了杜仲叶的生物活性物质，营养丰富口感好。曹芬制作了杜仲茶，可补肝肾、降血压、强筋骨、安胎，用于高血压而肝肾虚弱、耳鸣眩晕、腰膝酸软者，治腰脊酸疼、足膝痿弱、小便余沥、阴下湿痒、胎漏欲堕、胎动不安。杜仲落枕保健茶现在也已研制出来，该杜仲落枕保健茶制作方法简单，携带方便，具有通滞散瘀、止痛消肿的功效，冲泡饮用后能帮助患者通滞散瘀、消肿止痛，减缓落枕带来的痛苦与不适。刘仕春研制出一种集品饮、杜仲的药疗和保健作用于一体，对人体有防病、治病、保健之功效，色泽深褐，口感清爽回甜，滋润而饮用方便，老少皆宜，易被广大消费者接受的杜仲双花茶。廖洋镱研制出一种茶质色泽自然、味道醇厚，具有降压降脂、软化血管、滋补肝肾、延年益寿之保健功效的杜仲保健茶，长期饮用能起到有病缓解、无病保健的作用。赵建国研制出一种杜仲茉莉花茶，可以有效保证杜仲茶和茉莉花自然的口感和纯正的香气，具有调节血脂、降压、明目通便、抗衰老、消炎、增强免疫功能等功效。

2. 杜仲功能性饮料

关于杜仲功能性饮料，现在的产品主要有：在 1994 年，贾增申以甘氨酸、杜仲溶剂提取物和 L－羟脯氨酸等为原料制备的一种杜仲保健型固体饮料，该饮料具有补肾、壮阳、强身、镇痛、舒经活络、降压、降脂及提高机体免疫功能等作用；邓勇、彭明研制了杜仲可乐，既具有可乐独特的风味，又保持了杜仲的清香，并且含有杜仲大部分的活性成分，是一种易食用和被人体吸收的具有保健功能的饮料；翟文俊以杜仲干鲜叶为原料，经无离子水浸提，得到杜仲叶浸提母液，以此浸提母液添加甜味剂、酸味剂等食品添加剂制成一种杜仲叶保健饮料，该杜仲叶饮料色泽鲜艳，具有杜仲叶独特的清香气味，无杂质，而且具有明显的抗疲劳作用；翟文俊还发明了具有健脾开胃、增进食欲、醒脑提神、抗疲劳功效，适宜长期从事智力活动的亚健康人群饮用的杜仲开胃饮料，另外还研制了一种杜仲复合抗疲劳功能饮料，其在色泽、外观和口感方面类似于咖啡和红茶，适应了年轻人追求时尚的特点，并克服了红茶和咖啡影响睡眠、影响消化等不足，同时具有清除疲劳、提神益智、提高免疫力等保健功能；郑方研制了具有抗菌消炎、降低血糖、养颜美容、抗疲劳、抗癌、增强免疫力等多种功能的杜仲银杏保健饮料；西北工业大学研制了杜仲叶山楂，杜仲叶枸杞和杜仲叶大枣饮料；王前华、李兴彪研制的适合免疫力低下、腰膝酸软的人士长期保健饮用的含杜仲的保健饮料，具有清热解毒、抗菌消炎、预防腰膝酸痛、调节免疫功能等功效，同时能帮助恢复身体机能，补肝肾，强筋骨，清除体内垃圾，加强人体细胞物质代谢，防止肌肉骨骼老化，平衡人体血压，恢复血管弹性，利尿清热，能有效预防肿瘤的发生和增殖；谭荔予研制的杜仲茶饮料，由杜仲叶提取液、绿茶提取液和干大枣提取液以体积比为 10～25：1～2：1～4 混合，添加甜味剂、酸味调节剂和增稠剂后配制得到，该饮料茶体澄清透明，气味协调柔和，口感酸甜适中，具有降血压、抗病毒、增强免疫功能、抗炎、败火、润喉、解热等功效，是一款老少皆宜的保健饮品。

3. 杜仲功能性酒

杜仲功能酒，现在市面上也有很多。1993 年，何明智研制出一种杜仲酒，

以杜仲为主药，丹参、川芎等为辅药，按一定比例与糖混合，浸泡在白酒中，经降度、调味、调色和过滤处理后制成，该酒对肝肾亏虚、腰膝酸软、遗精阳痿、小便频数、头痛眩晕、手足麻木有显著疗效。接着汪懋林研制出一种具有医疗保健作用的杜仲花粉酒，它的组成为：20%～60%（重量）的乙醇水溶液 100 份，蜂花粉 3～15 份，杜仲 1～10 份，有机酸酯 0.1～0.2 份和甜味剂 0.05～0.1 份，该酒色泽橙红透明，尾净清香，口感舒适，且无药味。能安神健胃，护肝壮肾，对肝肾虚寒之阳痿、尿频、肝阳上升引起的头晕目眩及便秘有独特疗效，并兼有养身益体之功效。杨敦豪以杜仲提取浓缩物为主要功能原料，再添加刺五加、枸杞、桑葚、黄精等配制成了一种杜仲酒，该酒含有人体需要的多种氨基酸、微量元素等，是一种滋补健身的保健饮料酒，具有抗疲劳、调节免疫力的保健功能。李建华将杜仲、丹参、川芎和酒按重量比为10:2:5:68 调配，研制出一种杜仲酒，该保健药酒具有通利筋脉、活血通络之功效。王维全研制出一种灵芝杜仲酒，其制作工艺简单，口感好，营养丰富，添加名贵中药材食用菌灵芝与具有降血脂、降血压、强身健体作用的中药材杜仲为原料，具有理气降脂、舒筋活络的保健功能，是一种营养丰富的保健酒饮料。杜红岩等按重量份取杜仲种仁 1～10 份，42～70 度的酿制白酒 800～1200 份，将杜仲种仁置于酿制白酒中浸提 5～30 天，然后过滤取滤液，制得了一种杜仲种子酒，该酒能将杜仲种仁中的水溶性和醇溶性活性成分都浸提出来，能够有效减少桃叶珊瑚苷等活性成分的降解，同时，浸提出的桃叶珊瑚苷还具有护肝作用，能有效减少白酒中的酒精对人体的危害。

4. 杜仲功能性食用菌

杜仲功能性食用菌是以杜仲叶、杜仲枝丫材等为主要原料生产出来的，杜红岩等已研制出杜仲木耳（2013 年获国家发明专利授权，ZL20121002993.7）和杜仲香菇（2012 年获国家发明专利授权，ZL20111002028.0），该类产品含有绿原酸、京尼平苷、京尼平苷酸等杜仲中有利于人体健康的活性成分，给这些食用菌增加了杜仲补肝肾、强筋骨等的保健功效；目前市场上还有杜仲平菇、杜仲猴头菇、杜仲灵芝等产品。

5. 其他功能性食品

2001 年，彭珊珊研制出一种可食用的杜仲糕，该糕由魔芋精粉、杜仲汁、糖、柠檬酸、海藻酸钠、山梨酸钾按一定比例组成，在其原有口感清香的基础上增加了中药杜仲的独特香味和保健功能。任少龙等将杜仲叶和山楂（果）的有效成分提取物与面粉混合，制备出一种杜仲山楂挂面，富含总黄酮、绿原酸、原花青素（OPC）等天然活性物质，在降血压、降血脂、预防脑血栓和心肌梗死、预防老年痴呆症、抗肿瘤、抗衰老、增强免疫力等方面具有极强的增效作用，且山楂有消积化滞、补脾健胃功能，与杜仲叶的补肝肾功能起到互补作用，能大大提高挂面的保健功效，且富含钙、磷、镁、钾等元素，营养丰富、清香爽口。向华也研制出杜仲挂面，可用于预防高血压，该挂面富含京尼平苷酸、桃叶珊瑚苷等活性物质，也富含氨基酸、葡萄糖等营养物质，同时挂面中含有部分绿原酸，有利于人体抗病毒，具利尿作用，也有利于挂面的保存。程顺研制出一种健康长寿杜仲营养米粉，每100千克杜仲营养米粉会有粉料60~80千克，杜仲提取物（液体）0.5~20千克，食盐0.5~5千克，优质水5~30千克，经拌料揉搓（打芡、和芡）、干燥、包装而成，达到了人们食用米粉时同时食用了杜仲液提取物的效果，适宜男女老少每天食用，具有一定的保健作用，而且，他也采用同样方法研制出了杜仲面条，也具有杜仲的保健作用。邓后勤取按重量百分比的杜仲叶提取物0.5%~2.5%、红薯淀粉96.0%~98%、食盐0.5%~1.2%和食品添加剂0.3%~0.6%，经和面、挤压熟化、老化、冷冻、解冻开粉制成了一种杜仲红薯粉，含有杜仲提取物的有效成分，具有良好的观感和口感，具有较强的韧性，久煮不烂，而且在不添加明矾等有害物质的情况下更容易实现开丝，且具有保健作用。程顺研制出一种杜仲香肠，具有补肝肾、强筋骨、降血压、抗菌、抗病毒、抗炎、解热、增强免疫功能等功效。张柏林等研制出一种杜仲醋，含有大量绿原酸，且口味好，作为日常调味品，还具有了其他醋所没有的辅助降血压、降血脂等功效。董书阁等研制出一种具有强筋骨、补肝肾、降血压、增强免疫力、促进新陈代谢、抗衰老、抗疲劳功效的营养保健面包，产品呈浅咖啡色，外形饱满，表面光滑，体积正常，无裂缝和变形现象，内部组织呈均匀的海绵状，细腻、柔软，富有弹性，有淡淡的中草药清香及甜味，无刺激性气味，产品适口性好。

除了杜仲功能性食品，现在还有杜仲咖啡、杜仲果冻、杜仲酸奶、杜仲香粉、杜仲牙膏、杜仲保健烟、杜仲保健枕、杜仲纸、杜仲美体茶、杜仲茶化妆

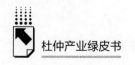

水、杜仲白发化妆品、杜仲美容霜、美容杜仲茶等产品。随着社会经济的不断发展，杜仲相关产品已经渗入我们生活的方方面面。

三　杜仲作为健康食品的发展前景

我国是野生杜仲资源的唯一保存地，杜仲为我国特产树种，全世界只此 1种。杜仲主要分布在我国西南和华中暖温带气候区内，种植面积达 36 万公顷，资源十分丰富，为我国大力发展杜仲产业提供了得天独厚的资源优势。并且杜仲全身都是宝，无论是杜仲皮、杜仲叶，还是杜仲雄花、杜仲籽，其含有的多种活性成分都具有十分重要的药理活性，且无毒副作用，这也为杜仲开发健康食品奠定了科学依据。

21 世纪，世界人口越来越多，人们生活水平越来越高，对健康食品的需求也日益增强，使食品行业得到快速发展。特别是现在全球人口呈老龄化趋势，抗衰老、增强免疫力、延年益寿的需求逐渐增多，全球的肥胖患者、三高患者在人群中占有相当高的比例，美容健身的需求也在增加，并且随着社会竞争愈演愈烈，生活工作节奏不断加快，给人们生理和心理机能带来巨大冲击，处于亚健康状态的人群也不断扩大，加上多层次的社会生活需要，这些无疑都给杜仲健康食品的发展提供了更广阔的市场。

但是，杜仲健康食品的发展需要科学工作者的认真积极研究、政府部门的支持与鼓励、生产厂家和销售商的忠实告知以及消费者的理性认知与消费。只有这样，杜仲健康食品才能成为人类健康的良好伙伴。

参考文献

［1］杜红岩、胡文臻、俞锐：《杜仲产业绿皮书：中国杜仲橡胶资源和产业发展报告（2013）》，社会科学文献出版社，2013。

［2］杜红岩、李芳东、杜兰英：《杜仲雄花茶及其加工方法》，ZL 98117579.1，2001。

［3］李芳东、杜红岩：《杜仲》，中国中医药出版社，2001。

［4］杜红岩、李钦、杜兰英：《杜仲雄花茶内营养成分的测定分析》，《中南林业科技

大学学报》2007 年第 27（6）期。

［5］龙秀琴：《贵州木本食用油料资源及其开发利用》，《资源开发与市场》2003 年第 19（4）期。

［6］刘正祥、张华新、刘涛：《我国森林食品资源及其开发利用现状》，《世界林业研究》2006 年第 19（1）期。

［7］The European Parliament and the Council Regulation（EC）No 258/97. Concerning Novel Foods and Novel Food Ingredients.（January 27, 1997）.

［8］European Commission, Directorate General Health and Consumer Protection. Discussion Paper：Implementation of Regulation（EC）No 258/97 of the European Parliament and of the Council of 27 January 1997 Concerning Novel Foods and Novel Food Ingredients.（July 2002）.

［9］Health Canada. Food and Drug Regulations, section – B. 28. 001 – 003.（October 6, 1999）.

［10］萧江华：《提供森林食品发展山区经济——蓬勃发展的经济林和竹藤业》，《中国农业导报》2000 年第 1（2）期。

［11］国家药典委员会：《中华人民共和国药典·一部》，化学工业出版社，2010。

［12］王志宏、彭胜、雷明盛等：《杜仲主要生物活性研究进展》，《天然产物研究与开发》2013 年第 25 期。

［13］杨凌、张碧、付卓锐等：《中国杜仲资源的综合利用》，《广州化工》2011 年第 39（24）期。

［14］秦国利：《浅析杜仲的化学成分及药理作用》，《中国医药指南》2012 年第 10（26）期。

［15］马山、卢少海、田景振：《杜仲药效成分和药理学的研究概况》，《食品与药品》2013 年第 15（6）期。

［16］田从丽：《杜仲药理作用研究进展》，《大家健康》2013 年第 7（9）期。

［17］彭红梅、李小姝：《杜仲的药理研究现状及应用展望》，《中医学报》2013 年第 28（176）期。

［18］李欣、刘严、朱文学等：《杜仲的化学成分及药理作用研究进展》，《食品工业科技》2012 年第 33（10）期。

［19］马博、张媛、张达义等：《杜仲的化学成分及其药理作用研究进展》，《西部中医药》2013 年第 26（12）期。

［20］张康健、董娟娥、马柏林等：《杜仲次生代谢物部位差异性的研究》，《林业科学》2002 年第 38（6）期。

［21］孙兰萍、马龙、张斌等：《杜仲黄酮类化合物的研究进展》，《食品工业科技》2009 年第 30（3）期。

［22］成军、白焱晶、赵玉英等：《杜仲叶苯丙素类成分的研究》，《中国中药杂志》2002 年第 1（1）期。

［23］ Deyama T, Ikawa T, Nishibe S. The Constituents of Eucommia ulmoides Oliv. II Isolation and Structure of Three New Lignan Glycosides. *Chem Pharm Bull*, 1985, 33 (9): 3651 – 3657.

［24］ Deyama T, Ikawa T, tagawa S, etal. The Constituents of Eucommia ulmoides Olive. III Isolation and Structure of a New Lignan Glycoside. *Chem Pharm Bull*, 1986, 4 (2): 523 – 527.

［25］ Deyama T, Ikawa T, tagawa S, etal. The Constituents of Eucommia ulmoides Olive Visolation of Dihydroxydehydrodiconiferyl Alcoholisomers and Phenolic Compounds. *Chem Pham Bull*, 1987, 5 (3): 1785 – 1789.

［26］ Deyama T, Ikawa T, Kitagawa S, etal. The Constituents of Eucommia ulmoides Olive. VI-Isolation of a New Sesquilignan and Neoligna Glycosides. *Chem Pham Bull*, 1987, 35 (5): 1803 – 1807.

［27］ Nakamura T, Nakazawa Y, Onizuka S, etal. Twelve Phenolics from Leaves of Eucommia ulmoides. *Nat Med*, 1998, 52 (3): 460 – 465.

［28］ 管淑玉、苏薇薇:《杜仲化学成分与药理研究进展》,《中药材》2003 年第 26 (2) 期。

［29］ 李家实、阎玉凝:《杜仲皮与叶化学成分初步分析》,《中药通报》1986 年第 11 (8) 期。

［30］ 吴龙奇、朱文学、张玉先等:《杜仲中绿原酸含量及提取检测方法分析》,《食品科学》2005 年第 26 (S1) 期。

［31］ 白喜婷、朱文学、罗磊等:《杜仲雄花及花茶中绿原酸含量分析》,《食品工业科技》2007 年第 28 (6) 期。

［32］ Conda R, Tomoda M, Shimizu N, eta1. An Acidic Polysaccharide Having Activity on the Reticufoen Dothelial System from the Bark of Eucommia ulmoides. *Chem Pharm Bull*, 1990, 8 (7): 1966 – 1969.

［33］ Tomodo M. A Reticuloen Dothelial System Activating Glycan from the Barks of Eucommia ulmoides. *Phytochemistry*, 1990, 29 (10): 3091 – 3093.

［34］ 李宁:《国内外新资源食品管理法规和安全性评价》,《中国卫生监督杂志》2011 年第 1 期。

［35］ 王永芳:《我国新资源食品管理现状与分析》,《中国卫生监督杂志》2011 年第 1 期。

［36］ 孙春伟、赵桂华:《从新资源食品到新食品原料的制度变迁与应对》,《食品工业科技》2014 年第 1 期。

［37］《"新资源食品"更名为"新食品原料"》,《食品与药品》2013 年第 6 期。

［38］《新食品原料安全性审查管理办法》,《中国食品添加剂》2013 年第 4 期。

［39］ 任珈瑶:《〈新食品原料安全性审查管理办法〉解读》,《中国标准导报》2013 年第 8 期。

［40］《我国"新食品原料"不包括转基因食品》，《农业机械》2013 年第 23 期。

［41］郭美丽、周燕平、何海健等：《杜仲籽油毒理学安全性评价》，《毒理学杂志》2008 年第 22（3）期。

［42］杜红岩、李钦、傅建敏等：《杜仲雄花茶的食品安全性毒理学》，《中南林业科技大学学报》2008 年第 28（2）期。

［43］杜红岩、李钦、杜兰英：《杜仲雄花茶对大鼠毒副作用的实验研究》，《中南林业科技大学学报》2009 年第 29（5）期。

［44］郭美丽、周燕平、冯暄：《杜仲籽油辅助降血脂作用实验研究》，《中国预防医学杂志》2008 年第 9（7）期。

［45］文飞亚、向志钢、陈军等：《杜仲翅果油对小鼠实验性高脂血症的影响》，《齐齐哈尔医学院学报》2012 年第 33（8）期。

［46］向志钢、李先辉、张永康：《杜仲翅果油体外抗氧化能力研究》，《食品科学》2011 年第 32（17）期。

［47］王丽梅、叶诚、吴晨等：《紫苏油对衰老模型大鼠的抗衰老作用研究》，《食品科技》2013 年第 38（1）期。

［48］姚思宇、赵鹏、李彬等：《α－亚麻酸对小鼠免疫功能影响的实验研究》，《中国热带医学》2007 年第 7（3）期。

［49］王彦武、赵鹏、刘荣珍等：《α－亚麻酸减肥功能的实验研究》，《中国热带医学》2005 年第 5（4）期。

［50］亚一：《α－亚麻酸抗抑郁、改善情绪和睡眠》，《上海中医药报》2008 年。

［51］徐章华、邵玉芬：《A－亚麻酸对大鼠行为、视网膜及肝脑脂肪酸构成的影响》，《中国公共卫生》2002 年第 18（3）期。

［52］任杰、杨泽华、郑圣颖等：《α－亚麻酸的体外抗炎作用机制研究》，《云南大学学报》（自然科学版）2009 年第 31（S1）期。

［53］王永奇、王威、梁文波等：《紫苏油抗过敏、炎症的研究》，《中草药》2001 年第 32（1）期。

［54］于小华、李双杰、张平等：《纳米α－亚麻酸对病毒性心肌炎小鼠巨噬细胞移动抑制因子表达的影响》，《实用儿科临床杂志》2009 年第 24（13）期。

［55］陈杰斌、胡浩忠、姚炳华等：《纳米α－亚麻酸对病毒性心肌炎小鼠心肌损伤的保护作用》，《中国新药杂志》2009 年第 18（1）期。

［56］陶辉宇、李丽、陈杰斌等：《纳米α－亚麻酸对大鼠阿霉素心肌损伤的保护作用及其抗氧化机制研究》，《中国现代医学杂志》2006 年第 16（13）期。

［57］王军、梁颖、章咏裳等：《α－亚麻酸抑制大鼠肾草酸钙结晶形成的实验研究》，《中华泌尿外科杂志》2004 年第 25（3）期。

［58］梁颖、刘金宝、王军等：《α－亚麻酸对草酸钙结石大鼠尿纤溶活性影响的实验研究》，《新疆医科大学学报》2006 年第 25（9）期。

［59］王军、叶章群、宋波等：《α－亚麻酸对草酸钙结石大鼠细胞因子的影响》，《临

床泌尿外科杂志》2005 年第 20（10）期。

［60］王军、梁颖、章咏裳等：《α－亚麻酸对草酸钙结石鼠前列腺素 E2 的影响》，《临床泌尿外科杂志》2003 年第 18（9）期。

［61］张薇、贾国良、王四旺等：《α－亚麻酸对高糖导致的人脐静脉内皮细胞损伤的影响》，《心脏杂志》2008 年第 20（3）期。

［62］姜明霞、郑锦锋、虞伟等《α－亚麻酸对高糖损伤 LLC－PK1 细胞的保护作用及其机制探讨》，《卫生研究》2012 年第 41（2）期。

［63］赵要武、付娟、周绍良等：《α－亚麻酸对高糖下人红细胞抗氧化系统和膜的影响》，《江苏预防医学》2013 年第 24（2）期。

［64］韩淑芳、李晓燕、张薇等：《α－亚麻酸对实验性糖尿病动物内皮功能保护作用的研究》，《中华临床医师杂志》（电子版）2013 年第 7（2）期。

［65］张利华、张薇、韦广洪等：《α－亚麻酸对糖尿病大鼠炎症介质和氧化应激的影响》，《中国应用生理学杂志》2012 年第 28（1）期。

［66］田菲、张薇、周和平等：《α－亚麻酸减轻糖尿病大鼠心肌缺血/再灌注损伤》，《基础医学与临床》2012 年第 32（12）期。

［67］谢丽涛、黄济群：《不饱和脂肪酸及其硒化物对 BEL－7402 人肝癌细胞的杀伤作用及 DNA 合成的影响》，《中国肿瘤临床》1998 年第 25（7）期。

［68］谢丽涛、黄济群、陈家坤：《三种脂肪酸对人肝癌细胞 DNA 合成和甲胎蛋白分泌的影响》，《癌变畸变突变》1998 年。

［69］王莉娟、吴金明、方红龙等：《α－亚麻酸对转化生长因子 β1 诱导的肝星状细胞的影响》，《世界华人消化杂志》2013 年第 21（9）期。

［70］李钦、杜红岩、马凤仙等：《一种富含 α－亚麻酸的保健调味油及其制备方法》，《中国发明专利 201210083948》。

［71］李钦、杜红岩、马凤仙等：《一种富含 α－亚麻酸的蛋黄酱》，《中国发明专利 201310355541》。

［72］赵德义、张康健、赵辉等：《富含 α－亚麻酸的杜仲花粉软胶囊制备方法》，《中国发明专利 2007100172239》，2010。

［73］湖南奇异生物科技有限公司：《杜仲籽油美白润肤乳液及其制备方法》，《中国发明专利 2013100191057》，2013。

［74］湖南奇异生物科技有限公司：《杜仲籽油纳米乳注射液的制备方法》，《中国发明专利 2013100228047》，2013。

［75］吕静基：《一种杜仲籽油维生素复方软胶囊制剂及其制备方法》，《中国发明专利 201310100306X》，2013。

［76］吕静基：《一种杜仲籽油红曲复方软胶囊制剂及其制备方法》，《中国发明专利 2013101002300》，2013。

［77］杜兰英、乌云塔娜、杜红岩等：《一种杜仲营养饼干》，《中国发明专利 2013102799090》，2013。

［78］崔卜东、贾林等：《含有杜仲籽油和植物甾醇的降血脂组合物及制备方法》，《中国发明专利 2012102172802》，2014。

［79］崔卜东、贾林等：《含有杜仲籽油和沙棘油的降血脂组合物及制备方法》，《中国发明专利 2012102172573》，2014。

［80］崔卜东、贾林等：《一种含有杜仲籽油的降血脂组合物及制备方法》，《中国发明专利 2012102172677》，2014。

［81］王月华、范丽君、李文娟等：《一种富含杜仲籽油的玉米调和油及其制备方法》，《中国发明专利 2013105366240》，2014。

［82］王月华、毕小兰、房涛等：《一种含杜仲籽油的玉米调和油及其制备方法》，《中国发明专利 2013105367582》，2014。

［83］杜红岩、李芳东、杜兰英：《杜仲雄花茶及其加工工艺》，《中国发明专利 98117579》，2001。

［84］杜红岩、李芳东、杜兰英等：《一种杜仲雄花茶的加工方法》，《中国发明专利 201210228157》，2013。

［85］杜红岩、李钦、杜兰英等：《一种杜仲雄花茶饮料及其加工方法》，《中国发明专利 2012104711268》，2013。

［86］杜红岩、李芳东、李福海等：《杜仲红茶及其生产方法》，《中国发明专利 2011100562429》，2012。

［87］杜红岩、李芳东、杜兰英等：《一种杜仲雄花酒及其制备方法》，《中国发明专利 2013101301196》，2014。

［88］杜红岩、杜兰英、乌云塔娜等：《一种杜仲养生挂面及其生产方法》，《中国发明专利 2013102032303》。

［89］董娟娥、张康健、马希汉等：《绿色杜仲雄花蕾茶的制备方法》，《中国发明专利 2005100428833》，2006。

［90］王宏涛、吕静基：《杜仲雄花参叶茶及其速溶茶的制备方法》，《中国发明专利 2010102943492》。

［91］董娟娥、赵德义、任少龙等：《一种杜仲花叶茶及其制备方法》，《中国发明专利 2011100675751》，2012。

［92］李钦、许兰波、杜红岩等：《一种功能型杜仲豆芽及其生产方法》，《中国发明专利 2013100379564》，2014。

［93］刘卫春：《一种杜仲养生挂面及其制备方法》，《中国发明专利 2014100474915》。

［94］杜兰英、乌云塔娜、杜红岩等：《一种杜仲雄花果酒的加工方法》，《中国发明专利 2013101301209》。

［95］樊英寿、竺安荣、令狐世汉等：《以杜仲叶为原料制取杜仲叶茶的方法》，《中国发明专利 86105719》。

［96］世良丰、中泽庆久、中田千登世等：《杜仲茶及其制造方法》，《日本发明专利 96100505X》，2001。

［97］杨建新：《一种杜仲金银花茶及其制作方法》，《中国发明专利2011100708030》，2012。

［98］王浩贵：《一种杜仲保健茶》，《中国发明专利2005100861745》。

［99］王水生：《普洱杜仲茶及制造方法》，《中国发明专利2007101523393》。

［100］程辰：《一种健康长寿杜仲桂花茶及制造方法》，《中国发明专利201010134020X》。

［101］程顺：《一种健康长寿杜仲雪莲果茶及制备方法》，《中国发明专利201110125588X》。

［102］刘冬成、万端极、徐国念等：《一种杜仲红茶粉的制备方法》，《中国发明专利2011100718456》。

［103］刘冬成、万端极、徐国念等：《一种杜仲绿茶粉的制备方法》，《中国发明专利2011100718422》。

［104］曹芬：《一种杜仲茶及其制作方法》，《中国发明专利2012103181048》。

［105］刘仕春：《一种杜仲双花茶的制备方法》，《中国发明专利2013107255204》。

［106］江月锋：《一种杜仲落枕保健茶》，《中国发明专利2012103921841》。

［107］廖洋镱：《一种杜仲保健茶》，《中国发明专利2014100648974》。

［108］赵建国：《一种杜仲茉莉花茶的制作方法及其产品》，《中国发明专利2014101281680》。

［109］贾增申：《一种杜仲固体饮料及其制备方法》，《中国发明专利94108745X》。1999。

［110］邓勇、彭明：《一种杜仲可乐及其制备方法》，《中国发明专利961098120》。

［111］翟文俊：《一种杜仲叶保健饮料的制备方法》，《中国发明专利2005100428763》，2007。

［112］潘亚磊、武祥龙、翟远坤等：《一种杜仲叶和山楂饮料的制备方法》，《中国发明专利2011103563601》。

［113］潘亚磊、武祥龙、翟远坤等：《一种杜仲叶和枸杞饮料的制备方法》，《中国发明专利2011103551445》。

［114］潘亚磊、武祥龙、翟远坤等：《一种杜仲叶大枣饮料的制备方法》，《中国发明专利2011103566578》。

［115］王前华、李兴彪：《一种含杜仲的保健饮料》，《中国发明专利2012105024164》。

［116］谭荔予：《一种杜仲茶饮料及其制备方法》，《中国发明专利2012105435392》。

［117］翟文俊：《一种杜仲开胃保健饮品的制备方法》，《中国发明专利2013106582567》。

［118］翟文俊：《一种杜仲复合抗疲劳功能饮料的制备方法》，《中国发明专利2013106581687》。

［119］郑方：《一种杜仲银杏保健饮料》，《中国发明专利2012103739020》。

［120］何明智：《杜仲酒的制作方法》，《中国发明专利931109671》。

［121］汪懋林、李绚：《杜仲花粉酒》，《中国发明专利93115376X》。

［122］杨敦豪、蔡旻君：《一种杜仲酒及其制备方法》，《中国发明专利2007100502845》，2010。

［123］李建华：《一种杜仲酒》，《中国发明专利2010105478191》。

［124］王维全：《一种灵芝杜仲酒》，《中国发明专利2013106150953》。

［125］杜红岩、李芳东、杜兰英等：《一种杜仲种子酒的加工方法》，《中国发明专利2013102032676》，2014。

［126］江月锋：《一种杜仲落枕保健酒》，《中国发明专利2012103921911》。

［127］杜红岩、李芳东、黄文豪等：《一种培育功能型杜仲木耳的生产方法》，《中国发明专利2012100299372》，2013。

［128］杜红岩、黄文豪、杜兰英等：《利用杜仲植物剩余物培育杜仲香菇的生产方法》，《中国发明专利2011100202809》，2012。

［129］贺榆霞、贺建超、李峻志等：《杜仲叶渣栽培平菇试验初报》，《陕西农业科学》2011年第1期。

［130］彭珊珊、郭育东：《杜仲糕》，《中国发明专利011145609》，2003。

［131］任少龙、张康健、赵德义等：《一种富含天然活性物质的杜仲山楂挂面制备方法》，《中国发明专利2007100177321》，2009。

［132］向华、洪剑锋：《杜仲挂面及其在预防和治疗高血压中的应用》，《中国发明专利2014100299206》。

［133］程顺：《一种健康长寿杜仲营养米粉及制备方法》，《中国发明专利2011102001999》。

［134］程顺：《一种健康长寿杜仲营养面条及制备方法》，《中国发明专利2011102004037》。

［135］邓后勤、向延勋：《一种杜仲红薯粉及其生产方法》，《中国发明专利2012101569082》，2013。

［136］程顺：《一种健康营养杜仲、金银花香肠及制备方法》，《中国发明专利2012102287670》。

［137］张柏林、贾春凤、戎柯晓等：《一种杜仲醋饮及其配制方法》，《中国发明专利2012100894683》。

［138］董书阁、侯文燕、董静静等：《一种杜仲营养保健面包》，《中国发明专利2013106023106》。

［139］王琳琳：《一种杜仲强筋健骨火锅料及生产方法》，《中国发明专利2014100783514》。

［140］宗留香、毛薇、肖青苗：《杜仲茶果冻的研究》，《食品工业科技》2005年第4期。

［141］刘亮、卢琪、段加彩等：《杜仲茶酸奶的研制及茶粉、绿原酸对酸奶品质的影响》，《食品科学》2010年第12期。

［142］ 袁云香：《杜仲在食品加工中的应用》，《北方园艺》2013 年第 2 期。

［143］ 黄丽莉、段玉芳、杨春霞：《杜仲综合开发利用及产业化发展探讨》，《农学学报》2013 年第 6 期。

［144］ 梁雪娟、张水寒、刘婵：《杜仲综合开发利用与产业化现状概述》，《中国商品学会中药商品专业委员会·第三届中国中药商品学术年会暨首届中药葛根国际产业发展研讨会论文集》，《中国商品学会中药商品专业委员会》2012 年第 7 期。

［145］ 黄友谊、冀志霞、杨坚：《杜仲茶开发现状》，《茶叶机械杂志》2001 年第 2 期。

［146］ 张育松、陈洪德：《杜仲茶的保健功效及开发前景》，《中国茶叶》1994 年第 5 期。

［147］ 沈立荣：《前景广阔的健康饮料——杜仲茶》，《今日科技》1996 年第 2 期。

［148］ 马毓霞、王勇、高阳：《我国功能食品发展的现状与趋势》，《中国食物与营养》2005 年第 4 期。

［149］ 罗秀阳、田呈瑞：《杜仲叶保健作用及其在食品加工中的应用》，《晋东南师范专科学校学报》2003 年第 5 期。

［150］ 成妮妮：《国内外功能食品的需求现状及发展趋势》，《食品工业科技》2012 年第 8 期。

［151］ 王彩梅、苏安祥、杨海军：《中国功能性食品现状及发展趋势》，《食品安全导刊》2012 年第 6 期。

质 量 标 准

Quality Standards

G.8
杜仲产品质量标准

8-1　杜仲雄花茶质量标准

杜红岩　李钦　杜兰英　马凤仙　李铁柱　李福海*

（一）范围

本标准规定了杜仲雄花茶质量标准中的杜仲雄花鲜花采集与保鲜、杜仲雄花加工条件、分级、感官指标、理化指标、包装材料的技术操作标准。

本标准适用于杜仲雄花茶的加工与生产。

（二）规范性引用文件

下列文件中的条款通过本标准的引用而成为本标准的条款。凡是注日期的

　＊　杜红岩、杜兰英、李铁柱、李福海，中国林业科学研究院经济林研究开发中心，郑州，450003；国家林业局杜仲工程技术研究中心，郑州，450003。李钦、马凤仙，河南大学药学院，开封，475004；国家林业局杜仲工程技术研究中心，郑州，450003。

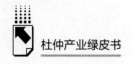

引用文件，其随后所有的修改单（不包括勘误的内容）或修订版均不适用于本标准。然而，鼓励根据本标准达成协议的各方研究是否可使用这些文件的最新版本。凡是不注日期的引用文件，其最新版本适用于本标准。

GB7718 - 1994 食品标签通用标准

GB/T5009.11 - 1996 食品中总砷的测定方法

GB/T5009.19 - 1996 食品中六六六、滴滴涕残留量的测定方法

（三）术语和定义

本标准所指杜仲雄花茶是杜仲（*Eucommia ulmoides* Oliv.）的雄花经过杀青、干燥等工艺制成的初制茶和经整形、归类等工艺制成的精制茶（或称成品茶）。

（四）杜仲雄花鲜花采集与保鲜

1. 杜仲雄花鲜花采集

（1）采摘时期

在每年春季杜仲雄花开花的盛花期，采摘新鲜的杜仲雄花的雄蕊。

（2）新鲜雄花的装运

用清洁透气性良好的篮、框等装运，不得紧压，不得用布袋、塑料袋等软包装材料。运输工具清洁卫生，运输途中避免日晒雨淋，不得与有异味、有毒的物品混装。

（3）鲜雄花验收

杜仲雄花采集后，去除杂质，放在通风干燥处摊晾 24 ~ 28 小时。

2. 杜仲雄花保鲜

（1）冷贮保鲜基本要求

杜仲雄花装入厚度为 0.01 ~ 0.08cm 的 PE（聚乙烯）调气透湿袋中，每袋装杜仲雄花 0.5 ~ 3kg，迅速放入温度为 0℃ 的预冷库中，预冷 3 ~ 15 小时，将经过预冷的杜仲雄花，扎紧口袋，至专用冷库中贮藏，置于货架上，不得相互挤压，1 ~ 2 天检查一次。

（2）冷贮库房要求

库房清洁，无异味，无毒，无污染。空气相对湿度 85% ~ 98%，温度 0.1℃ ~ 5℃，O_2 浓度 5% ~ 15%，CO_2 浓度 1% ~ 5%，避光。

（五）杜仲雄花茶加工

1. 环境条件

杜仲雄花茶厂选址应远离粪池、垃圾场、工矿区、省道、国道及其他污染源，在杜仲雄花茶加工场所禁止吸烟。

2. 设备要求

必须符合食品加工要求的卫生条件，设备材料不污染杜仲雄花茶，使用前后均应清洗，禁用含铅材料制造设备。

3. 人员要求

参与杜仲雄花茶加工人员上岗前和每年均须体检，健康合格者才能上岗。必须保持个人卫生，禁止随地吐痰。

4. 杀青

通常用封闭式滚筒杀青机或炒茶锅杀青，杀青锅温 200℃ ~ 260℃，使花温在 0.5 ~ 1.5 分钟内达到 80℃ ~ 100℃，保持杀青时间 1.5 ~ 2.5 分钟。

5. 烘干

杀青后进行低温干燥处理，其干燥温度为 45℃ ~ 65℃，保持低温干燥 60 ~ 120 分钟，即可加工成杜仲雄花茶。

（六）杜仲雄花茶的分级

按感官评定杜仲雄花茶品质高低分为四个级：特级、一级、二级、三级。

（七）杜仲雄花茶感官指标

1. 感官品质基本要求

外形呈条索或微卷曲状，茶条紧结，粗细均匀，色泽绿色、浅绿色或棕褐色；汤色绿色、浅绿色或棕褐色；饮后口感润滑，味醇不涩，回味甘甜持久；无异味、无杂质。

2. 感官品质指标

各级杜仲雄花茶等级指标见表1。

表1　各级杜仲雄花茶等级指标

等级	长度（cm） 条形	径粗 （mm）	其　他　要　求
特级	0.6～1.5	0.6～1.2	茶体绿色,汤色亮绿至浅棕色,闻有微香,置6小时汤色不变
一级	0.6～1.5	0.6～1.2	茶体浅绿色,汤色亮绿至浅棕色,闻有微香,置6小时汤色不变
二级	0.6～1.5	0.6～1.2	茶体墨绿或棕褐色,汤色深绿或褐色,闻有青气或煳味,置6小时后汤色变墨绿
三级	0.6～1.5	0.6～1.2	茶体黑绿或棕褐色,汤色墨绿或褐色,闻有青气或煳味,置6小时后汤色变黑色

（八）杜仲雄花茶理化指标

杜仲雄花茶理化指标见表2。

表2　杜仲雄花茶理化指标

项目	指标
水分,%（m/m）　≤	12.0
总灰分,%（m/m）　≤	7.0
酸不溶性灰分,%（m/m）　≤	1.0
碎末茶,%（m/m）　≤	6.0
水浸出物,%（m/m）　≥	30.0
绿原酸,%（m/m）　≥	0.30
氨基酸,%（m/m）　≥	18.0
总黄酮,%（m/m）　≥	2.5

（九）杜仲雄花茶质量安全要求

应符合 GB/T 2762、GB/T 2763 规定,指标见表3。

（十）杜仲雄花茶包装材料

1. 内包装材料符合 GB/T 11680、GB/T 9687 和 GB/T 9688 规定要求。包装容器清洁、干燥、无异味、无毒。

表3　质量安全要求

项目	指　标（mg/kg）
铅（Pb）　≤	5
乙酰甲胺磷　≤	0.1
滴滴涕（DDT）　≤	0.2
六六六（HCH）　≤	0.2
氯氰菊酯　≤	20
氯菊酯　≤	20
溴氰菊酯　≤	10
氟氰戊菊酯　≤	20
顺式氰戊菊酯　≤	2
杀螟硫磷　≤	0.5

2. 组合包装或整体包装箱内，应放置产品合格证，合格证上应有检验员签章。

3. 包装箱要求牢固、整洁、防潮、无毒，便于装卸、运输和仓储。包装箱上的标识应符合 GB/T 191 规定。

4. 小包装杜仲雄花茶应密封。

8-2　杜仲籽油产品质量标准

杜红岩　李　钦　杜兰英　姜晓芳　乌云塔娜　陈　静*

（一）范围

本标准规定了杜仲籽油的加工方法、质量等级、理化指标（酸值、杂质、水分、挥发物、过氧化值等）、包装、标签。

本标准适用于用杜仲籽为原料制成的杜仲籽油。

＊　杜红岩、杜兰英、乌云塔娜，中国林业科学研究院经济林研究开发中心，郑州，450003；国家林业局杜仲工程技术研究中心，郑州，450003。李钦、姜晓芳、陈静，河南大学药学院，开封，475004；国家林业局杜仲工程技术研究中心，郑州，450003。

（二）规范性引用文件

下列文件中的条款通过本标准的引用而成为本标准的条款。凡是注日期的引用文件，其随后所有的修改单（不包括勘误的内容）或修订版均不适用于本标准。凡是不注日期的引用文件，其最新版本适用于本标准。

GB/T5528 – 1995 植物油脂水分和挥发物含量测定

GB/T5530 – 2005 动植物油脂酸值和酸度测定

GB/T5538 – 2005 动植物油脂过氧化值测定

GB/T5532 – 2008 动植物油脂碘值的测定

GB9679 – 1989 食品包装用原纸卫生标准

GB14935 – 1994 食品中铅限量卫生标准

GB/T17331 – 1998 食品中有机磷和氨基甲酸酯类农药多种残留的测定

GB18191 – 2008 包装容器危险品包装用塑料桶

GB7718 食品标签通用标准

（三）术语和定义

杜仲籽油：以杜仲籽为原料制成的杜仲籽油

（四）杜仲籽油的加工方法

1. 杜仲籽的脱壳

杜仲籽采摘之后自然晾干，利用杜仲籽剥壳机剥壳，得到杜仲种仁。

2. 杜仲籽油的提取

杜仲籽油的提取采用超临界 CO_2 萃取技术进行提取。将杜仲籽烘干并粉碎至 30 ~ 50 目，把杜仲籽粉放入萃取釜中，萃取压力为 25 ~ 35MPa，萃取温度为40℃ ~ 55℃，萃取时间为 0.5 ~ 6h；分离压力为 4 ~ 8MPa，分离温度为 40℃ ~ 55℃。

3. 杜仲籽油的精炼

（1）杜仲籽油的脱胶

杜仲籽油的脱胶采用水化脱胶的方法，把油在中速搅拌（40r/min）的条件下逐渐升温至60℃～65℃，然后按毛油胶质含量的2～3倍，均匀加入同油温的水，保持温度不变，继续搅拌30～40min，待胶粒絮凝呈现明显分离状态时取样用滤布滤出净油，做280℃加热试验，若无析出物即可停止搅拌，经过静置沉降，上层水化净油经过滤即可得水化脱胶油。

（2）杜仲籽油的脱酸

按照GB/T5530－2005测定水化脱胶油的酸值，根据酸值计算烧碱的加入量。计算公式为：$G_{NaOH} = G_{油} \times Av \times 7.13 \times 10^{-4} + G_{油} \times B\%$ ［式中G_{NaOH}为NaOH的添加量，$G_{油}$为毛油的重量（Kg），Av为毛油的酸值（mgKOH/g），B为超量碱系数，取$B = 0.05\% \sim 0.3\%$］。根据杜仲籽油酸值选择碱炼温度及烧碱的浓度（见表1）。

将油在搅拌（60r/min）的情况下加热至碱炼初始温度，将全部碱液在5～10min内一次加完，继续搅拌至油皂呈明显分离时（20～50min），降低搅拌速度至30r/min左右，通过加热装置以1℃/min的速度将油温度升至碱炼终温，并保温沉降，排掉毛油皂脚，即可得到碱炼油。

表1　碱液浓度与操作温度的关系

烧碱浓度（°Bé）	油脂酸值（mgKOH/g）	操作温度（℃）		备注
		初温	终温	
4～6	5以下	75～80	90～95	用于浅色油品精制
12～14	5～7	50～55	60～65	用于浅色油品精制
16～24	7～9	25～30	45～50	用于深色油品精制
24以上	9以上	20～30	20～30	用于深色油品精制

（3）水洗及脱水

洗涤操作温度（油温和水温）不低于85℃～90℃，洗涤水要分布均匀，搅拌强度适中，洗涤用水应采用软水，每次洗涤用水量为油量的10%～15%，洗涤2～3次，直到油中残皂量符合指标为止。将洗涤合格的油转入干燥设备脱水干燥，干燥过程应采用真空干燥工艺，操作温度100℃～105℃，真空度0.08～0.1MPa。

（4）杜仲籽油的脱色

将干燥后的油送入脱色设备中，加入 2.5% ~ 3.0% 的活性白土，温度恒定在 75℃ ~ 85℃，真空度为 0.08 ~ 0.1MPa，搅拌速度为 55 ~ 65r/min，脱色 20 ~ 35min。脱色结束后把油过滤至清亮透明，充入 N_2 破真空。

4. 杜仲籽油的脱臭

将脱色过滤油送入脱臭设备中，控制油温 145℃ ~ 155℃，真空度 0.08 ~ 0.1MPa，维持 1.5 ~ 3.0h，脱臭完成后充入 N_2。

（五）质量等级

分为毛油和精油。

（六）理化指标 （表2）

表2 杜仲籽油理化指标

项目	指标	
	毛油	精油
色泽	棕褐色	黄棕色
酸值(mgKOH/g)	≤5	≤1.0
过氧化值(meq/Kg)	—	≤5.0
皂化值(mg/g)	—	183 ~ 195
水分及挥发物(%)	—	≤0.05
重金属检查(以 Pb 计)/(mg/Kg)	≤0.1	≤0.1
α - 亚麻酸	≤45%	≤55%

（七）包装

包装用专用塑料桶应符合 GB18191 规定，而且要清洁、干燥和密封。

（八）标签

按 GB7718 规定执行。

8-3 杜仲叶提取物质量标准

李 钦　杜红岩　杜兰英　李铁柱　马凤仙　张 瑜　李福海*

（一）范围

本标准规定了杜仲叶采集与保鲜、生产的技术规范，杜仲叶提取物的理化指标（活性成分含量、鉴别、重金属、有机溶剂残留、水分、挥发物等），及包装、标签的操作标准。

本标准适用于杜仲叶标准提取物。

（二）规范性引用文件

下列文件中的条款通过本标准的引用而成为本标准的条款。凡是注日期的引用文件，其随后所有的修改单（不包括勘误的内容）或修订版均不适用于本标准。然而，鼓励根据本标准达成协议的各方研究是否可使用这些文件的最新版本。凡是不注日期的引用文件，其最新版本适用于本标准。

GB/T5009.11-1996 食品中总砷的测定方法

GB7718-1994 食品标签通用标准

GB14935-1994 食品中铅限量卫生标准

《中国药典》（2010年）第154页　杜仲叶质量标准

（三）术语和定义

本标准所指杜仲叶提取物是指杜仲叶（*Eucommia ulmoides* leaf）经水提、除杂而得到的绿原酸和黄酮类提取物。

---

* 李钦、马凤仙、张瑜，河南大学药学院，开封，475004；国家林业局杜仲工程技术研究中心，郑州，450003。杜红岩、杜兰英、李铁柱、李福海，中国林业科学研究院经济林研究开发中心，郑州，450003；国家林业局杜仲工程技术研究中心，郑州，450003。

（四）杜仲叶采集、干制与贮藏

1. 杜仲叶采集

杜仲叶采叶时间可设在夏季 5 月下旬至 6 月下旬或秋季 8 月下旬至 10 月中旬。

2. 杜仲叶干制与贮藏

采摘后的杜仲叶晒干或低温烘干，去除杂质装袋，置于货架上，存放于干燥、通风的仓库里，注意防潮、防晒、防虫、防鼠害。

（五）杜仲叶标准提取物生产技术规范

1. 环境条件

杜仲叶标准提取物厂选址应远离粪池、垃圾场、工矿区、省道、国道及其他污染源，在杜仲叶标准提取物加工场所禁止吸烟。

2. 设备要求

必须符合食品加工要求的卫生条件，设备材料不污染杜仲叶提取物，使用前后均应清洗，禁用含铅材料制造设备。

3. 人员要求

参与杜仲叶提取物加工人员上岗前和每年均须体检，健康合格者才能上岗。必须保持个人卫生，禁止随地吐痰。

4. 杜仲叶提取物的提取

取经过干制的杜仲叶，粉碎至 20～80 目，按照重量百分比，1 份杜仲叶加水 50～100 份，95℃～100℃煎煮三次，第一、二次各 1 小时，第三次 0.5 小时，滤过，合并滤液，减压浓缩至相对密度为 1.05～1.10（70℃）的清膏，喷雾干燥，即得杜仲叶标准提取物。

（六）理化指标

1. 含量测定

（1）绿原酸含量测定

绿原酸的测定采用高效液相色谱法。

1）色谱条件与系统适用性试验

以十八烷基硅烷键合硅胶为填充剂；以乙腈－0.4%磷酸（13∶87）为流动相；检测波长为327nm，理论板数按绿原酸峰计算应不低于1500。

2）对照品溶液的制备

取绿原酸对照品适量，精密称定，置棕色量瓶中，加50%甲醇制成每1ml含50μg的溶液，即得。

3）供试品溶液的制备

取本品粉末约10mg，精密称定，置棕色量瓶中，加50%甲醇摇匀，滤过，取续滤液，即得。

4）测定法

分别精密吸取对照品溶液与供试品溶液各10μl，注入液相色谱仪，测定，即得。

本品按干燥品计算，含绿原酸（$C_{16}H_{18}O_9$）不得少于4%。

（2）总黄酮含量测定

总黄酮的含量测定采用分光光度法。

1）对照品溶液的制备

取芦丁对照品适量，精密称定，置容量瓶中，加甲醇制成每1ml含200μg的溶液，即得。

2）标准曲线的制备

精密量取对照品溶液2ml、4ml、6ml、8ml、10ml、12ml，分别置50ml量瓶中，各加甲醇至刻度，摇匀，加50g/L亚硝酸钠溶液2ml，混匀，放置6min，加100g/L硝酸铝溶液2ml，混匀，放置6min，加氢氧化钠溶液20ml，再加水至刻度，摇匀，放置15min，即得。以相应的试剂为空白，照紫外－可见分光光度法（《中国药典》（2010年），附录Ⅴ A），在500nm的波长处测定吸光度，以吸光度为纵坐标，浓度为横坐标，绘制标准曲线。

3）测定法

取本品粉末约0.1g，精密称定，置索氏提取器中，加乙醚适量，加热回流至提取液无色，放冷，弃去乙醚液。再加甲醇30ml，加热回流2h至提取液无色，将提取液转移至50ml量瓶中，加甲醇至刻度，摇匀。精密量取提取溶液 5mL 置 50mL 量瓶中，加水至总体积为 12mL，照标准曲线制备项下的方法，自"加 50g/L 亚硝酸钠溶液 2ml"起，依法测定吸收度，从标准曲线上读出供试品溶液中芦丁的含量，计算，即得。

本品按干燥品计算，含总黄酮以芦丁（$C_{27}H_{30}O_{16}$）计，不得少于 3%。

2. 鉴别

取经 1.（1）3）制备的供试品溶液。再取绿原酸对照品，加甲醇制成每 1ml 含 1mg 的溶液，作为对照品溶液。照薄层色谱法（《中国药典》（2010年），附录 Ⅵ B）试验，吸取上述两种溶液各 5μL，分别点于同一硅胶 H 薄层板上，以乙酸丁酯 – 甲酸 – 水（7∶2.5∶2.5）的上层溶液为展开剂，展开，取出，晾干，置紫外光灯（365nm）下检视。供试品色谱中，在与对照品色谱相应的位置上，显相同颜色的荧光斑点。

3. 重金属

（1）铅：按 GB 14935 – 1994 规定的方法测定。

（2）砷：按 GB/T 5009.11 – 1996 规定的方法测定。

4. 有机溶剂残留

应符合 GB 2762、GB 2763 规定，指标见表 1。

表1 有机溶剂残留指标

项　目	指　标（mg/kg）
铅（Pb）　≤	5
乙酰甲胺磷　≤	0.1
滴滴涕（DDT）　≤	0.2
六六六（HCH）　≤	0.2
氯氰菊酯　≤	20
氯菊酯　≤	20
溴氰菊酯　≤	10
氟氰戊菊酯　≤	20
顺式氰戊菊酯　≤	2
杀螟硫磷　≤	0.5

5. 水分

照水分测定法（《中国药典》（2010年），附录 Ⅸ H 第一法）规定要求操作。

（七）杜仲叶提取物包装材料和标签

1. 包装材料

（1）内包装材料符合 GB 11680、GB 9687 和 GB 9688 规定要求。包装容器清洁、干燥、无异味、无毒。

（2）组合包装或整体包装箱内，应放置产品合格证，合格证上应有检验员签章。

（3）包装箱要求牢固、整洁、防潮、无毒，便于装卸、运输和仓储。包装箱上的标识应符合 GB/T 191 的规定。

2. 标签

标签应符合 GB 7718 – 2011 的规定要求。

8 – 4 杜仲皮提取物质量标准

李 钦 丁艳霞 杜红岩 李晓光 李铁柱 杜兰英*

（一）范围

本标准规定了杜仲皮采收、加工、包装与贮藏的操作标准，杜仲皮提取物的理化指标（活性成分含量、鉴别、重金属、有机溶剂残留、水分、挥发物等）及其包装、标签的操作标准。

本标准适用于杜仲皮标准提取物。

（二）规范性引用文件

下列文件中的条款通过本标准的引用而成为本标准的条款。凡是注日期的引用文件，其随后所有的修改单（不包括勘误的内容）或修订版均不适用于本标准。然而，鼓励根据本标准达成协议的各方研究是否可使用这些文件的最

＊ 李钦，河南大学药学院，开封，475004。丁艳霞、李晓光，河南大学药学院，开封，475004；杜仲栽培与利用河南省工程实验室，开封，475004。杜红岩、李铁柱、杜兰英，中国林业科学研究院经济林研究开发中心，郑州，450003；国家林业局杜仲工程技术研究中心，郑州，450003。

新版本。凡是不注日期的引用文件，其最新版本适用于本标准。

GB/T5009. 11 – 1996 食品中总砷的测定方法

GB7718 – 1994 食品标签通用标准

GB14935 – 1994 食品中铅限量卫生标准

《中国药典》（2010 年）第 154 页　杜仲质量标准

（三）术语和定义

本标准所指杜仲皮提取物是指利用杜仲（*Eucommia ulmoides* Oliv.）的干燥树皮经醇提、除杂而得到的提取物。

（四）杜仲皮采收、加工、包装与贮藏

1. 杜仲皮采收时间

杜仲皮采集时间一般在春、夏之间，由于各地气候条件不一，具体时间有差异（多为每年 4 ~ 6 月）。

2. 采收方法

选胸径在 10cm 以上的健壮植株，先用利刀在树干基部环割，以此为起点，在其上每隔 40 ~ 80cm 环割 1 刀，于两环间笔直纵向割 1 刀，割后用竹片从纵切口处轻轻拨动，使树皮与木质部分离，边撬边剥，即可将整张树皮剥下；胸径在 10cm 以下的幼树，严禁剥皮。

3. 采收后的加工

杜仲皮剥下后用开水浇烫，然后展开，放置于通风、避雨处的稻草或麦草垫上，使杜仲皮紧密地重叠其上，再用木板加石块压平，四周用草袋或麻袋盖压使"发汗"。7 天后检查，如内皮呈黑褐色或紫褐色，即可取出晒干、压平，晒干的杜仲皮要用刨刀刨去外皮，刨时要注意刨平，最后用棕刷将泥灰刷净。药材以皮厚、内表面暗紫者为佳。

4. 分等包装

杜仲皮的大小、厚薄、质量不一，打包时要分等包装。国家中药材收购标准将杜仲皮分为 4 等。

（1）特等：干货平板状，两端切齐，去净粗皮，外表面灰褐色，内表面

黑褐色，质脆，断处有胶丝相连。味微苦，长 70～80cm、宽 50cm 以上，厚 0.7cm 以上，碎块不超过 10%，无卷形、杂质、霉变。

（2）一等：干货平板状，两端切齐，去净粗皮，外表面灰褐色，内表面黑褐色，质脆，断处有胶丝相连。味微苦，长 40cm 以上，宽 40cm 以上，厚 0.5cm 以上，碎块不超过 10%，无卷形、杂质、霉变。

（3）二等：干货平板状或卷曲状，外表面灰褐色，内表面青褐色，质脆，断处有胶丝相连。味微苦，长 40cm 以上、宽 30cm 以上，厚 0.3cm 以上，碎块不超过 10%，无杂质、霉变。

（4）三等：不符合特、一、二等标准，厚度最薄不得小于 0.2cm，包括枝皮、根皮、碎块均属此等，但也应无杂质、霉变。

5. 贮藏

将已分好等级的杜仲皮分类装好，排列整齐，打捆成件，每件 50 千克，置于货架上，存放于干燥、通风的仓库里，注意防潮、防晒、防虫、防鼠害。

（五）杜仲皮标准提取物生产技术规范

1. 环境条件

杜仲皮标准提取物厂选址应远离粪池、垃圾场、工矿区、省道、国道及其他污染源，在杜仲皮标准提取物加工场所禁止吸烟。

2. 设备要求

必须符合食品加工要求的卫生条件，设备材料不污染杜仲提取物，使用前后均应清洗，禁用含铅材料制造设备。

3. 人员要求

参与杜仲皮提取物加工人员上岗前和每年均须体检，健康合格者才能上岗。必须保持个人卫生，禁止随地吐痰。

4. 杜仲皮提取物的提取

取杜仲皮，放入烘箱 55℃烘干，粉碎至 20～40 目，按照重量百分比，1 份杜仲加 60% 乙醇 8～10 份，回流提取三次（微沸），每次 1.5 小时，滤过，合并滤液，回收乙醇至无醇味，继续浓缩至相对密度约 1.10 的清膏，喷雾干燥，即得杜仲皮标准提取物。

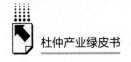
（六）理化指标

1. 含量测定

（1）松脂醇二葡萄糖苷含量测定

松脂醇二葡萄糖苷的含量测定采用高效液相色谱法。

1）色谱条件与系统适用性试验

以十八烷基硅烷键合硅胶为填充剂；以甲醇－水（20∶80）为流动相；检测波长为277nm，理论板数按松脂醇二葡萄糖苷峰计算应不低于1000。

2）对照品溶液的制备

取松脂醇二葡萄糖苷对照品适量，精密称定，加甲醇制成每1ml含0.55mg的溶液，即得。

3）供试品溶液的制备

取本品粉末约1g，置于50ml容量瓶中，加适量甲醇使溶解，加甲醇定容至刻度，摇匀，滤过，取续滤液，即得。

4）测定法

分别精密吸取对照品溶液与供试品溶液各5μl，注入液相色谱仪，测定，即得。本品按干燥品计算，含松脂醇二葡萄糖苷（$C_{32}H_{42}O_{16}$）不得少于0.2%。

（2）京尼平苷、京尼平苷酸、绿原酸的含量测定

京尼平苷、京尼平苷酸、绿原酸的含量测定采用高效液相色谱法。

1）色谱条件与系统适用性试验

以十八烷基硅烷键合硅胶为填充剂；以甲醇－水－冰醋酸（13∶87∶1.5）为流动相；检测波长为237nm，理论板数按绿原酸峰计算应不低于2000。

2）对照品溶液的制备

分别精密称取京尼平苷酸对照品1.8mg、绿原酸对照品1.8mg、京尼平苷对照品1.3mg置于同一10ml容量瓶中，用甲醇溶解并定容至刻度。制成每1ml分别含京尼平苷酸0.177mg、绿原酸0.183mg、京尼平苷0.128mg的混合对照品溶液，摇匀，即得。

3）供试品溶液的制备

取本品粉末约1g，置于50ml容量瓶中，加适量甲醇使溶解，加甲醇定容

至刻度，摇匀，滤过，取续滤液，即得。

4）测定法

分别精密吸取对照品溶液与供试品溶液各 5μl，注入液相色谱仪，测定，即得。

本品按干燥品计算，含京尼平苷酸（$C_{16}H_{18}O_9$）、绿原酸（$C_{16}H_{18}O_9$）、京尼平苷（$C_{16}H_{18}O_9$）含量之和不得少于 0.5%。

2. 鉴别

取本品 1g，用甲醇溶解定容于 50ml 容量瓶中，滤过，滤液作为供试品溶液待用。再取绿原酸对照品，加甲醇制成每 1ml 含 1mg 的溶液，作为对照品溶液。照薄层色谱法（《中国药典》（2010 年），附录Ⅵ B）试验，吸取上述两种溶液各 10μL，分别点于同一硅胶 H 薄层板上，以乙酸丁酯 - 甲酸 - 水（7：2.5：2.5）的上层溶液为展开剂，展开，取出，晾干，置紫外光灯（365nm）下检视。供试品色谱中，在与对照品色谱相应的位置上，显相同颜色的荧光斑点。

3. 重金属

（1）铅：按 GB 14935 - 1994 规定的方法测定。

（2）砷：按 GB/T 5009.11 - 1996 规定的方法测定。

4. 有机溶剂残留

应符合 GB 2762、GB 2763 规定，指标见表 1。

表 1　有机溶剂残留指标

项　目	指标（mg/kg）	项　目	指标（mg/kg）
铅（Pb）　≤	5	氯菊酯　≤	20
乙酰甲胺磷　≤	0.1	溴氰菊酯　≤	10
滴滴涕（DDT）　≤	0.2	氟氰戊菊酯　≤	20
六六六（HCH）　≤	0.2	顺式氰戊菊酯　≤	2
氯氰菊酯　≤	20	杀螟硫磷　≤	0.5

5. 水分

照水分测定法（《中国药典》（2010 年），附录Ⅸ H 第一法）规定要求操作。

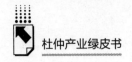

（七）杜仲皮提取物包装材料和标签

1. 包装材料

（1）内包装材料符合 GB 11680、GB 9687 和 GB 9688 的规定要求。包装容器清洁、干燥、无异味、无毒。

（2）组合包装或整体包装箱内，应放置产品合格证，合格证上应有检验员签章。

（3）包装箱要求牢固、整洁、防潮、无毒，便于装卸、运输和仓储。包装箱上的标识应符合 GB/T 191 的规定。

2. 标签

标签应符合 GB 7718 – 2011 的规定要求。

8 – 5 杜仲种子酒的质量标准

李 钦 杜红岩 丁艳霞 许兰波 李铁柱*

（一）范围

本标准规定了杜仲翅果的采收、加工与贮藏标准，杜仲种仁的制备标准，杜仲种子酒的理化指标（检查、甲醇量、乙醇量、活性成分含量等）、包装规格、用法与用量及贮藏的技术标准。

本标准适用于杜仲种子酒。

（二）规范性引用文件

下列文件中的条款通过本标准的引用而成为本标准的条款。凡是注日期的

---

* 李钦，河南大学药学院，开封，475004；杜仲栽培与利用河南省工程实验室，开封，475004；国家林业局杜仲工程技术研究中心，郑州，450003。杜红岩、李铁柱，中国林业科学研究院经济林研究开发中心，郑州，450003；国家林业局杜仲工程技术研究中心，郑州，450003。丁艳霞、许兰波，河南大学药学院，开封，475004；杜仲栽培与利用河南省工程实验室，开封，475004。

引用文件，其随后所有的修改单（不包括勘误的内容）或修订版均不适用于本标准。然而，鼓励根据本标准达成协议的各方研究是否可使用这些文件的最新版本。凡是不注日期的引用文件，其最新版本适用于本标准。

GB/T2757 – 2012 蒸馏酒及配制酒卫生标准

GB/T5009. 11 – 1996 食品中总砷的测定方法

GB7718 – 1994 食品标签通用标准

GB14935 – 1994 食品中铅限量卫生标准

《中国药典》（2010 年）　附录 IX M 乙醇量测定法

《中国药典》（2010 年）　附录 I M 酒剂

（三）术语和定义

1. 蒸馏酒

以粮谷、薯类、水果、乳类等为主要原料，经发酵、蒸馏、勾兑而成的饮料酒。

2. 蒸馏酒的配制酒

以蒸馏酒和（或）食用酒精为酒基，加入可食用的辅料或食品添加剂，进行调配、混合或再加工制成的，又改变了其原酒基风格的饮料酒。

3. 杜仲种子酒

本标准所指杜仲种子酒是指将杜仲（*Eucommia ulmoides* Oliv.）的干燥种仁在白酒中浸提一定时间，过滤取滤液，即为杜仲种子酒。

（四）技术要求

1. 原料要求

应符合相应的标准和有关规定。

2. 杜仲果实采收、加工、包装与贮藏

（1）采种树的选择

采种树应选择生长健壮、光照充足、树皮光滑、无病虫害和未剥过皮的树木。

（2）采种时间

杜仲翅果的采集必须适时，一般在 10 ~ 11 月，种子成熟，果皮变为褐色、棕褐色或黄褐色时采收。采集过早，种胚发育不全，种子未完全成熟，含油量

低，含水量高，呼吸旺盛，易霉变；采集过迟，种子易被风吹散。杜仲翅果以果皮有光泽、种粒饱满、胚乳白色、子叶扁圆形、米黄色者为佳。

（3）采收方法

选择无风或小风的晴天，杜仲翅果不易飘落飞散。用竹竿、木棍轻敲或用手摇动树枝，使杜仲翅果脱落。绝不能砍枝采种，砍枝不但影响次年结实量，而且影响母树的生长。

（4）杜仲翅果处理与贮藏

杜仲翅果采集后，置通风、阴凉处阴干。阴干后，经过净选，即可放在阴凉通风处贮藏，不要堆积太厚，防止发热。

（5）杜仲种仁的制取

取阴干的杜仲翅果，采用杜仲翅果脱壳装置脱壳，采用分选或筛选，将果壳与种仁分开，选择种粒饱满，胚乳白色，子叶扁圆形，米黄色的杜仲种仁，装入塑料袋立即进行真空包装，真空度为 0.06MPa，每个真空包装袋装杜仲种仁 1～3kg，将经过真空包装的杜仲种仁放入 2℃～5℃的冷库中低温贮藏 30 天，备用。

（五）杜仲种子酒生产技术规范

1. 环境条件

杜仲种子酒厂选址应远离粪池、垃圾场、医院、工矿区、省道、国道及其他污染源，在杜仲种子酒加工场所禁止吸烟。

2. 设备要求

必须符合食品加工要求的卫生条件，设备材料不污染杜仲种子酒，使用前后均应清洗，禁用含铅材料制造设备。

3. 人员要求

参与杜仲种子酒加工人员上岗前和每年均须体检，健康合格者才能上岗。必须保持个人卫生，禁止随地吐痰。

4. 杜仲种子酒的制备

将经过冷藏的杜仲种仁，粉碎成粗颗粒，取 5 重量份的杜仲种仁颗粒加入1000 重量份的 55 度酿制白酒中，密封浸提 5 天，滤过，滤液超滤，超滤液无菌灌装，制成杜仲种子酒。

（六）理化指标

1. 感官要求

色泽：本品为清亮透明、浅黄色，无悬浮物，无沉淀。

香气：有杜仲籽的特殊香气。

口味：绵甜净爽、香味协调、余味较长。

风格：具有本品特有的杜仲籽的风格。

2. 检查

乙醇量 应为40%～70%（《中国药典》（2010年），附录ⅨM乙醇量测定法）。

甲醇量（g/L）照酒中甲醇含量测定标准（GB/T5009 48 - 2003）检查，粮谷类≤0.6；其他类≤2.0；应符合规定。

装量 照最低装量检查法（《中国药典》（2010年），附录ⅦC最低装量检查法）检查，应符合规定。

污染物限量 污染物限量应符合GB2762 - 2012的规定。

真菌毒素限量 真菌毒素限量应符合GB2761 - 2011的规定。

其他应符合酒剂项下的各项规定（《中国药典》（2010年），附录ⅠM酒剂）。

3. 含量测定

杜仲种子酒中桃叶珊瑚苷的含量测定

照高效液相色谱法（《中国药典》（2010年），附录ⅥD高效液相色谱法）测定。

色谱条件与系统适用性试验。以十八烷基键合硅胶为填充剂；以甲醇－水（8:92）为流动相；检测波长为206nm；理论板数按桃叶珊瑚苷峰计算不得低于1500。

对照品溶液的制备。称取桃叶珊瑚苷对照品适量，精密称定，加甲醇制成每1ml含0.4mg的溶液，即得。

供试品溶液的制备。精密量取摇匀的杜仲种子酒5ml，过滤至锥形瓶中，过0.22μm的滤膜，取滤液即得。

测定法。分别精密吸取对照品溶液与供试品溶液各5μl，注入液相色谱

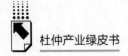

仪，测定，即得。

本品每1ml含桃叶珊瑚苷（$C_{15}H_{22}O_9$）不得少于0.01mg。

4. 包装规格

玻璃瓶包装。

规格：（1）每瓶装500ml；（2）每瓶装250ml；（3）每瓶装100ml。

5. 用法与用量

口服，一次30~60ml，一日2~3次。

6. 贮藏

密封，置阴凉处。

8-6 杜仲籽油软胶囊质量标准

李 钦 丁艳霞 杜红岩 张京京 杜兰英 乌云塔娜*

（一）范围

本标准规定了杜仲籽油软胶囊的技术要求、试验方法、检验规则和标识、标签、包装、运输、储存等。

本标准适用于以杜仲籽油、天然维生素E、明胶、甘油、纯化水、二氧化钛等为主要原料，经混合、压丸、洗丸、干燥、选丸、包装等生产加工工艺精制而成的杜仲籽油软胶囊。

（二）规范性引用文件

下列文件中的条款通过本标准的引用而成为本标准的条款。凡是注日期的引用文件，其随后所有的修改单（不包括勘误的内容）或修订版均不适用于本标准，然而，鼓励根据本标准达成协议的各方研究是否使用这些文件的最新

———————————

* 李钦，河南大学药学院，开封，475004，杜仲栽培与利用河南省工程实验室；国家林业局杜仲
工程技术研究中心，郑州，450003。丁艳霞、张京京，河南大学药学院，开封，475004；杜仲
栽培与利用河南省工程实验室。杜红岩、杜兰英、乌云塔娜，中国林业科学研究院经济林研究
开发中心，郑州，450003；国家林业局杜仲工程技术研究中心，郑州，450003。

版本。凡是不注日期的引用文件，其最新版本适用于本标准。

GB/T 191 – 2008 包装储运图示标志

GB 2760 – 2011 食品添加剂使用卫生标准

GB/T 4789.2 – 2010 食品卫生微生物学　菌落总数测定

GB/T 4789.3 – 2010 食品卫生微生物学　大肠菌群测定

GB/T 4789.4 – 2010 食品卫生微生物学　沙门氏菌检验

GB/T 4789.5 – 2012 食品卫生微生物学　志贺氏菌检验

GB/T 4789.10 – 2010 食品卫生微生物学　金黄色葡萄球菌检验

GB/T 4789.11 – 2003 食品卫生微生物学　溶血性链球菌检验

GB/T 4789.15 – 2010 食品卫生微生物学　霉菌和酵母计数

GB/T 5009.11 – 2003 食品中总砷及无机砷的测定方法

GB/T 5009.12 – 2010 食品中铅的测定方法

GB/T 5009.17 – 2003 食品中总汞及有机汞的测定方法

GB 6543 – 2008 瓦楞纸箱标准

GB 6783 – 2013 食品添加剂　明胶

GB 7718 – 2011 预包装食品标签通则

GB 9688 – 1988 食品包装用聚丙烯成型品卫生标准

GB 13432 – 2004 预包装特殊膳食用食品标签通则

GB 14880 – 2012 食品营养强化剂使用卫生标准

GB 15197 – 2005 精炼食用植物油卫生标准

GB 19191 – 2003 食品添加剂　天然维生素 E

JJF 1070 – 2005 定量包装商品净含量计量检验规则

国家质检总局令第 75 号（2005 年）

《中华人民共和国药典》（2010 年）

（三）技术要求

1. 原料要求

天然维生素 E、精制杜仲籽油、明胶、甘油、纯化水、二氧化钛均应符合附录 E 的要求（因篇幅原因，本书未列本标准附录 B 之后的附录部分）。

2. 感官要求

感官要求应符合表1规定。

表1　感官要求

项目	指标
性状	软胶囊,内容物为淡黄色油状液体
气味	本品有杜仲籽油特有气味
滋味	本品有杜仲籽油特有滋味
色泽	本品内容物为淡黄色油状液体

3. 理化指标

理化指标应符合表2的要求。

表2　理化指标

项目	指标
铅(以 Pb 计,mg/kg)　≤	1.5
砷(以 As 计,mg/kg)　≤	1.0
汞(以 Hg 计,mg/kg)　≤	0.3
食品添加剂	按照 GB2760 和 GB14880 执行

4. 微生物指标

微生物指标应符合表3的要求。

表3　微生物指标

项目		指标
菌落总数,cfu/g≤		1000
大肠菌群,MPN/100g≤		40
霉菌,cfu/g≤		25
酵母菌,cfu/g≤		25
致病菌	沙门氏菌	不得检出
	志贺氏菌	
	金黄色葡萄球菌	
	溶血性链球菌	

5. 营养成分指标

营养成分指标应符合表 4 的要求。

表 4　营养成分指标

项目	指标
α – 亚麻酸（g/100g） ≥	50
维生素 E（g/100g） ≥	0.4

6. 净含量

按国家质检总局令第 75 号（2005 年）规定执行。

（四）试验方法

1. 感官指标检验

取样品 20 粒，剥开，内容物在自然光下，用肉眼观察其色泽、性状、香气、品尝滋味，其性状及色香味应符合表 1 的要求。

2. 理化指标检验

（1）铅

按 GB/T 5009.12 – 2010 测定。

（2）砷

按 GB/T 5009.11 – 2003 测定。

（3）汞

按 GB/T 5009.17 – 2003 测定。

（4）净含量

以 JJF 1070 – 2005 测定。

3. 微生物指标检验

（1）菌落总数

按 GB/T 4789.2 测定。

（2）大肠菌群

按 GB/T 4789.3 测定。

（3）霉菌和酵母

按 GB/T 4789.15 测定。

（4）致病菌

按 GB/T 4789.4、GB/T 4789.5、GB/T 4789.10、GB/T 4789.11 测定。

5. 营养成分指标

按附录 A 的测定方法检验。

（五）检验规则

1. 原料入库检验

原料入库前应由厂技术检验部门按原料要求标准检验，合格后方可入库使用。

2. 出厂检验

（1）本产品由生产厂的质量监督检验部门按本标准的规定进行检验，合格后方可出厂。生产厂应保证所有出厂的产品都符合本标准的要求。每批出厂的产品都应附有质量证明书。

（2）取样方法

以同一次配料，同一班次生产包装好的产品为一批，同一批号产品中，在检验外部包装后，按表 5 规定挑出一定件数进行取样。

表 5　抽取样品数量

每批产品的包装件数	应抽样件数
1～5 件	全检
6～50 件	5 件
51～100 件	10 件
101～500 件	15 件
501～1000 件	20 件

（3）出厂检验项目

出厂检验项目感官指标、理化指标、微生物指标、功效成分等为必检项目。

3. 型式检验

（1）型式检验项目为技术要求中的全部项目。

（2）型式检验至少每年进行一次，有下列情况时也应进行型式检验。

A. 国家质量监督检验机构提出进行型式检验要求时；

B. 产品开始批量生产时；

C. 停产半年以上，重新开始生产时；

D. 原料产地变化，可能影响产品质量时。

4. 判定规则

（1）如果检验结果有一项不符合本标准要求，应重新按（五）2.（2）取样方法取样进行复检（或加倍取样复样），复检结果符合要求时，作合格论，如有一项指标不符合本标准要求，则整批产品不合格。微生物指标不复检。

（2）当供需双方对产品质量有争议时，应由仲裁单位进行仲裁（或按《中华人民共和国质量法》的规定办理）。

（六）标签、标识、包装、运输、贮存

1. 标识本产品每件包装的主要展示版面

2. 标签、标识

产品的标签、标识应符合 GB7718 和 GB13432 的规定

3. 包装

（1）产品内包装采用聚丙烯塑料瓶，内包装瓶应符合 GB9688 要求。包装规格为 400mg/粒×60 粒/瓶，400mg/粒×100 粒/瓶。

（2）本产品的外包装箱采用瓦楞纸箱。纸箱应符合 GB6543 要求，外包装上应印有产品名称、生产企业名称、商标、营养成分、生产日期、保质期，箱内必须有产品合格证或产品质量检验证。

4. 运输

运输工具清洁、干燥，在运输过程中应有遮盖物，防止日晒、雨淋、受潮。不得与有毒有害物质混运。

5. 贮存

贮存产品的仓库应保持清洁、阴凉、干燥、通风，严防受热或阳光暴晒。产品不得与潮湿地面接触，不得与有毒有害物质混贮。

6. 保质期

产品在本标准第（六）条第 4 项和第 5 项规定的条件下，自生产之日起，保质期为 24 个月。

附录 A（规范性附录）营养成分检验方法

A. α–亚麻酸的测定

1. 范围

本标准规定了保健食品中 α–亚麻酸的气相色谱测定方法。

本标准适用于保健食品中 α–亚麻酸的测定，不适用于以脂肪酸乙酯为有效成分的保健食品中 α–亚麻酸的测定。

2. 原理

试样经酸水解后提取脂肪，其中 α–亚麻酸经酯交换生成甲酯后，通过气相色谱分离检测，以保留时间定性，外标法定量。

3. 试剂和材料

注：除非另有说明，本方法所用试剂均为分析纯，水为 GB/T6682 规定的一级水。

（1）试剂

1）氢氧化钾（KOH）。

2）盐酸（HCl）。

3）无水乙醚（$C_2H_5OC_2H_5$）。

4）乙醇（CH_3CH_2OH）：体积分数≥95%。

5）石油醚：沸程 30℃ ~60℃。

6）正己烷（$CH_3(CH_2)_4CH_3$）：色谱纯。

7）甲醇（CH_3OH）：色谱纯。

8）无水硫酸钠（Na_2SO_4）。

（2）试剂配制

氢氧化钾甲醇溶液（0.5mol/L）：称取 2.8g 氢氧化钾，用甲醇溶解并定容至100mL，混匀。

（3）标准品

1）α-亚麻酸甲酯（$C_{19}H_{32}O_2$）：纯度≥99.0%。

（4）标准溶液的配制

1）单个脂肪酸甲酯标准储备液（4.0mg/mL）：称取100.0mg α-亚麻酸甲酯标准物质于25.0mL容量瓶中，分别用正己烷溶解并定容至刻度，摇匀。此溶液应贮存于-18℃冰箱中。

2）脂肪酸甲酯标准中间液（1.0mg/mL）：分别吸取脂肪酸甲酯标准储备液2.50mL于10.0mL容量瓶中，摇匀，亦为标准曲线最高浓度，临用时配制。

3）脂肪酸甲酯标准工作液：分别吸取脂肪酸甲酯中间液0.40mL、0.80mL、1.0mL、2.0mL、4.0mL于10.0mL容量瓶中，用正己烷定容，此浓度即为0.040mg/mL、0.080mg/mL、0.10mg/mL、0.20mg/mL、0.40mg/mL的标准工作液，临用时配制。

4. 仪器与设备

（1）气相色谱仪：配有氢火焰离子化检测器（FID）。

（2）天平：感量为1mg和0.1mg。

（3）旋转蒸发仪。

（4）离心机：转速≥4000r/min。

（5）涡旋混合器。

（6）恒温水浴锅。

5. 分析步骤

（1）试样制备

1）试样处理

取杜仲籽油软胶囊，除去囊壳，称取软件囊内容物0.02~0.04g（精确到0.001g）（含待测组分约10~20mg/g。）至25mL容量瓶中，加入5mL正己烷轻摇溶解，并用正己烷定容至刻度，摇匀。按下一步骤进行甲酯化处理，脂肪酸乙酯型油类制品的物理鉴别参见附录B。

2）甲酯化

吸取待测液2.0mL至10mL具塞刻度试管中，加入2.0mL氢氧化钾甲醇溶液，立即移至涡旋混合器上振荡混合 5min，静置 5min，加入 6mL 蒸馏水，上下振摇 0.5min，静置分层后，吸取下层液体，弃去后再反复用少量蒸馏水进行洗涤，并用吸管弃去水层，直至洗至中性（若有机相有乳化现象，以 4000r/min 离心 10min），吸取正己烷层待上机测试用。

注：如使用塑料离心管或塑料刻度试管进行试样处理须同步进行空白对照试验。

（2）气相色谱参考条件

1）色谱柱：键合交联聚乙二醇固定相，柱长 30m，内径 0.32mm，膜厚 0.5μm 或同等性能的色谱柱。

2）柱温箱温度：起始温度 180℃，10℃/min 升温至 220℃，再以 8℃/min 升温至 250℃，保持 13min。

3）进样口温度：250℃；进样量 1μL，分流比 20：1。

4）FID 检测器温度：270℃。

5）载气：高纯氮气，流量 1.0mL/min，尾吹 25mL/min。

6）氢气：40mL/min；空气：450mL/min。

（3）标准曲线的制作

将 1μL 的标准系列各浓度溶液 [3.（4）2）、3.（4）3）]，注入气相色谱仪中，测得相应的峰面积或峰高，以标准工作液的浓度为横坐标，以峰面积或峰高为纵坐标，绘制标准曲线（标准溶液气相色谱图见附录 B 中图 1）。

（4）试验溶液的测定

将 1μL 的试样待测液 [5.（1）2）] 注入气相色谱仪中，以保留时间定性，测得峰面积或峰高，根据标准曲线得到待测液中各脂肪酸甲酯的组分浓度（样品溶液气相色谱图见附录 B 中图 2）。

6. 分析结果的表述

试样中 α–亚麻酸含量按式（1）计算：

$$X_i = \frac{C_i \times V \times F \times 100}{m \times 1000} \tag{1}$$

式中：

X_i——试样中 α–亚麻酸的含量，单位为克每百克（g/100g）；

C_i——由标准曲线查得测定样液中各脂肪酸甲酯的浓度，单位为毫克每毫升（mg/mL）；

V——被测定样液的最终定容体积，单位为毫升（mL）；

m——试样的称样质量，单位为克（g）；

F——各脂肪酸甲酯转化为脂肪酸的换算系数，其中：α-亚麻酸甲酯转化为α-亚麻酸的转换系数为0.9520；EPA甲酯转化为EPA脂肪酸的转换系数为0.9557；DPA甲酯转化为DPA脂肪酸的转换系数为0.9592；DHA甲酯转化为DHA脂肪酸的转换系数为0.9590；

100——单位转换；

1000——单位转换。

计算结果以重复条件下获得的两次独立测定结果的算术平均值表示，保留两位有效数字。

7. 精密度

在重复性条件下获得的两次独立测定结果的绝对差值不超过算术平均值的10%。

8. 其他

当试样量为0.03g、定容体积为25mL时，α-亚麻酸定量限为0.010g/100g。

（因篇幅原因，B及以后部分未列出）

附录B 脂肪酸乙酯型油类制品的物理鉴别

称取杜仲籽油软胶囊5粒，除去囊壳，取内容物1g，加入1.0mL无水乙醇，于涡旋混合器（2000r/min）混匀30s，静置，观察油在乙醇中的溶解情况。如果油样不溶于乙醇，出现明显的油和乙醇分层的现象，则判断此产品为脂肪酸甘油酯型油类制品，可采用本标准进行分析；若静置后，看不见油状液滴，溶解完全且溶液清澈透明，可判断此产品为脂肪酸乙酯型油类制品，不能使用本标准进行分析。

标准溶液和试样溶液典型气相色谱图见图1和图2。

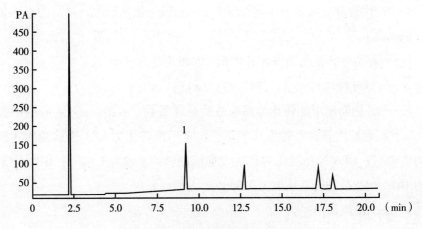

图1 α-亚麻酸甲酯的标准溶液色谱图

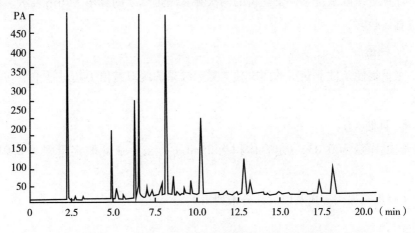

图2 含有α-亚麻酸甲酯的试样溶液色谱图

另附：杜仲籽油软胶囊标准编制说明

1. 标准编制的目的

按照国家标准化法规定。

杜仲籽油软胶囊采用现代科学工艺精制而成，经检索未见有适用的国家标准和行业标准，为了保护消费者权益和企业利益，中国林业科学研究院经济林研究开发中心、河南大学药学院等单位联合，根据标准化法的规定制定企业标准，作为企业组织生产的依据。

2. 标准编制的依据

本标准的感官指标、理化指标、卫生指标是根据产品的特点和实际情况来确定的，净含量允差符合国家质检总局令第75号（2005年）定量包装商品净含量计量检验细则选用的国家标准分析法，检验规则、标志、包装、运输、储存按 GB/T1.1 的规定进行编写。

3. 起草标准的简要过程

按照 GB/T1.1－2000《标准化工作导则》，制定了起草方案。起草过程中查阅并收集整理了有关杜仲籽油软胶囊产品标准的资料和相关的技术资料，了解了目前我国降血脂产品标准的情况和技术情况。走访了一些从事科研、教学工作的营养学专家。对目前降血脂生产技术进行了广泛的商讨。广泛开展了试验示范工作。起草了草稿，并进行了多次的修改，形成了保健食品杜仲籽油软胶囊质量标准。

4. 主要技术内容的解释

本标准各项指标是以国家现有食品卫生标准为依据（保证保健食品杜仲籽油软胶囊的产品质量），同时参考国家食品中有关食品安全等行业标准，结合我国生产实际及杜仲籽油软胶囊的生产技术确定的。严格按照国家《标准化工作导则》的有关规则起草，力求做到准确合理。

本标准是对杜仲籽油软胶囊生产技术的要求，具体规定了技术标准、检验方法等，使其适用于杜仲籽油软胶囊的生产。

5. 贯彻落实标准有何措施建议

应严格按照杜仲籽油软胶囊的质量标准进行生产，只有完善的质量保障体系才能生产出安全有效的产品。

6. 技术经济效益的分析

根据我国目前杜仲籽油软胶囊的生产情况，按照此生产技术操作规程进行，可以保证杜仲籽油软胶囊有效成分的含量，胶囊色泽好，有较好的口感，同时保证产品安全有效。特别是有助于杜仲籽油软胶囊生产技术的规范化操作与管理。

（备注：国情调研杜仲项目组建议：1. 本标准为参考标准，生产企业与技术单位加工生产相关杜仲食品、饮料（产品），必须取得或有合作支持技术单位取得杜仲药食技术生产许可（证件）。2. 企业生产采用本标准应符合相关标准规定。）

8 - 7　杜仲橡胶质量标准

张继川　杜红岩*

（一）范围

本标准规定了杜仲胶的技术要求、试验方法、检验规则和标识、标签、包装、运输、储存等的操作标准。

本标准适用于利用碱煮法、溶剂抽提法、机械法、生物发酵法、生物发酵溶剂抽提复合法等生产加工工艺精制而成的杜仲胶。

（二）规范性引用文件

下列文件中的条款通过本标准的引用而成为本标准的条款。凡是注日期的引用文件，其随后所有的修改单（不包括勘误的内容）或修订版均不适用于本标准，然而，鼓励根据本标准达成协议的各方研究是否使用这些文件的最新版本。凡是不注日期的引用文件，其最新版本适用于本标准。

GB/T 191 - 2008 包装储运图示标志

GB/T 8081 - 1999 天然生胶标准橡胶规格

GB/T 15340 - 2008 天然、合成生胶取样及其制样方法

GB/T 8086 - 2008 天然生胶杂质含量的测定

GB/T 4498 - 1997 橡胶灰分的测定

GB/T 8088 - 2008 天然生胶和天然胶乳氮含量的测定

GB/T 6737 - 1997 生橡胶挥发分含量的测定

NY/T 1527 - 2007 天然生胶水溶物含量的测定

GB/T 3516 - 2006 橡胶溶剂抽出物的测定

＊ 张继川，北京化工大学材料科学与工程学院先进弹性体材料研究中心，北京，100029；弹性体材料节能和资源化教育部工程研究中心，北京，100029。杜红岩，中国林业科学研究院经济林研究开发中心，郑州，450003；国家林业局杜仲工程技术研究中心，郑州，450003。

GB/T 15904 – 1995 橡胶中聚异戊二烯含量的测定

BS ISO 16014 – 1 – 2003 塑料使用尺寸排除色层分离法测定聚合物的平均分子重量和分子重量分布，一般原则

GB/T 17858. 2 – 1999 包装术语　工业包装袋　热塑性塑料软质薄膜袋

HG/T 2198 – 2011 硫化橡胶物理试验方法的一般要求

GB/T 1232. 1 – 2000 未硫化橡胶用圆盘剪切粘度计进行测定第 1 部分：门尼粘度的测定

GB/T 1233 – 1992 橡胶胶料初期硫化特性的测定门尼粘度计法

GB/T 9869 – 1997 橡胶胶料硫化特性的测定（圆盘振荡硫化仪法）

GB/T 16584 – 1996 橡胶用无转子硫化仪测定硫化特性

GB/T 6038 – 2006 橡胶试验胶料配料、混炼和硫化设备及操作程序

GB/T 528 – 2009 硫化橡胶或热塑性橡胶拉伸应力应变性能的测定

GB/T 529 – 1999 硫化橡胶或热塑性橡胶撕裂强度的测定（裤形、直角形和新月形试样）

GB/T 531 – 1999 橡胶袖珍硬度计压入硬度试验方法

GB/T 2411 – 2008 塑料和硬橡胶　使用硬度计测定压痕硬度（邵氏硬度）

GB/T 533 – 2008 硫化橡胶或热塑性橡胶密度的测定

GB/T 1689 – 1998 硫化橡胶耐磨性能的测定（用阿克隆磨耗机）

GB/T 3512 – 2001 硫化橡胶或塑性橡胶热空气加速老化和耐热试验

GB/T15584 – 1995 硫化橡胶在屈挠试验中温升和耐疲劳性能的测定第 1 部分：基本原理

GB/T 1687 – 1993 硫化橡胶在屈挠试验中温升和耐疲劳性能的测定第 2 部分：压缩屈挠试验

GB/T 13934 – 2006 硫化橡胶或热塑性橡胶屈挠龟裂和裂口增长的测定（德墨西亚型）

GB 15256 – 1994 硫化橡胶低温脆性的测定（多试样法）

GB/T 1410 – 2006 固体绝缘材料体积电阻率和表面电阻率试验方法

GB/T 1693 – 2007 硫化橡胶介电常数和介质损耗角正切值的测定方法

GB/T 1695 – 1981 硫化橡胶工频击穿介电强度和耐电压的测定方法

（三）技术要求

1. 原料要求

杜仲胶可采用杜仲树叶、杜仲果皮、杜仲树皮为原料进行制备。由于杜仲的过度剥皮会造成杜仲树的死亡，因此最好采用每年的自然落果和落叶作为原料制备杜仲胶，这样也符合杜仲产业可持续发展的要求。自然落叶、落果要进行除杂、清洗、干燥、粉碎等前工艺处理，以达到表1的要求。

表1　原料要求

项　目	指标	
	落叶	落果
性状	粉状或者粒状固体	松散片状固体
粒径	$0.1mm < d < 2mm$	$1mm < d < 3mm$
含水量	小于15%	小于15%
杂质含量	小于1%	小于1%

2. 外观要求

杜仲胶的外观要求应符合表2规定。

表2　外观要求

项目	指标
性状	粒状或者板状固体
粒料尺寸	$3mm < d < 5mm$
板料尺寸	$40 \sim 60mm \times 20 \sim 30mm \times 5 \sim 8mm$
颜色	白色至棕褐色

3. 杜仲胶的理化指标及规格分级

杜仲胶是从天然植物中提取出来的天然高分子材料，可以根据所含杜仲树脂的含量对杜仲胶进行规格分级，见表3。

4. 力学性能指标

杜仲胶力学指标应符合表4的要求

表3　杜仲胶的理化指标及规格分级

性能	各级杜仲胶的极限值			检验方法
	一级胶	二级胶	三级胶	
杂质含量/%	< 0.05	< 0.1	< 0.2	GB/T 8086
氮含量/%	< 0.6	< 0.6	< 0.6	GB/T 8088
灰分含量/%	< 0.6	< 0.75	< 1.0	GB/T 4498
树脂含量/%	< 1	< 10	< 20	GB/T 3516
门尼黏度 $ML_{100℃1+4}$	65 ± 20	65 ± 20	65 ± 20	GB/T 1232
熔点/℃	60 ± 5	60 ± 5	60 ± 5	DSC(10℃/min)
密度/g/cm³	> 1	> 0.96	> 0.92	GB/T 533

表4　力学指标

项目	指标			检测方法
	一级胶	二级胶	三级胶	
拉伸强度(Mpa)	> 20	> 18	> 15	GB/T 528
扯断伸长率/%	> 350	> 300	> 250	GB/T 528
硬度(邵 A)	> 100	> 98	> 95	GB/T 531
硬度(邵 A)	> 60	> 56	> 50	GB/T 531

5. 杜仲胶电学性能指标

杜仲胶在电学方面一般都在绝缘领域应用,因此杜仲胶材料应该比较纯净,不宜含有较多杂质,杜仲胶的电学性能指标应符合表5的要求。

表5　电学性能指标

电学性能	数值	检测方法
表面电阻/Ω	1×10^{12}	GB/T 1410
体积电阻/Ω	1.56×10^{14}	GB/T 1410
介电常数	3.304	GB/T 1693
介电强度/(MV/m)	27.2	GB/T 1695
介电损耗	0.01249	GB/T 1693
击穿电压(试片厚度 2.6mm)/KV	12.6	GB/T 1695

（四）实验方法

1. 外观指标检验

粒料样品：取样品 20 粒，将内容物置于自然光下，用肉眼观察其色泽、并使用游标卡尺测量其粒径，其色泽及性状应符合表 2 的要求。

板料样品：取样品 20 块，将内容物置于自然光下，用肉眼观察其色泽、并使用卷尺测量其外观尺寸，其色泽及性状应符合表 2 的要求。

2. 理化指标检验

（1）杂质含量

按 GB/T 8086－2008 测定。

（2）氮含量

按 GB/T 8088－2008 测定。

（3）灰分含量

按 GB/T 4498－1997 测定。

（4）树脂含量

按照 GB/T 3516－2006 测定。

（5）门尼黏度

按照 GB/T 1232.1－2000 测定。

（6）熔点

使用 DSC 测定，升温速度 10℃/min，温度测量范围室温至 100℃。

（7）密度

按照 GB/T 533－2008 测定。

3. 力学性能指标检验

（1）拉伸强度

按 GB/T 528－2009 测定。

（2）扯断伸长率

按 GB/T 528－2009 测定。

（3）硬度

按 GB/T 2411－2008 测定。

4. 电学性能指标检验

（1）表面电阻/体积电阻

按照 GB/T 1410 - 2006 测定。

（2）介电常数/介电损耗

按照 GB/T 1693 - 2007 测定。

（3）介电强度/击穿电压

按照 GB/T 1695 - 1981 测定。

（五）检验规则

1. 原料入库检验

原料入库前应由厂技术检验部门按原料要求标准检验，合格后方可入库使用。

2. 出厂检验

（1）本产品由生产厂的质量监督检验部门按本标准的规定进行检验，合格后方可出厂。生产厂应保证所有出厂的产品都符合本标准的要求。每批出厂的产品都应附有质量证明书。

（2）取样方法

以同一次配料，同一班次生产包装好的产品为一批，同一批号产品中，在检验外部包装后，按表6规定挑出一定件数进行取样。

表6　抽取样品数量

每批产品的包装件数	应抽样件数	每批产品的包装件数	应抽样件数
1 ~ 5 件	全检	101 ~ 500 件	15 件
6 ~ 50 件	5 件	501 ~ 1000 件	20 件
51 ~ 100 件	10 件		

（3）出厂检验项目

出厂检验项目为外观指标、理化指标、力学性能等必检项目，如有特殊要求，检验电学性能指标。

3. 型式检验

（1）型式检验项目为技术要求中的全部项目。

（2）型式检验至少每年进行一次，有下列情况时也应进行型式检验。

A. 国家质量监督检验机构提出进行型式检验要求时；

B. 产品开始批量生产时；

C. 停产半年以上，重新开始生产时；

D. 原料产地变化，可能影响产品质量时。

4. 判定规则

（1）如果检验结果有一项不符合本标准要求，应重新按（五）2.（2）的取样方法取样进行复检（或加倍取样复检），复检结果符合要求，作合格论，如有一项指标不符合本标准要求，则整批产品不合格。

（2）当供需双方对产品质量有争议时，应由仲裁单位进行仲裁（或按《中华人民共和国质量法》的规定办理）。

（六）标签、标识、包装、运输、贮存

1. 标识本产品每件包装的主要展示版面

2. 标签、标识

产品的标签、标识应符合 GB7718 和 GB13432 的规定

3. 包装

（1）产品内包装采用聚丙烯/聚乙烯塑料袋，内包装塑料袋要符合 GB/T 17858.2 要求。包装规格：25kg/袋（粒料）；40kg/袋（板料）。

（2）本产品的外包装采用牛皮纸袋。牛皮纸应符合 GB/T22865 的要求，外包装上应印有产品名称、生产企业名称、商标、营养成分、生产日期、保质期，箱内必须有产品合格证或产品质量检验证。

4. 运输

运输工具清洁、干燥，在运输过程中应有遮盖物，防止日晒、雨淋、受潮。不得与有毒有害物质混运。

5. 贮存

贮存产品的仓库应保持清洁、阴凉、干燥、通风，严防受热或阳光暴晒。产品不得与潮湿地面接触，不得与有毒有害物质混贮。

6. 保质期

产品在本标准第（六）条第 4 项和第 5 项规定的条件下，自生产之日起，保质期为 24 个月。

（七）附录

杜仲胶可以通过化学分析法和光谱分析法进行辨别，化学法操作过程复杂，目前一般都不采纳。光谱法操作简单易行，可以实际用来辨别是否是杜仲胶，或者是否含有杜仲胶。因此本标准特收录两个附录作为鉴定杜仲胶的辅助材料。

附录 A　杜仲胶 H^1NMR 和 $C^{13}NMR$ 标准谱图

A.1 杜仲胶的核磁氢谱

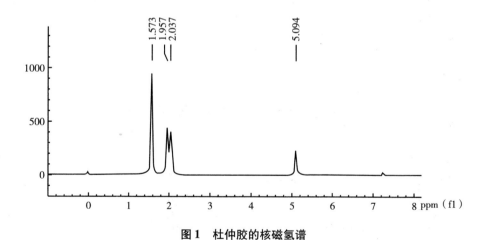

图 1　杜仲胶的核磁氢谱

表 7　特征基团所对应的峰位置

峰位置(百万分之)	特征基团	峰位置(百万分之)	特征基团
1.573 化学位移	甲基氢	2.037 化学位移	亚甲基氢(离甲基较近)
1.957 化学位移	亚甲基氢(离甲基较远)	5.094 化学位移	次甲基氢

A.2 杜仲胶的核磁碳谱

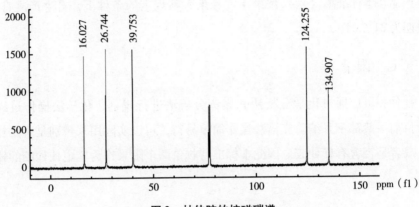

图2 杜仲胶的核磁碳谱

表8 特征基团所对应的峰位置

峰位置(百万分之)	特征基团	峰位置(百万分之)	特征基团
16.027 化学位移	甲基碳	124.255 化学位移	双键碳(不连甲基)
26.744 化学位移	亚甲基碳(离甲基较远)	134.907 化学位移	双键碳(连甲基)
39.753 化学位移	亚甲基碳(离甲基较近)		

附录B 杜仲胶FTIR标准谱图

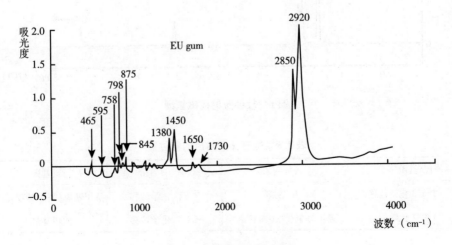

图3 杜仲胶FTIR标准谱

表9 特征基团所对应的峰位置

峰位置	特征基团
2920cm^{-1}	亚甲基非对称伸缩振动吸收峰
2850cm^{-1}	亚甲基对称伸缩振动吸收峰
1650cm^{-1}	碳碳双键伸缩振动吸收峰
1450cm^{-1}	甲基和亚甲基的面内弯曲运动吸收峰
1380cm^{-1}	甲基变形运动吸收峰
845cm^{-1}	异戊二烯单元的骨架伸缩振动吸收峰
875cm^{-1},798cm^{-1},758cm^{-1},595cm^{-1},465cm^{-1}	杜仲胶的结晶特征吸收峰

（备注：国情调研杜仲项目课题组建议：1. 本标准仅供实验生产参考。2. 本标准不包括杜仲橡胶生物提取技术。杜仲橡胶生物提取技术标准请参考采用甘肃润霖杜仲种植产业开发有限公司与兰州大学重点工程实验室已经合作完成的杜仲橡胶生物提取技术，即"杜仲橡胶低温萃取工艺研究技术"。该技术通过分析杜仲橡胶的溶解特性，比较了现有提取方法的优劣，提出了一种新的提取工艺。3. 标准需要不断进行科学实验与完善。）

提案与案例

Proposals and Cases

G.9
关于尽快成立"杜仲产业发展
办公室"的建议

李景源

　　杜仲是我国十分重要的战略资源。杜仲橡胶具有十分优良和独特的性能，可以替代三叶橡胶，但是三叶橡胶却不能替代杜仲橡胶。开发杜仲橡胶是解决我国橡胶资源紧缺现状的唯一可行途径。为了加强杜仲资源综合开发、做大做强杜仲橡胶产业；借鉴"国家林业局油茶产业发展办公室"的成功经验，建议成立"杜仲产业发展办公室"，理由如下。

　　1. 杜仲橡胶具有其他任何一种高分子材料都不具备的"橡胶—塑料二重性"。杜仲橡胶能够开发出热塑性、热弹性和橡胶弹性等不同用途的新材料：(1) 杜仲橡胶能够透雷达波，还具有储能、吸能、换能、减震等特殊性能，在军事保密和现代战争中具有特殊的作用；(2) 具有寿命长、滚动阻力小、节能等优点，是开发高性能防爆轮胎的绝佳材料；(3) 具有形状记忆功能，可开发多种新功能材料；(4) 具有低温可塑性，可开发具有医疗、保健、康复等多用途的人体医用功能材料。未来，杜仲橡胶将被广泛应用于航空航天、国防和军工、交通、通信、医疗及人们的日常生活中，产业化前景十分广阔。杜仲橡胶资源的独特性及战略价值，已引起国际社会的高度关注，日本等国家的相关部门和企业利用其雄厚的经济实力，几年来，已通过投资合作的形式插手杜仲橡胶产业的开发，这一情况应引起我们高度关注。

2. 为促进我国杜仲橡胶资源及其产业的发展，2013年9月18日，中国社会科学院社会发展研究中心与中国林科院经济林研究开发中心合作研究，从培育杜仲橡胶资源入手，首次发布了《杜仲产业绿皮书：中国杜仲橡胶资源与产业发展报告（2013）》。《杜仲产业绿皮书》是我国第一个以单个树种对社会发布的"绿皮书"，新华社、国务院新闻办网站、凤凰网等300多家新闻媒体和网站进行了报道或转载。《杜仲产业绿皮书》的发布得到了国家有关部委的高度重视，杜仲产业的发展受到了空前的关注，我国杜仲产业已经迈入加速发展的轨道，迎来了最好的发展机遇。

3. 中国林科院经济林研究开发中心（国家林业局杜仲工程技术研究中心）经过30年对杜仲橡胶资源的培育，选育出高产杜仲橡胶优良品种，研究出高产胶栽培技术，每公顷杜仲橡胶产量提高30~40倍，达400~600千克，已经具备了杜仲橡胶大规模产业化开发的技术基础。科研成果成熟，完全可以满足市场推广应用。

4. 但是，杜仲橡胶的种植、加工利用以及行业管理等方面尚存在许多问题，一是现有资源产量低，无法进行大规模产业化开发，必须快速发展高产杜仲橡胶良种，推广高效栽培技术，扩大杜仲林种植面积，为杜仲橡胶产业发展提供优良的资源保障。二是在杜仲橡胶产业发展过程中，在其延伸产品如食品（饮料）、功能饲料、杜仲亚麻酸油产品等产业化过程中，科研单位、企业均遇到了生产许可等问题，成熟的技术加工产品无法进入市场，亟须相关部门统一协调解决。三是杜仲橡胶及其配套产品综合开发缺乏有序性、规范性和质量标准。上述情况严重影响了杜仲产业的健康快速发展。由国家林业行业主管部门成立统筹规划杜仲产业发展办公机构，对其实施规范管理已刻不容缓。

5. 在经济林产业发展过程中，国家林业局已经探索出非常成功的经验。为促进油茶产业发展，2009年4月国家林业局成立了"国家林业局油茶产业

发展办公室"。4 年多来，新增油茶种植面积达 91 万公顷，目前油茶种植已基本实现良种化，而"油茶办"成立前良种使用率仅为 5% 左右。茶油年产量由 26 万吨提高到 45 万吨，油茶产值由 110 亿元迅速提高到 390 亿元。国家林业局油茶办公室的成立，对我国油茶产业的发展起到了极大的推动作用，也为杜仲产业的行业管理和产业发展提供了非常好的借鉴样板。

6. 如果将杜仲种植面积扩大到 300 万公顷，杜仲橡胶的年产量可达 120 万吨，我国天然橡胶大量依赖进口的局面将得到根本解决。杜仲橡胶和杜仲综合加工利用产品年产值可达 2500 亿元，约为全国油茶年产值 390 亿元的 6.4 倍。同时，杜仲产业的发展还将发挥其巨大的碳汇功能，在促进生态文明建设中发挥重要作用。

因此，我们建议尽快成立由国家林业局牵头的杜仲产业发展办公室，由其统一组织制定全国杜仲产业发展政策、法规并监督执行，制定杜仲橡胶资源培育和产业发展规划、杜仲造林和良种繁育实施计划；负责推广杜仲橡胶良种及高效培育技术；负责协调国家发改委、财政部、科技部、工信部等有关部门，指导、协调、服务、管理杜仲橡胶及其系列产品的产业化开发，快速扩大杜仲橡胶资源培育种植规模；指导和引导相关企业进行标准化生产，逐步完善、规范市场；逐步形成功能完备、运行规范、生态资源永续发展的新型杜仲产业经济。这对促进我国优质杜仲橡胶资源培育，强力推动国家战略性新兴产业健康快速发展都具有十分重要的战略意义。

甘肃润霖杜仲产业化科技
产品开发与应用

文元旦　刘金会*

　　甘肃陇南是我国独有的传统中药材杜仲的资源库和杜仲橡胶资源新品种种植培育基地，也是杜仲新食品原料和杜仲综合加工原料基地。杜仲的花、果、叶、皮、木都有很高的经济利用价值。

　　甘肃润霖杜仲种植产业开发有限公司投资生态资源经济体系建设工程，积极参与了中国社会科学院社会发展研究中心国情调研重大课题杜仲课题的研究项目。在工程设计、项目实施、调研、考察等方面积极与专家进行分析讨论；在投资建设、项目论证、设备选型、技术应用、专利技术验证等方面积极与地方政府、科研院校进行合作。公司立足本地生态资源现状和杜仲资源丰富以及具备天然杜仲橡胶资源新品种培育条件的环境，科学合理地加快了杜仲资源培育与产业化开发应用项目的建设。

　　甘肃润霖杜仲种植产业开发有限公司与中国林科院经济林研究开发中心合作建立了新型杜仲橡胶资源培育基地。育苗基地计划规模为5000亩，可以培育50万亩左右杜仲橡胶资源所需苗木。流转合作林地、山地可以实现造林面积20万亩，实现碳汇22万吨，增加氧气17万吨，杜仲造林及资源综合利用经济价值可达16亿元。国情调研组向公司推荐并积极参与了新造林国家碳汇管理交易试点建设，甘肃润霖杜仲种植产业开发有限公司与上海华仲檀成杜仲种植科技发展有限公司合作制定了碳汇产品管理机制。

　　甘肃润霖杜仲种植产业开发有限公司与中国林业科学研究院经济林研究开发中心合作研究的杜仲雄花茶技术和加工工艺，经过润霖公司历时两年的技术

---

* 文元旦，康县人民政府县长；刘金会，甘肃润霖杜仲种植产业开发有限公司董事长。

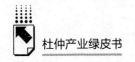

工艺创新和跟踪数据观察，通过了甘肃省食品药品监督管理局成果鉴定，成为我国第一个取得杜仲雄花茶药食字号的加工企业。填补了国内外杜仲雄花茶药食饮品加工技术的空白。

甘肃润霖杜仲种植产业开发有限公司与中国林科院经济林研究开发中心合作开发了杜仲功能饲料、杜仲香菇、杜仲雄花茶饮料等产品。目前润霖公司投资购买的现代化杜仲饲料加工设备和菌类生产设备已经调试完成，具备投产条件；天水杜仲饮料生产线已经完成设备调试安装，计划年产杜仲雄花茶饮料100万吨，设备先进，技术领先，是我国第一个加工生态杜仲资源新型功能性饮料的生产线，填补了国内外杜仲饮料产品的空白。

甘肃润霖杜仲种植产业开发有限公司与兰州大学合作，已经完成杜仲橡胶生物提取技术，即"杜仲橡胶低温萃取工艺"的研究。该研究通过分析杜仲橡胶的溶解特性，比较了现有提取方法的优劣，提出了一种新的提取工艺。即采用卤代烃为溶剂，运用亚临界流体萃取，得到较高纯度的杜仲橡胶，同时有效保护了原料中的杜仲绿原酸等其他有效成分。该项技术填补了杜仲橡胶生物法提取的空白。

甘肃润霖杜仲种植产业开发有限公司与兰州通用机器公司合作研究开发的杜仲橡胶加工成套设备已经设计完成，公司成为我国第一个拥有杜仲橡胶加工成套设备制造技术的企业。

甘肃润霖杜仲种植产业开发有限公司在康县投资1亿元，建成千吨杜仲橡胶加工生产线、杜仲综合利用产品加工生产线、杜仲饲料加工生产线和杜仲食品加工生产线，已成为康县生态经济建设的龙头企业。公司已被陇南市人民检察院、康县人民检察院列入重点双联系扶持企业，列入陇南市龙头企业、康县龙头企业，列入甘肃省人民政府重点关注扶持企业。

甘肃润霖杜仲种植产业开发有限公司与相关科研单位合作以及自行投资研究的杜仲系列产品，计划自2015年1月份开始陆续推出上市，满足公众对杜仲生态产品的消费需求。（1）年产100吨新型高分子材料天然杜仲橡胶；（2）年产400吨杜仲纯粉；（3）年产38.66吨杜仲绿原酸；（4）年产93.43吨桃叶珊瑚苷；（5）年产82.63吨杜仲籽油；（6）年产2~5吨杜仲雄花茶；（7）年产5.0吨杜仲叶茶；（8）日产5000袋杜仲木耳；（9）日产5000袋杜仲香菇；（10）日产5000袋杜仲猴头菇；（11）日产10吨杜仲山珍酱；（12）日产10万瓶杜仲饮料；（13）年产5.0万吨杜仲饲料；（14）年产2300万吨杜仲有机、无机复混肥；（15）林下杜仲饲料散养鸡2.0万只。

杜仲是加工药品和保健品的重要原料，是天然橡胶资源，原料可加工生产出数百种保健品和药品，与其他物质合成，可以加工合成橡胶。开发利用前景广阔。陇南地区是我国天然优质杜仲树的主要产区之一，自然条件非常适宜杜仲生长，发展杜仲产业有得天独厚的优势。为发挥杜仲生态资源和生态产业优势，建设优质高效的杜仲生态林业经济模式，推进陇南、康县区域杜仲产业化的进程，帮助山区群众脱贫致富，甘肃润霖杜仲种植产业开发有限公司已经肩负起使命与责任。为了又好又快地开发杜仲产业，甘肃省、陇南市、康县人民政府从政策、环境等多方面也给予了支持。

一 甘肃省杜仲产业发展现状

甘肃省杜仲产业发展区域主要在陇南地区，康县成片营造杜仲林已有60年的历史，杜仲的育苗、种植、造林、间种、抚育、病虫害防治等营林技术基本成熟。甘肃润霖杜仲种植产业开发有限公司培育杜仲资源，加工杜仲产品（如杜仲茶、杜仲药皮、杜仲饲料、杜仲饮料、杜仲粉、杜仲菌种等），并已小批量进入市场，为陇南地区和康县生态资源经济体系建设和杜仲产业化建设探索了路子。

1. 杜仲产业项目立项及管理过程（见表1）

表1 甘肃润霖杜仲种植产业开发有限公司杜仲产业项目立项及管理

序号	项目/成果名称	申请单位	文件号/批准日期	批准单位/协议合作单位
1	"现代特色农业与中国新农村建设——甘肃陇南杜仲种植基地生态示范园建设"国情调研重点合作课题项目示范效应——带动建设:陇南杜仲产业灾后重建项目	甘肃润霖杜仲种植产业开发有限公司	2011年2月23日	中国社会科学院社会发展研究中心与甘肃润霖杜仲种植产业开发有限公司签订国情调研重点合作课题项目协议书

续表

序号	项目/成果名称	申请单位	文件号/批准日期	批准单位/协议合作单位
2	中国陇南杜仲银杏种植基地生态示范园国情调研重点合作课题研究备忘录	中国社会科学院社会发展研究中心、甘肃润霖杜仲种植产业开发有限公司、陇南市人民政府	2011年3月3日	中国社会科学院社会发展研究中心、陇南市人民政府、甘肃润霖杜仲种植产业开发有限公司
3	2011年甘肃润霖杜仲种植产业开发有限公司与陇南市林业局签订了杜仲种植协议；杜仲种植基地项目：2011年6月15日，获准陇发改农备案[2011]493号立项。项目总投资9355万元。企业自筹资金。项目建设周期1~5年	甘肃润霖杜仲种植产业开发有限公司	陇发改农备[2011]493号	陇南市发展和改革委员会
4	杜仲循环经济产业园项目，2012年12月13日，获准陇发改工[2012]821号立项。总投资4800万元。企业自筹投资建设	甘肃润霖杜仲种植产业开发有限公司	陇发改工[2012]821号	陇南市发展和改革委员会
5	中国林业科学研究院经济林研究开发中心与甘肃润霖杜仲种植产业开发有限公司签订了杜仲雄花茶专利技术转让合同书	中国林业科学研究院经济林研究开发中心、甘肃润霖杜仲种植产业开发有限公司	2013年3月16日	中国林业科学研究院经济林研究开发中心、甘肃润霖杜仲种植产业开发有限公司
6	中国林业科学研究院经济林研究开发中心与甘肃润霖杜仲种植产业开发有限公司签订了杜仲产业项目全面科技合作协议	中国林业科学研究院经济林研究开发中心、甘肃润霖杜仲种植产业开发有限公司	2014年1月20日	中国林业科学研究院经济林研究开发中心、甘肃润霖杜仲种植产业开发有限公司
7	兰州大学功能有机分子化学国家重点实验室与甘肃润霖杜仲种植产业开发有限公司签订技术开发（委托）协议。已经开展杜仲橡胶等研究工作	兰州大学、甘肃润霖杜仲种植产业开发有限公司	2013年5月9日	兰州大学、甘肃润霖杜仲种植产业开发有限公司

续表

序号	项目/成果名称	申请单位	文件号/批准日期	批准单位/协议合作单位
8	2014 年 8 月底,杜仲产业项目建设进展情况: 1. 完成 3000 亩新型杜仲橡胶资源培育基地建设 2. 完成杜仲饮料生产线设备调试安装 3. 完成杜仲橡胶提取工艺设计 4. 完成杜仲山珍果酱生产线 5. 完成杜仲饲料生产线 6. 完成杜仲雄花茶标准及杜仲茶食品许可证 7. 2014 年 8 月取得杜仲雄花茶标准及许可证认证	中国林业科学研究院经济林研究开发中心、兰州大学、相关科研机构与甘肃润霖杜仲种植产业开发有限公司	2013 年 5 月 9 日	中国林业科学研究院经济林研究开发中心、兰州大学、甘肃润霖杜仲种植产业开发有限公司

2. 杜仲资源基地建设

陇南市现有杜仲林地 1.5 万公顷,分布在 7 个县的 56 个乡(镇)。甘肃省康县被誉为陇上"杜仲县"。经历 60 年的杜仲种植与发展历史,杜仲丰产栽培技术、环剥技术等得到广泛推广应用,甘肃润霖杜仲种植产业开发有限公司带动区域杜仲产业发展已粗具规模。

3. 杜仲系列产品开发

甘肃润霖杜仲种植产业开发有限公司以新组建的甘肃华中杜仲产业开发有限公司为龙头,加快了杜仲饮料系列产品开发。生产线可以满足年销杜仲饮料 2000 吨,实现产值 6000 万元;年销售杜仲雄花茶 2 吨,实现产值 2400 万元;年销售杜仲橡胶 100 吨,实现产值 3000 万元;年销售杜仲饲料 5 万吨,实现产值 225 万元;年销售杜仲菌类 720 吨,实现产值 800 万元。

甘肃润霖杜仲种植产业开发有限公司进行杜仲资源的科研开发加工,利用杜仲叶(皮)提取杜仲粉,生产杜仲保健酒等规划已经基本完成。

二 甘肃润霖杜仲种植产业开发有限公司杜仲产业发展规划

1. 生态资源经济体系建设指导思想

以生态经济和市场经济为导向,以生态资源培育为基础,以生态科技为依

托，以生态资源加工企业为龙头，科技产业与基地连片开发，集中加工优势，力争在 2020 年实现杜仲培育种植、储运、加工、销售一体化的杜仲产业化经营格局，使杜仲发展成为陇南市、康县山区群众脱贫致富的可持续发展的支柱产业。

2. 杜仲橡胶资源培育与产品加工目标任务

2014～2020 年，甘肃润霖杜仲种植产业开发有限公司在陇南市政府、康县政府支持下，在甘肃省林业厅的业务指导下，将与中国林科院经济林研究开发中心进一步合作加强杜仲橡胶资源基地建设，栽培杜仲林木，并进行科学化管理。杜仲橡胶资源基地建设将以康县等地的杜仲资源为发展基础，到 2020 年，在现有基础上，新建杜仲橡胶资源基地 10 万亩，可满足提取 1000 吨杜仲胶的需要。

甘肃润霖杜仲种植产业开发有限公司将继续加强与兰州大学、中国林科院经济林研究开发中心的合作研究，利用高校的人才优势，加快杜仲新产品的研制与开发。计划到 2020 年，建成杜仲果酒、杜仲雄花饮料的罐装生产线，年产 20 万吨饮料，产品远销国外，同时计划在各个省区市建立直销网点，进行宣传促销，提高产品的市场占有率。力争杜仲产业产值达到 6.2 亿元，利税达到 2.1 亿元。

到 2020 年，陇南市、康县杜仲橡胶资源培育基地规模将达到 32 万亩（其中新建 10 万亩），年加工杜仲橡胶 1000 吨，实现产值 16 亿元。杜仲橡胶产值达到 3.0 亿元，利税 8200 万元。

三　甘肃润霖杜仲种植产业开发有限公司探索生态资源经济建设的实践道路

1. 树立生态资源经济体系建设伟大目标，建成杜仲产业化示范基地

甘肃润霖杜仲种植产业开发有限公司开发杜仲产业，可使陇南市传统的杜仲制药资源转化为区域新型杜仲生态资源，成为陇南市、康县重要的生态资源经济项目。基地建设目前已经粗具规模，据专家调研评估，甘肃润霖杜仲种植产业开发有限公司已成为全国杜仲产业生产线较齐全、产品种类较多的最大规模的杜仲产业基地。

甘肃润霖杜仲种植产业开发有限公司在地方政府支持下，利用杜仲资源培育种植技术，在绿化荒山、改善生态环境和增加农民收入等方面已经取得了较好的效益，公司致力于科学化管理，与科研院所合作研究开发杜仲产品不断取得进步。公司开发的杜仲系列产品在工业、航空、邮电、医疗保健等领域将应用得越来越广泛，前景广阔。

甘肃润霖杜仲种植产业开发有限公司利用自己独有的提取杜仲橡胶技术加工的杜仲胶可以替代天然橡胶，并可赚取外汇。在杜仲产业化建设过程中，公司统一思想，运用市场资源配置新思维，开辟生态资源经济建设的新途径，建立区域生态资源经济建设的新机制，用新型生态资源经济建设的实践经验和方法，吸引区域内外政策、资金投入，稳步培育发展杜仲橡胶资源基地、树立甘肃润霖杜仲种植产业开发有限公司的龙头企业地位，为促进陇南市、康县经济发展和农民脱贫致富做出贡献。

2. 建立新型杜仲资源培育和产业加工运行机制

甘肃润霖杜仲种植产业开发有限公司培育杜仲橡胶资源与加工杜仲产品，必须按照市场经济法则，建立杜仲产业发展的运行机制，形成科研合作、加工协助、资源培育、贸易合作、物流交易等产供销新型运作方式。

杜仲资源培育阶段，要积极采取政府、企业、公众、其他经济组织等多种经济成分合作经营的模式，调动区域内杜仲资源培育、生产、加工、经营行为者的积极性。

创新合作模式，不走"农户＋基地＋公司"的老路，而是公司投资建设好基地，林农户投入林地和劳动，企业投资供应种苗并保证收购资源（以市场统一同等价收购），这样的新型培育管理模式，可以充分调动林农户的积极性，一方面积极培育好原料，另一方面就地销售，实现收益，形成生态化的培育加工产业链。

甘肃润霖杜仲种植产业开发有限公司积极建立国内外销售渠道。杜仲系列产品总经销单位上海华仲檀成杜仲种植科技发展有限公司与润霖公司已经建立了销售合作关系，上海公司将负责润霖公司杜仲产品在国际市场的销售。润霖公司也已经建立了省内外各大中城市直销窗口和网络销售平台，与国内外客商

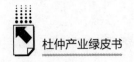

建立了多种形式的销售关系，将杜仲系列产品推向国内外市场。

3. 甘肃润霖杜仲种植产业开发有限公司与科研院所建立长期技术合作关系

通过科研合作，公司开发了可以供公众消费的杜仲资源系列产品，新产品不断投放市场，同时，公司尊重引进人才，实施定向培养人才计划，鼓励发挥合作人才等优势，形成了有特色的科研合作机制和科技队伍，优化了资源结构。立足生态经济活动规律，开发多种类型的生态资源产业项目，使区域生态资源得以实现综合利用的目标，可有效实现生态资源的经济效益。

4. 甘肃润霖杜仲种植产业开发有限公司与中国林科院经济林研究开发中心建立了杜仲橡胶资源技术培训制度

公司积极参与新杜仲橡胶资源培育技术的应用推广活动，利用甘肃省林业厅、相关院校的技术力量培养培育种植管理杜仲橡胶资源的技术人员。建立了所有杜仲树的身份信息，对其进行编码、资源采集、产品加工并进行分类，使林农充分掌握杜仲资源的信息，形成了成熟采集、成熟加工、成熟修复、成熟管护等现代管理机制。条件具备时，公司还准备发起成立杜仲产业协会，承担杜仲产品加工生产、企业管理和营销的组织实施。

5. 甘肃润霖杜仲种植产业开发有限公司重视杜仲橡胶资源基地建设，与科研单位加快培育后备杜仲资源

公司总结种植杜仲资源的经验，观察生产周期长、资源利用率高、质量好的杜仲品种，进行良种培育。重视杜仲资源基地的培育和综合利用，紧密结合退耕还林、封山植树政策，在杜仲基地培育的过程中，提高造林整地、育苗、栽培质量和抚育、防治病虫害等技术水平。充分利用经济林研究开发中心的杜仲新技术，提高嫁接生长率，缩短资源的利用周期，进行合理开发、综合利用。对成熟杜仲资源有计划地进行间伐，避免杜仲资源的过度消耗与浪费。

6. 甘肃润霖杜仲种植产业开发有限公司发挥与高校建立合作研究机制的优势

利用陇南杜仲资源优势，发挥与高校持续合作研究的优势，公司计划到2020年逐步积聚全国杜仲资源与杜仲产品，汇集杜仲科研技术，形成中国杜仲资源交易中心。陇南市、康县地处大山之中，但高速公路、铁路、飞机等交通便利，加上天然生态环境和22.5万亩的杜仲资源，完全可以承担杜仲资源与杜仲产品交易中心的市场功能。

7. 甘肃润霖杜仲种植产业开发有限公司的杜仲资源培育与产业开发必须长期依靠政府的资源配置指导

甘肃润霖杜仲种植产业开发有限公司与相关政府部门合作制定规划、进行调研，用足了政策。今后公司还会积极为杜仲资源培育与产业发展争取特殊的扶持政策，如争取在以工代赈资金、财政专项扶持资金、扶贫资金、科研资金等方面获得倾斜支持，提高山区综合开发资金对杜仲资源与产业项目的投入比例。

附 录

Appendices

G.11

我国现代杜仲产业发展和资源培育情况的调研报告[*]

高均凯 杜红岩 菅根柱 [**]

摘 要：

杜仲橡胶资源是我国特有的和十分重要的国家战略储备资源。杜仲研究的诸多新发现，引起了国内外的高度关注，以橡胶工业、医药保健、健康饲料和安全食品、生态建设等四大重点领域为核心的现代杜仲产业已经初露端倪，未来将有可能以此为基础形成以杜仲为基础工业原料的、具有我国自主知识产权、直接产值数千亿元、间接关联产业产值数万亿元的战略性庞大绿色产业集群。当前，我国在杜仲定向育种、栽培模式、杜仲

* ［基金项目］国家公益性行业科研专项（201004029）。

** 通讯作者：杜红岩（1963～），男，河南中牟人，博士，研究员，博士生导师。主要从事杜仲育种、栽培与综合利用的研究。Tel：0371－65997259，E－mail：dhy515@126.com。
高均凯，国家林业局造林司。杜红岩，中国林业科学研究院经济林研究开发中心；国家林业局杜仲工程技术研究中心。菅根柱，河南省经济林和林木种苗工作站。

橡胶提取技术、杜仲橡胶及相关产品研发等方面取得了革命性创新，特别是育种和栽培模式的创新，为现代杜仲产业发展奠定了基础。研究发现，当前现代杜仲产业发展还面临着资源短缺、认识不统一、产业规模小、综合利用水平不高等主要问题。鉴于杜仲的重要战略价值和发展潜力，研究认为，应该高度重视现代杜仲产业发展，建立杜仲橡胶国家储备制度，继续强化杜仲育种等方面的科技支撑，围绕增加资源科学指导基地建设，加强杜仲新品种知识产权保护。

关键词：

  杜仲 杜仲橡胶 产业 政策

  近年来杜仲研究的新发现，特别是杜仲橡胶的发现，引起了有关部门、相关产业和民间资本的极大关注。为了解现代杜仲产业的发展潜力，总结和分析现代杜仲产业基地建设的经验和问题，探讨推进现代杜仲产业发展的有关政策，经与国家林业局科技司协商，国家林业局造林司、中国林科院经济林研究开发中心、河南省林业厅组成联合调研组，于2014年5月5~9日赴河南省进行了深入调研。调研组实地考察了汝阳县传统杜仲培育基地、灵宝市现代杜仲产业资源培育基地、洛宁县现代农业科技园区、国家林业局杜仲工程技术研究中心杜仲种质资源库，认真听取了地方政府、有关企业、科研机构、林业部门、村民代表的情况介绍及意见建议，并走访了中科院化学所严瑞芳研究员、中国社科院国情调研重大项目杜仲课题组的有关负责人。本文围绕杜仲皮、叶、花、果的成分及产品功能、市场需求，在调研的基础上，研究预测了现代杜仲产业发展的潜力，调查总结了我国在杜仲育种、培育、产品研发等方面取得的创新成果，分析了现代杜仲产业发展面临的主要问题，对科学发展现代杜仲产业的相关政策进行了认真的研究。

一 现代杜仲产业发展潜力极大

  杜仲是我国特有的珍贵孑遗树种，国家二级保护物种，杜仲皮是传统名贵中药。对杜仲药性的认识和应用可以追溯到秦汉乃至更早的时期，我国最早的医书《神农本草经》以及明代李时珍所著《本草纲目》等历代医书均有详细记载。传统中医理论认为，杜仲为中药上品，具有强筋骨、补肝肾等功效，无毒副作用，久服轻身耐老。近年来研究发现，杜仲的根、皮、叶、花、果内含有较为丰富的杜仲橡胶以及α–亚麻酸、桃叶珊瑚苷、绿原酸、杜仲黄酮等80余种活性物质，得到了橡胶、制药、医疗、保健、食品、饲料等诸多国计民生重点产业和领域的关注，由此诞生的现代杜仲产业已初露端倪，集中体现在四个方面。

（一）杜仲橡胶及相关产业

杜仲果、叶、皮、根均含有杜仲橡胶，其中果壳、皮含胶丰富，最高可达17%。杜仲橡胶具有其他任何高分子材料都不具备的"橡胶—塑料二重性"，开发出的新功能材料具有热塑性、热弹性和橡胶弹性的特性，以及低温可塑、抗撕裂、耐磨、透雷达波、储能、吸能、换能、减震、形状记忆等功能。其中，用杜仲橡胶制造的汽车轮胎使用寿命提高20%，汽车油耗降低2.5%，1吨杜仲橡胶轮胎可以减少70吨汽油消耗，被国际社会誉为"绿色轮胎"。杜仲橡胶资源的战略价值，已引起国际社会的高度关注。

世界最大的轮胎企业美国固特异轮胎橡胶公司准备从我国大量进口杜仲橡胶用于改善产品性能，提高市场份额和竞争力。

日本经济产业省新能源产业部已瞄准我国杜仲橡胶资源，并在河南灵宝和陕西杨凌等地建立了杜仲橡胶生产基地。

（二）制药及保健产业

除传统药材杜仲皮外，杜仲的叶、花、果等也具有很高的食用和药用价值。杜仲叶富含绿原酸、京尼平苷酸等活性成分；杜仲雄花氨基酸含量达21.88%、为松花粉的2倍以上，杜仲黄酮含量达3.5%～4.0%，为银杏叶的4～5倍；杜仲种仁油α–亚麻酸含量高达67.6%，为橄榄油、核桃油、茶油的8～60倍。这些活性成分，在降血脂、降血压、促进睡眠、防辐射和防突变、预防骨质疏松和抗衰老、预防心肌梗死和脑梗死、保护视力、增强智力、抑制过敏反应、抗菌消炎、抑制癌细胞发生和转移等多方面具有显著功效，是开发现代中药、保健品、功能食品等的优良原料，已经被列入国家新食品原料目录和国家药典。目前，我国国民健康问题突出，同时又在快速步入老龄化社会。广泛开发利用杜仲产品，满足国民改善身体素质、提高生活质量的市场需求和社会需求，既能够提高国民幸福指数，也有利于减轻老龄化对我国现代化带来的不利影响，同时还对地方产业发展具有重要推动作用。河南省灵宝金地公司杜仲基地规模达到 3 万余亩，实际投产的不到 1 万亩，不包括杜仲橡胶在内的产值已经达到 6 亿多元。该公司与汇源果汁合作的年产 30 万吨的杜仲饮料生产线即将开工建设投产，年产值预计达到 60 亿元。

（三）健康饲料和安全食品产业

杜仲叶内含有粗蛋白、粗脂肪、维生素及氨基酸等各种营养物质，特别是绿原酸、桃叶珊瑚苷、京尼平苷酸及黄酮类物质具有抗菌、消炎、抗病毒、抗氧化及升高白细胞等功能，且无毒副作用，是十分理想的功能饲料，对提高畜禽及鱼类免疫力、减少抗生素应用、提高肉蛋品质效果显著。初步研究表明，在饲料中添加杜仲叶后，饲料利用率和肉、蛋生产率提高，主要质量指标显著改善，其中鸡蛋胆固醇降低 10% ~20%，鸡肉和猪肉内羟脯氨酸含量提高 50% 以上，猪肌纤维密度提高 74% ~161%。近年来我国肉蛋等动物食品安全形势严峻，且没有很好的解决办法。如果杜仲饲料能够得到广泛应用，对提高我国动物食品质量将是一个重大贡献。同时，由于杜仲籽油富含 α ~ 亚麻酸，在食用调和油和婴儿配方奶粉方面的应用前景极为广阔。

（四）生态建设和城乡绿化产业

杜仲是我国乡土树种，树姿好，干形笔直，树冠浓密，雌雄异株，寿命长、生长快、材质好，基本无病虫害，在广东韶关以北、吉林通化以南的 27 个省（区、市）均可栽培，是理想的生态建设和城乡绿化树种，可用于流域治理、水土保持、荒山和通道绿化，也可在公园庭院、田间地头零星种植，在我国生态建设和城镇化建设中具有较好的应用前景。河南的洛阳、开封、灵宝以及陕西略阳、山东青岛等地街道绿化开始采用杜仲。清华大学、北京林大校

园以及北京市区的万泉河路杜仲行道树表现良好，北京市还建立了我国第一个杜仲公园。现代杜仲产业的发展，完全符合国家林业局赵树丛局长关于生态民生林业的指示，完全可以实现习总书记既要绿水青山、又要金山银山的要求。

从战略角度考虑，杜仲是我国重要的潜在战略资源和基础工业原料，是生态民生林业建设的主力树种，未来将有可能形成以杜仲为基础工业原料的、具有我国自主知识产权、直接产值数千亿元、间接关联产业产值数万亿元的战略性庞大绿色产业集群，将成为继油茶之后事关我国重大国计民生产业发展的又一个重要树种，并具备促进和支撑打造我国经济、产业战略升级版的潜力。

二 我国杜仲资源培育及开发方式实现了革命性创新

受资源量小和开发利用技术的制约，多年来杜仲一直囿于传统的中药利用，杜仲橡胶规模化生产也曾在20世纪90年代失败。为攻克杜仲橡胶利用的难题，多年来，在国家林业局及发改委、财政部、科技部等部门的大力支持下，经过林业及相关领域科研人员的不懈追求和努力，我国在杜仲定向育种、资源培育利用、产品研发等领域取得了非凡的成就。特别是在国家林业局科技司的支持下，以中国林科院经济林研究开发中心杜仲创新团队为核心的研究人员潜心研究30余年，承担完成10余项国家和部省级攻关课题，先后取得杜仲研究成果20多项，荣获国家和部省级科技奖励10多项、获得国家发明专利20余项，发表杜仲学术论文100余篇，出版杜仲专著4部，在杜仲定向育种、栽培模式、资源综合利用、产品研发等领域取得了多项具有里程碑意义的重大突破，对杜仲资源培育方式进行了革命性的创新，使杜仲产业发展方式由粗放、低产、低效、单一转向精细、高产、高效、综合，为传统杜仲产业向现代杜仲产业转变和持续健康发展提供了坚实的科技支撑，提供了坚强的技术储备，小规模试生产也已经取得了成功。

（一）坚持科学育种，已经审定推广了一批定向培育的杜仲优良品种

中国林科院在过去30年间组织开展了3次全国杜仲种质资源调查收集工

作，目前已经在河南新乡市原阳县建立了世界最大的杜仲基因库，保存杜仲种质和育种资源906份，建立了杜仲核心种质，完成了杜仲全基因组测序并挖掘了杜仲橡胶和主要活性成分相关的功能基因。同时，该团队坚持长期定向选育杜仲优良品种，目前已经选育出果用、花用、皮用、叶用以及观赏型等优良品种和无性系30余个，'华仲1~12号''大果1号'及'密叶杜仲'等杜仲良种14个已经通过审定并开始在生产中推广应用，其中国审杜仲良种10个。良种杜仲林产皮量提高97.8%~162.9%、产果量提高31.38~40.17倍、产叶量提高135.6%~279.1%、产花量提高15.6~19.1倍，杜仲橡胶产量提高了30~40倍，在国际橡胶界引起轰动。

（二）创新栽培模式，突破了杜仲资源产业化利用的瓶颈制约

针对现代杜仲产业发展的需要，中国林科院改进传统药用栽培模式，研究形成了杜仲果园化栽培模式、雄花园栽培模式、叶用林栽培模式、材药兼用栽培模式、立体经营模式以及杜仲嫁接繁育技术、杜仲剥皮再生技术、主要病虫害防治技术等一系列科研推广成果，实现了杜仲培育技术的历史性突破和重大创新，并获得多项国家发明专利。现代杜仲资源培育模式克服了传统模式投产周期长，果叶花等采摘难度大、采收率低，以及劳动强度高、危险作业等弊端，产业化能力显著改善。据测定，河南省伏牛山区按照传统模式培育的杜仲林，生长良好情况下每亩产量果实仅5千克左右、雄花鲜花不足10千克、杜仲叶100千克左右，基本不具备产业化生产的可行性。河南灵宝采用先进的栽培模式建设现代杜仲产业基地，盛果期每亩产果量达到150~200千克、杜仲橡胶产量达30~40千克，产叶量达300千克，2013年亩均收入超过6000元。其经验已经被山东、甘肃、安徽、湖南、湖北、陕西等地的杜仲企业借鉴应用。

（三）重视产品研发，为杜仲资源综合利用找准市场定位

围绕杜仲生物提胶技术，中国林科院经济林研究开发中心重点开发研制了杜仲果实脱壳机，试验成功了机械和生物发酵相结合的杜仲橡胶制取新工艺，攻克了杜仲橡胶、杜仲亚麻酸油的高效分离和综合利用等技术难关，得胶率较化学法提高20.11%、纯度提高5.14%，出籽率高达96.1%。此外，

紧密结合社会和市场的需求，中国林科院与有关科研单位密切合作开展产品研发，"杜仲雄花茶及其加工方法""杜仲油抗氧化保鲜方法""杜仲功能饲料"等一批成果获得国家发明专利，杜仲雄花茶、酒、饮料，杜仲 α - 亚麻酸软胶囊，杜仲香菇、木耳、灵芝，杜仲蛋（鸡）、肉、鱼等产品开发成功并受到市场欢迎。

（四）跨界协作攻关，杜仲产品的应用领域得到不断延伸

杜仲橡胶是中科院化学所严瑞芳研究员 20 世纪 90 年代在德国进修期间取得的一项科研成果，并已经取得了国际发明专利，美国、日本屡次高价购买未果，时任国务院副总理兼中科院院长方毅曾做出重要批示。中国林科院以及国内化学、橡胶、医疗、制药等领域的科研单位不断开展试验研究，发现了杜仲橡胶新材料在运动医学、高铁制造、精密仪器、汽车轮胎、国防军事等领域的许多应用价值。杜仲橡胶制作的汽车轮胎在使用两年后基本没有磨损，代替石膏治疗骨折患者的试验取得成功，在遥感卫星天线上的应用达到国际领先水平，在高铁轨道减震方面抗疲劳能力远远高于其他材料。杜仲橡胶作为一种新型功能材料，其应用领域迄今为止还在不断被试验发现。

（五）以企业为主导、以综合利用为基础建设现代杜仲产业资源培育基地，切实保护农民利益不受损害

通过对传统杜仲产业基地和现代杜仲产业种植基地的对比发现，注重科技支撑，以企业为主导，以综合利用为基础，以良种使用果园化栽培为关键环节建设现代杜仲产业资源基地，是近年来现代杜仲产业市场化发展探索出来的成功路子。对比传统杜仲种植基地的萎缩，以灵宝为代表的现代杜仲产业资源基地显示出勃勃生机，正在强劲成长。国家林业局杜仲工程技术研究中心与杜仲企业紧密合作，将主持选育出的杜仲良种、研究出的高效培育技术、研发出的杜仲产品系列成果和专利技术，分别在山东贝隆杜仲生物工程有限公司、上海华仲檀成杜仲种植科技发展有限公司、甘肃润霖杜仲种植产业开发有限公司、安徽金寨百利农林开发有限公司、河南恒瑞源实业有限公司进行转化，促进了外界资本进入农林业的跨界投入，探索形成了"按照种果树的方法栽杜仲、

按照建工厂的方法育资源、科学建设现代杜仲产业资源基地"的技术路线，实现了企业发展与农业转型、农民转业、农村城镇化的协同推进，避免了过去行政主导杜仲造林损害农民权益的问题。三门峡天缘生物科技有限公司以每亩每年 500 元的价格租地 300 亩育苗，并拟与当地村民合作种植杜仲，当地村民就近参加苗圃和杜仲园的经营管理，由个体小农转变为种植产业工人。

（六）新型的政府管理机制激发了社会资本投资的积极性，现代杜仲产业呈现出蓬勃发展的态势

各级政府和部门积极转变职能、简政放权、转变管理方式，市场在现代杜仲产业发展中发挥了决定性作用。为推动现代杜仲产业健康发展，国家发改委 2011 年颁布的《产业结构调整指导目录》《战略性新兴产业重点产品和服务指导目录》《当前优先发展的高技术产业化重点领域指南》，明确提出鼓励"杜仲种植生产""新型天然橡胶的开发与应用""杜仲橡胶生产技术及装备"等；国家林业局连续 5 个五年计划支持杜仲育种、高效栽培与产品研发等重大课题立项，批准成立了国家林业局杜仲工程技术研究中心，并在林业财政补贴、产业政策等方面予以支持；中国社科院将杜仲研究列入国情调研重大项目，并与中国林科院合作出版发布了首部《杜仲产业绿皮书》；李景源等全国人大代表、政协委员连续几年在"两会"期间通过建议、提案等方式呼吁国家重视杜仲橡胶资源培育；民间资本、风险投资开始关注现代杜仲产业发展并初见成效；中科院也准备在三门峡成立杜仲工程技术研究院，全面研究杜仲产品的开发利用并实现从工艺到装备的自主化。现代杜仲产业融合社会资本、依托自身资源基地、采取市场化运作，提高了经营稳定性，改善了与农户的关系，创新了产业化的模式。

三　现代杜仲产业发展中还存在一些突出问题

虽然，困扰现代杜仲产业发展的技术障碍已经成功破除，现代杜仲产业也开始得到政府部门和民营企业的关注，发展呈现较好势头，但仍然存在一些问题，甚至举步维艰。

（一）杜仲资源严重不足，已经成为制约杜仲产业发展的瓶颈因素

受杜仲皮价格高企的影响，1988～1995年我国曾采取行政手段大力实施杜仲造林，全国杜仲面积从30万亩迅速扩张到600万亩。但由于造林培育方式粗放，其中有相当一部分是残次林、老头树，其他则是以皮用为主、高达15米以上的乔木林，且与其他林木混杂。这样的杜仲资源产业化利用价值不大，随着杜仲皮价格的迅速下滑，已呈自然萎缩之势。据中国林科院统计，目前全国27个省区市杜仲资源保存面积为537万亩，其中满足现代杜仲产业发展要求的杜仲资源面积不到10万亩，全部利用后杜仲橡胶年产量不到5万吨，实际生产量几乎为零，与全国每年300万吨天然橡胶的实际需求存在较大差距。实际上，当年国务院领导的有关批示就是因为资源不足而未能实现，导致天然杜仲橡胶应用陷于停滞状态。资源约束的情况在杜仲籽油、杜仲雄花茶、杜仲饲料方面也存在。灵宝金地公司杜仲籽油胶囊年生产能力为3亿粒，目前只能提供1800万粒。天缘杜仲饲料公司以每吨5000元的价格收购杜仲叶，但常常因为无叶可收而中断生产。

（二）各级政府和林业部门对现代杜仲产业的特点、内涵缺乏基本认识，有待进一步提高

杜仲价值的实现方式不同于油茶、核桃等干果、鲜果，重要杜仲产品的生产也远非家庭作坊式的小企业所能承担。但基层林业部门的认识多数仍然停留在行政组织发动、强调规模声势、忽视综合利用等传统粗放造林和经营方式阶段，既不利于杜仲产业的健康发展，也无法实现民生林业的宗旨。从某种意义上说，杜仲目前所处的困境就是20世纪90年代盲目无序推进的结果。这种状况在民间同样存在，灵宝金地公司杜仲基地中仅有数千亩按照果园化栽培并能够发挥经济效益，其余2万多亩基本没有产业利用价值。

（三）关联产业、消费者对杜仲价值及应用前景还没有形成广泛的共识

杜仲的综合利用和开发涉及橡胶工业、饲料、医疗、保健等诸多关联产业，但目前规模总体较小、部分产品开发还停留在实验室阶段或初试阶段，效

果有待进一步验证,价格还未达到合理区间,一些行业还没有取得整体性认同。由于缺乏统一的技术标准或规范,目前杜仲产品也存在生产秩序混乱、产品质量良莠不齐等问题,影响了消费市场的正常发育。

(四)产业集聚及专业化分工协作有待整体谋划

民间资本是目前我国杜仲资源开发利用的主力军,但专业性强、综合生产能力差,企业间缺乏协作,还没有自发形成杜仲资源综合利用、全面利用的市场机制,杜仲橡胶浪费问题突出。

此外,高产杜仲橡胶等良种繁育技术有待进一步突破,良种推广的地域范围有待进一步扩大,叶、果采摘的机械化程度较低,杜仲资源基地大规模扩张和利用的准备不足。

四 高度重视并科学推进现代杜仲产业健康持续发展

促进现代杜仲产业发展,既要率先解决全社会对杜仲的认识问题,也要从扩大资源总量、服务社会需求这一核心目标出发进行整体谋划和顶层设计。

(一)建立国家杜仲橡胶战略储备制度

我国是世界上最大的橡胶消费国和进口国,天然橡胶消耗量连续 12 年居世界第一,其中 80% 依赖从东南亚进口,培育杜仲资源是我国解决天然橡胶资源匮乏的重要途径,也对解决我国相关产业发展普遍面临的资源短缺和环境约束等紧迫问题具有重要价值。在国际局势、特别是中东茉莉花革命蔓延、东南亚局势动荡的情况下,避免受人挟制,建立杜仲橡胶国家储备制度,极为必要。按照中国社科院杜仲课题组的初步设想,满足战略储备需要要有 5000 万亩杜仲林。这意味着国家财政将投入巨资改造现有的 500 余万亩杜仲林,并新造 4000 多万亩,不仅涉及国家安全和国计民生,而且有利于生态民生林业发展和林业战略地位的提升,建议国家林业局高度重视。一是支持并会同发改委、科技部、社科院、中石化、军队等部门研究并向中央、国务院提出建立国家杜仲橡胶战略储备制度的建议;二是在适当时机成立杜仲产业发展办公室,

统筹谋划和指导杜仲资源基地建设；三是鉴于天然杜仲橡胶的战略价值，建议发改委等部委明令禁止天然杜仲橡胶出口。

（二）将现代杜仲产业资源基地建设列入林业局重大调研专项

建议组织开展多层次、大规模调研，深入了解现代杜仲产业在国民经济和社会发展中的地位和作用，统一和深化各级领导、相关部门、相关社会群体对现代杜仲产业的认识；协调中国工程院等权威机构，对杜仲资源在相关领域和行业的应用成果进行充分论证，形成现代杜仲产业科学发展的共识；举办不同层次的培训班，大力宣传杜仲良种、培育模式以及产业政策，转变各级林业部门的惯性思维；会同有关产业部门和地方政府，研究现代杜仲产业专业化分工和综合性利用的方式，提高杜仲资源的综合效益。

（三）强化对现代杜仲产业资源基地建设的科学指导

建议围绕贯彻国务院简政放权、打造我国经济产业升级版的指示精神，吸收借鉴油茶产业发展的成功经验，按照以市场需求为基础、企业运作为主体、良种使用和科学培育为关键环节、产业政策为导向的基本方针，建设符合现代杜仲产业发展的基地。一是组织开展全国杜仲资源普查，摸清现状；二是制定指导意见，明确现代杜仲产业发展的政策及方向；三是统筹规划现代杜仲产业基地建设布局及规模；四是组织编写杜仲资源培育指南，科学指导基地建设；五是组织相关省份有序开展良种繁育和推广工作，加强和规范杜仲良种种苗市场管理，提高杜仲生产良种化水平。

（四）进一步加大对杜仲产业的科技支撑力度

林业局连续 5 个五年计划支持杜仲科研，既是现代杜仲产业发展十分宝贵的经验，也是今后确保现代杜仲产业健康持续发展的基本方针。一是建立国家杜仲工程中心和协同创新中心等平台，以国家林业局杜仲工程技术研究中心和相关院校、科研单位为依托，提高基础研究和技术创新能力，加快育种选优等核心技术的研发步伐，促进关键技术熟化，促进科研成果转化和产业化；二是将杜仲产业研发纳入国家重大科技支撑计划，继续加大财政资金支持力度，重点解决杜仲产业发展过程中带有全局性的重大和突出问题，全面支撑杜仲产业健康持续发展；三是完善杜仲工程技术产业科技创新体系，形成包括政府、科研机构、高校、企业、金融机构等主体在内的产业战略联盟及相互之间的良性互动，实现杜仲产业资源合理配置、有效集成和充分利用；四是加强技术标准制定，为现代杜仲产业与市场对接提供标准支持；五是将《杜仲产业绿皮书》列入林业局年度预算支持，主导杜仲产业政策的话语平台。

（五）加强杜仲良种的知识产权保护

我国拥有99%的杜仲资源，在杜仲良种繁育、杜仲橡胶等产品开发方面也具有绝对优势，具有完全的自主知识产权。但杜仲适生范围很广，俄罗斯、美国、日本、英国等国家从我国引种后都生长良好。作为基础工业的重要战略资源，我们首先要重视杜仲良种的知识产权保护。目前，杜仲已经被列入国家林业局植物新品种保护名录，建议中国林科院尽快申报并获得林木新品种保护，建立规范的杜仲良种推广体系，规范技术研发单位与技术应用企业的合作模式，采取国际通行原则保护我国杜仲资源利用开发的优势，有序开展繁育和引种，并为将来开拓海外基地建设和国际合作设立防护底线。

参考文献

［1］杜红岩、胡文臻、俞锐：《杜仲产业绿皮书：中国杜仲橡胶资源与产业发展报告（2013）》，社会科学文献出版社，2013。

［2］李芳东、杜红岩：《杜仲》，中国中医药出版社，2001。

［3］杜红岩、谢碧霞：《杜仲胶的研究进展与发展前景》，《中南林学院学报》2003年第23（4）期。

［4］杨丹、黄慧珍：《杜仲胶的研究与发展》，《世界橡胶工业》2009年第36（7）期。

［5］陈静：《杜仲叶综合利用及杜仲雄花茶质量标准研究》，河南大学硕士学位论文，2012。

［6］杜红岩：《杜仲活性成分与药理研究的新进展》，《经济林研究》2003年第21（2）期。

［7］ 陈静、刘昌勇、杜红岩等：《杜仲叶饲料添加剂对鸡肉及鸡皮中胶原蛋白含量的影响》，《中国畜牧兽医》2011 年第 30（1）期。

［8］ 杜红岩：《中国杜仲图志》，中国林业出版社，2014。

［9］ 杜红岩、张再元、刘本端等：《'华仲 1 号' 等 5 个杜仲优良无性系的选育》，《西北林学院学报》1994 年第 9（4）期。

［10］ 杜红岩、乌云塔娜、杜兰英：《杜仲高产胶优良无性系的选育》，《中南林学院学报》2006 年第 26（1）期。

［11］ 杜红岩、赵戈、卢绪奎：《论我国杜仲产业化与培育技术的发展》，《林业科学研究》2000 年第 13（5）期。

［12］ 杜红岩：《杜仲优质高产栽培》，中国林业出版社，1996。

［13］ 谢碧霞、杜红岩：《绿色食品开发利用》，中国中医药出版社，2003。

［14］ 杜红岩：《我国的杜仲胶资源及其开发潜力与产业发展思路》，《经济林研究》2010 年第 28（3）期。

［15］ 严瑞芳：《杜仲胶的开发及应用概况》，《橡胶科技市场》2010 年第 8（10）期。

［16］ 严瑞芳：《杜仲胶研究进展及发展前景》，《化学进展》1995 年第 7（1）期。

［17］ 杜红岩、刘攀峰、孙志强等：《我国杜仲产业发展布局探讨》，《经济林研究》2012 年第 30（3）期。

杜仲造林与碳汇

——以上海华仲檀成杜仲种植科技发展有限责任公司为例

俞 锐*

上海华仲檀成杜仲种植科技发展有限责任公司投资杜仲碳汇造林项目，其目标是探索实现杜仲橡胶资源林种植和杜仲碳汇造林相结合的新型生态资源经济模式。公司与国情调研杜仲项目组单位确立了新杜仲品种结合造林碳汇的推广意义，邀请相关专家对杜仲造林碳汇进行了可行性和可操作性的研究。

一 碳汇与造林碳汇

全球气候变化中的气候变暖对人类生存有着巨大威胁，是目前人类活动中国际政治、经济、环境和外交领域的热点。而造成气候变暖的最重要原因就是人们在各种经济和社会活动中（尤其在能源利用过程中）产生的二氧化碳逐年增多。

碳源（Carbon Source）即指产生二氧化碳之源，它既来自自然界，也来自人类的生产和生活过程；碳汇（Carbon Sink）则指对二氧化碳的吸收和储存。《联合国气候变化框架公约》（UNFCCC）将碳源定义为向大气中释放二氧化碳的过程、活动或机制，将碳汇定义为从大气中清除二氧化碳的过程、活动或机制。治理空气污染、净化空气的一项重要内容就是减少碳源和增加碳汇。

根据目前人类拥有的治理空气污染的技术和措施，减少碳源的过程主要是通过二氧化碳减排来实现的，包括使用清洁能源、加大污染气体净化力度等；增加碳汇则主要采用固碳技术来实现。所谓固碳也叫碳封存，指的是增加除大

---

* 俞锐：上海华仲檀成杜仲种植科技发展有限责任公司董事长。

气之外的碳库的碳含量的措施，主要包括"物理固碳和生物固碳"。

物理固碳是将二氧化碳长期储存在开采过的油气井、煤层和深海里，生物固碳则主要是利用植物的光合作用，提高生态系统的碳吸收和储存能力，从而减少二氧化碳在大气中的浓度。通过植树造林、增加森林面积实现生物固碳，从技术层面看，是固定大气中二氧化碳最便宜且没有副作用的科学合理方法。

森林通过光合作用吸收二氧化碳，碳汇成本较低，有"绿色黄金"之称。据预测，2020年，全球碳市场交易额将达3000亿美元。[①]

联合国政府间气候变化专门委员会在其评估报告中指出，林业具有多种效益，兼具减缓和适应气候变化双重功能，是未来30~50年增加碳汇、减少排放成本较低且经济可行的重要措施。相关资料表明，林木每生长1立方米蓄积量，大约可以吸收1.83吨二氧化碳，释放1.62吨氧气。每营造15亩人工林，可以清除三口之家产生的二氧化碳；每营造11亩人工林，可吸收一辆奥迪轿车一年的二氧化碳排放。我国政府曾在联合国气候大会上庄严承诺：大力增加森林碳汇，争取到2020年森林面积比2005年增加4000万公顷，森林蓄积量比2005年增加13亿立方米。[②]

1997年通过的《京都议定书》承认森林碳汇对减缓气候变暖的贡献，并要求加强森林可持续经营和植被恢复及保护，允许发达国家通过向发展中国家提供资金和技术，开展造林、再造林碳汇项目，将项目产生的碳汇额度用于抵消其国内的减排指标。

在我国，通过新型杜仲造林实施碳汇正是实行生物碳汇的一种重要形式。

二 新型杜仲造林与碳汇

种植杜仲，实现碳汇造林，是上海华仲檀成杜仲种植科技发展有限责任公司与中国林科院经济林研究开发中心在开展杜仲橡胶资源培育及综合加工全面技术合作的基础上，在确定了无锡杜仲种苗实验基地培育杜仲橡胶资源新品种

---

① 《碳汇林，为自身排放埋单》，《山西日报》2012年9月10日。
② 《碳汇林，为自身排放埋单》，《山西日报》2012年9月10日。

的基础上，增加杜仲造林碳汇项目，形成的杜仲造林碳汇新模式。这种模式是以培育杜仲橡胶资源为主要目的，对造林及其林木（分）生长过程实施碳汇计量和监测而开展的专项新造林活动。

与普通的造林相比，新型杜仲碳汇造林模式既有原始森林的碳汇功能，同时具有实现专业碳汇计量和蓄积新育苗造林的森林碳汇功能，符合新造林碳汇计量与监测等特殊技术的布置要求，体现出新型森林的复合型效益。

实施新型杜仲造林的生物固碳技术具有三个特征：一是需保护现有杜仲苗木环境的碳库。即通过对种植杜仲的区域进行技术服务与管理（重点是区域农业和林业的管理），保持种植区域已有生态系统的长期固碳能力。二是需通过扩大新型杜仲造林面积、形成森林来增加固碳。重点是通过新型杜仲资源选种、育种和种植技术的分别实施，培育新型杜仲林，增加新的固碳能力。三是可实现新型杜仲资源碳汇功能和杜仲产品产业化综合利用。杜仲造林不仅具有碳汇功能，以杜仲为原料，可以生产工业用的杜仲橡胶，也可以生产营养丰富的各种杜仲食品，还可以生产各种杜仲药用产品，但支撑庞大杜仲产业体系的杜仲原料资源目前十分短缺，实施新型杜仲造林，可以在增加碳汇的基础上，促进杜仲产业的迅速发展。

三　上海华仲檀成杜仲种植科技发展有限责任公司的实践

上海华仲檀成杜仲种植科技发展有限责任公司规划实施新型杜仲造林、形成林业碳汇，是应对全球气候变暖，创建提倡低碳生产和低碳生活的生态环境的重要举措。

另外，新型"碳汇林业"造林机制与传统林业相比，除能够直接减少空气中的二氧化碳排放、实现公益性目的外，还具备"可以满足交易"的主要特征，是具有固定的巨大经济利益的商业机会。

首先，公司投资或者合作种植新型杜仲碳汇林，完全可以把自己排放的二氧化碳吸收掉，这是主动减排的主要措施。其次，公司为其他企业提供了捐资或者购买碳汇的便利，可以与其他企业或个人（汽车用户）通过碳汇交易等

实现"碳中和"，取得生态、社会、经济等多种效益。

截至2012年底，全国已确定了7个碳交易试点。2011年，国家林业局在浙江华东林业产权交易所正式启动林业碳汇交易试点，阿里巴巴集团以18万元购买了1万吨林业碳汇指标，成为国内民营企业购买林业碳汇的第一笔交易。

上海华仲檀成杜仲种植科技发展有限责任公司以企业和个人捐资碳汇的形式，积累碳信用指标，未来国内碳交易市场成熟后，不仅能够抵减一定量的碳排放，而且还有望进入碳市场进行交易，获得"杜仲造林林业碳汇博彩"的市场。特别是对于公司来说，是一种长远合理的投资。

林业在应对气候变化中具有特殊地位，加强森林经营、"增加碳汇"是国际社会公认的未来30~50年减缓和适应气候变化的成本较低、经济可行的重要措施。2014年12月10日，国家发改委应对气候变化司发布了《碳排放权交易管理暂行办法》（国家发改委令第17号），将进一步推动全国碳排放交易市场的建立和合理运营。科学合理、规范有序的杜仲橡胶资源新品种的种植推广活动，既有利于杜仲复合产业的发展，也将通过其造林碳汇功能为相关企业、整个社会带来巨大效益，为我国的气候治理、创造更适宜人类生存的环境做出巨大贡献。

杜仲产业大事记 (2013.09 ~ 2014.12)

一、2013 年 10 月 25 ~ 27 日, 中国社会科学院组织杜仲国情调研重大项目相关人员赴甘肃陇南进行调研。杜仲国情调研组副组长、中国社会科学院社会发展研究中心副主任胡文臻特约研究员, 杜仲国情调研组副组长、中国林业科学研究院经济林研究开发中心副主任杜红岩研究员参加调研。调研组赴甘肃润霖杜仲公司康县基地, 就杜仲橡胶资源培育基地规划与建设、杜仲产品开发等进行了实地考察与调研, 就润霖公司如何进行杜仲产业化开发提出了中肯的建议。

二、2013 年 12 月, 中国林业科学研究院经济林研究开发中心杜红岩研究员主持选育出的'华仲 10 号'杜仲良种通过国家林木良种审定, 这是我国第一个富含亚麻酸国审杜仲良种, 种仁粗脂肪中亚麻酸含量达 67.6%; 2013 年 12 月, 杜红岩研究员主持选育出的'华仲 11 号''华仲 12 号'杜仲良种通过河南省林木良种审定。'华仲 11 号'是第一个通过审定的杜仲雄花专用良种; '华仲 12 号'叶片紫红色, 绿原酸含量比一般杜仲提高 50% 以上, 为叶和雄花兼用杜仲良种。

三、2013 年 12 月 6 ~ 7 日, 杜仲国情调研组副组长、中国社会科学院社会发展研究中心副主任胡文臻特约研究员, 杜仲国情调研组副组长、中国林业科学研究院经济林研究开发中心副主任杜红岩研究员赴山东青岛, 对青岛第派新材有限公司合成杜仲橡胶项目进行了调研, 考察了全球首套万吨级合成杜仲橡胶生产装置及其生产线, 并与公司领导进行了座谈。第派公司赵志超总经理介绍了合成杜仲橡胶 (石油中提取) 产业化项目的进展情况, 并谈了公司打造全球杜仲橡胶产业化龙头企业的发展思路。调研组成员充分肯定了合成杜仲橡胶生产线投产的重要意义, 称合成杜仲橡胶的产业化是天然杜仲橡胶的重要补充, 在一定程度上促进了天然杜仲橡胶的产业化进程。杜红岩研究员认为,

万吨级合成杜仲橡胶的顺利投产,对杜仲产业具有重要意义,建议企业在开展合成杜仲橡胶规模化生产的同时,拓宽产业化发展思路,在天然杜仲橡胶提取加工及杜仲橡胶资源培育等方面展开新的探索。

四、2014年3月29日至4月7日,中国社会科学院社会发展研究中心国情调研重大项目杜仲项目课题组李景源组长、孙伟平研究员、胡文臻副研究员、俞锐董事长前往澳大利亚、新西兰考察生态环境和造林产业发展。

五、2014年4月16日,国家卫生计生委发布关于批准杜仲雄花等6种新食品原料的公告(2014年第6号):"根据《中华人民共和国食品安全法》和《新食品原料安全性审查管理办法》有关规定,现批准壳寡糖、水飞蓟籽油、柳叶蜡梅、杜仲雄花、乳酸片球菌、戊糖片球菌为新食品原料。生产经营上述食品应当符合有关法律、法规、标准规定。"这是继"杜仲籽油"后,国家批准的第2个杜仲方面的新食品原料。杜仲雄花(male flower of Eucommia ulmoides)含有多种营养成分和活性成分,其中氨基酸含量为松花粉的2倍以上,杜仲黄酮含量达3.5%~4.0%,具有极大的开发潜力和产业化前景。杜仲雄花新食品原料的获批,将极大推进以杜仲雄花为原料的系列产品开发,有效促进杜仲雄花资源的综合利用,从而有力推动整个杜仲产业健康有序发展。

六、国家林业局组织杜仲产业调研。为了解现代杜仲产业的发展潜力,总结和分析现代杜仲产业基地建设的经验和问题,探讨今后推进杜仲产业发展的有关政策,国家林业局造林司与科技司协商,由造林司、中国林科院经济林研究开发中心(国家林业局杜仲工程技术研究中心)、河南省林业厅组成联合调研组,于2014年5月5~9日赴河南进行了深入调研。调研组实地考察了汝阳传统杜仲培育基地、灵宝现代杜仲产业资源培育基地、洛宁现代农业科技园区、国家林业局杜仲工程技术研究中心杜仲种质资源库,认真听取了地方政府、有关企业、科研机构、林业部门、村民代表的情况介绍及意见建议,并走访了中科院化学所严瑞芳研究员、中国社科院国情调研重大项目杜仲课题组的有关负责人。调研结果:(1)现代杜仲产业发展潜力极大。杜仲橡胶及相关产业、营养保健产业、健康饲料和安全食品产业、生态建设和城乡绿化产业等均具有极大的发展潜力。(2)我国杜仲资源培育及开发方式实现了革命性创新。中国林科院经济林研究开发中心杜仲创新团队 30 年来潜心研究，在杜仲定向育种、栽培模式与技术、资源综合利用、产品研发等领域取得多项具有里程碑意义的重大突破，对杜仲资源培育方式进行了革命性的创新，使杜仲产业发展方式由粗放、低产、低效、单一转向精细、高产、高效、综合，为传统杜仲产业向现代杜仲产业转变和持续健康发展提供了坚实的科技支撑。（3）现代杜仲产业发展中还存在一些突出问题。杜仲橡胶资源储备严重不足，已经成为制约杜仲产业发展的瓶颈因素；各级政府和林业部门对现代杜仲产业的特点、内涵缺乏基本认识，有待进一步提高；关联产业、消费者对杜仲的价值及应用前景还没有形成广泛的共识；产业集聚及专业化分工协作有待整体谋划。（4）国家要高度重视并科学推进现代杜仲产业健康持续发展。建立国家杜仲橡胶战略储备制度；将现代杜仲产业资源基地建设列入国家林业局重大调研专项；强化对现代杜仲产业资源基地建设的科学指导；进一步加大对杜仲产业的科技支撑；加强杜仲良种的知识产权保护。

七、2014 年 5 月 28 日，国家林业局举行杜仲产业发展座谈会。国家林业局彭有冬副局长主持会议，全国政协委员、中国社会科学院学部委员、中央马克思主义建设工程首席专家、杜仲国情调研重大项目调研组组长、中国社会科学院文化发展研究中心主任李景源研究员，杜仲国情调研重大项目调研组副组长、中国社会科学院社会发展研究中心主任孙伟平研究员，国情调研重大项目调研组副组长、中国社会科学院社会发展研究中心副主任胡文臻研究员，国家林业局发展规划与资金管理司副司长张艳红，国家林业局科技司副司长李兴，国家林业局科技司副巡视员杜纪山，国家林业局科技司计划处处长田亚玲，国家林业局科技司推广处处长宋红竹，国家林业局造林司调研员高均凯，杜仲国情调研重大项目调研组副组长、中国林业科学研究院经济林研究开发中心（国家林业局杜仲工程技术研究中心）副主任杜红岩研究员，国家林业局科技司综合处副处长谢春华，国家林业局科技司标准处副处长程强等参加了会议。座谈会上，与会领导和专家充分讨论了杜仲产业的战略意义，并就建立国家杜仲橡胶战略储备制度、加强杜仲产业调研、成立杜仲产业发展办公室、完善杜仲工程技术产业科技创新体系、加强国家杜仲工程中心和杜仲产业联盟等平台建设、将杜仲产业研发纳入国家重大科技支撑计划、进一步加大对杜仲产业的

科技支撑等进行了讨论和沟通，这次会议对指导和推动我国杜仲产业发展具有里程碑意义。

八、2014年6月，由李景源、张守攻、胡恒洋、孙伟平担任顾问，杜红岩主编，乌云塔娜和胡文臻等担任副主编的《中国杜仲图志》出版发行。这是《杜仲产业绿皮书》系列重要研究成果之一，也是中国林科院杜仲团队近30年系统研究的结晶，也是近30年辛勤耕耘、坚持不懈、不断创新的重要成果。《中国杜仲图志》首次以图片的形式，全面系统介绍了杜仲的形态特征及其生长发育规律、种质资源、杜仲长期育种工程、杜仲良种繁育技术、杜仲主要栽培模式和技术创新成果、杜仲综合利用与产业化开发等方面的最新研究成果。《中国杜仲图志》全书97.1万字，共收录杜仲图片1100余幅，其中的每张图片，均是杜仲团队在进行科学研究过程中长期拍摄积累的图片资料。《中国杜仲图志》的出版，为我国杜仲的科研、教学以及生产企业和林农提供了系统而直观的杜仲育种、高效栽培和综合利用知识，对指导我国杜仲橡胶资源高效培育与产业化综合开发起到了良好的推动作用。

九、2014年6月，由中国林业科学研究院经济林研究开发中心（国家林业局杜仲工程技术研究中心）主持，由武汉未来组生物科技有限公司提供技术支持，山东贝隆杜仲生物工程有限公司等资助的"杜仲全基因组精细图绘制"研究工作圆满完成（待相关试验全部完成后发布）。这是我国完成的第一个天然橡胶植物基因组精细图，也是世界上第一个木本药用植物基因组精细图，将杜仲作为胶用和木本药用植物的模式植物，搭建了分子遗传学和育种研究的关键技术平台。本研究首次在木本植物全基因组测序中将第二代和第三代测序技术科学结合，攻克了杜仲基因组的高杂合度带来的组装困难的瓶颈问题；获得了大量杜仲橡胶合成途径中功能基因家族，将加快高产胶杜仲新品种培育，有效降低杜仲橡胶产业化成本，促进杜仲产业的健康快速发展；挖掘了大量与杜仲药用成分相关的功能基因家族，为筛选和培育杜仲药用成分含量高的新品种提供了坚实基础；发现了与杜仲抗逆性和环境适应性相关的功能基因，揭示了杜仲适应性强的分子机制。杜仲是古老的双子叶植物，其分类地位一直有争论，研究成果揭示了杜仲的系统发育地位。杜仲基因组的研究成果将直接应用到高产橡胶和高活性成分优良新品种的选育方面，加快杜仲育种工程进程，促进杜仲橡胶及现代中药产业化开发速度。

十、2014年4～8月中国林业科学研究院经济林研究开发中心副主任杜红岩研究员主持完成的"一种杜仲雄花酒及其制备方法（ZL 201310130119.6）""一种杜仲种子酒的加工方法（ZL 201310203267.6）""一种杜仲营养饼干（ZL 201310279909.0）"分别获得国家发明专利，中国林业科学研究院经济林研究开发中心在杜仲雄花和果实资源综合利用研究方面又有新的突破。杜仲雄花酒是以杜仲雄花为主要原料研发出的杜仲功能型保健酒，能够使杜仲雄花的营养成分和活性成分得到充分利用，增强人体对杜仲雄花营养的吸收，降低酒精对人体的伤害，具有较高的营养价值和良好的医疗保健功能。杜仲种子酒是以杜仲种仁为主要原料研发出的杜仲功能型保健酒。杜仲种仁含有丰富的功能成分，特别是杜仲种子中富含亚麻酸和桃叶珊瑚苷，α－亚麻酸含量达56%～67%，桃叶珊瑚苷含量高达11.3%。利用杜仲种子研制出的杜仲种子酒，不仅能够将杜仲种仁中水溶性和醇溶性的活性成分有效浸提出来，还能够有效减少桃叶珊瑚苷等活性成分的降解。同时，浸提出的桃叶珊瑚苷还具有护肝的作用，有效减少饮酒对人体危害。杜仲养生饼干是采用杜仲雄花花粉作为主要原料，配合'华仲10号'杜仲亚麻酸油、杏仁油、杜仲功能鸡蛋等制备出的饼干，营养价值高，其中含有的活性成分协作互补，保健效果好。杜仲营养饼干不加防腐剂，而加入液体VC，不仅能够对饼干内的杜仲籽油、杏仁油等起到抗氧化防治酸败的作用，还能补充人体必需的维生素，压缩后的饼干还可以作为航天员的营养食品，是一种纯天然的营养保健食品。杜仲营养饼干不仅有效地提高了杜仲这一宝贵资源的利用率，还丰富了杜仲产品的种类。

十一、2014年1～8月第一阶段，2014年9～12月第二阶段，中国社会科学院社会发展研究中心、中国林科院经济林研究开发中心、国家林业局杜仲工程技术研究中心及其他相关科研单位、企业，按照《杜仲产业绿皮书》政策与技术研究实地调研工作的需要，计划前往北京、哈尔滨、长春、沈阳、西安、陇南、天水、兰州、武汉、长沙、南昌、广州、海口、南宁、郑州、天津、石家庄、衡水、呼和浩特、贵阳、成都、合肥、上海、杭州、南京、无锡、乌鲁木齐、昆明等杜仲种植区域调研。并探索杜仲与蔬菜和烟草结合实行立体种植模式的可行性。

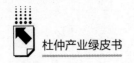

2014 年 8 月 6 ~ 13 日，国情调研杜仲项目组成员，中国社会科学院机关党委副书记、中国社会科学院社会发展研究中心主任孙伟平研究员，中国社会科学院社会发展研究中心副主任、中国社会科学院文化研究中心副主任胡文臻副研究员，中国林业科学研究院经济林研究开发中心副主任杜红岩研究员、乌云塔娜研究员、杜兰英高级工程师，河南大学药学院院长李钦教授一行对甘肃润霖杜仲种植产业开发有限公司进行跟踪调研、座谈。参观了杜仲饮料生产线、杜仲饲料生产线、杜仲菌类生产线，座谈并积极协商解决企业面临的相关技术应用与生产问题。

十二、2014 年 8 月 15 日，中国社会科学院文化研究中心副主任、副研究员，中国社会科学院社会发展研究中心副主任、特约研究员胡文臻原创性的独著《第一层级复合产业哲学——以杜仲橡胶资源培育复合产业研究为例》，由社会科学文献出版社出版发行。该书针对区域政府、企业种植培育杜仲橡胶资源的现状与企业开发杜仲产业的现状，从哲学的思考角度，研究解决重大现实问题，始终坚持社会基本矛盾原理是历史唯物主义的基本思想，坚持社会基本矛盾分析方法是历史唯物主义的基本分析方法的原则，指导区域政府、企业、科研单位分析解决杜仲产业发展问题。

十三、2014 年 9 月 13 日，中国社会科学院社会发展研究中心孙伟平、胡文臻与国家林业局高均凯、中国林科院经济林研究开发中心杜红岩、国家林业局杜仲技术工程研究中心相关专家完成建议"国家储备杜仲橡胶资源"的报告，讨论修改并上报"中国社会科学院要报"。杜红岩推荐高均凯、菅根柱加入国情调研杜仲项目组专家团队。

十四、2014 年 7 月 2 日至 9 月 30 日，北京、河北、长沙、银川、山东、武汉、西安、海口、贵州相关企业与杜仲项目课题组联系培育 50 万亩杜仲橡胶资源苗木合作事宜。课题组推荐企业与杜仲橡胶资源培育技术成熟的经济林开发中心协商杜仲橡胶资源苗木技术；与上海华仲檀成杜仲种植科技发展有限公司合作造林碳汇管理交易项目；与中国医学科学院药用植物研究所合作杜仲大健康保健品产品项目。相关科研单位与相关企业进行了多次协议，对国情调研杜仲项目课题组的认真负责和调研介绍以及逐步实施由双方科学规划的建议表示赞同。

十五、2014 年 10 月 14～16 日，湖北省人民政府联投集团纪委书记、华中农高投公司董事长马国其与中国社会科学院文化研究中心副主任、中国社会科学院社会发展研究中心副主任、国情调研杜仲项目课题组副组长胡文臻座谈讨论了杜仲橡胶资源培育以及杜仲产业化发展的可行性和现状等问题。胡文臻介绍了跨学科、跨行业研究工作和杜仲橡胶资源新品种培育及战略意义。马国其带队，联投集团建管部、审计监察部部长曾津（女）以及副总经理高俊普、吴少军，荆州市农业局副局长杨从国，太湖港农场八岭山场党委书记周国强，农高公司办公室主任鲁聪，荆丰投资公司副经理蒲苑（女）等考察团成员 14日前往中国林科院经济林研究开发中心考察了杜仲橡胶资源苗木种植及产业化开发情况。国情调研组副组长、中国林科院经济林研究开发中心副主任杜红岩及相关专家认真介绍了国内外杜仲橡胶资源培育情况并陪同考察团在中心基因库和灵宝杜仲基地进行了考察。

十六、2014 年 11 月 26 日，《杜仲全基因组测序重要研究成果》由李景源、张守攻、胡恒洋、孙伟平担任顾问，由乌云塔娜、杜红岩、李芳东、胡文臻、高瑞文、汪德鹏、刘慧敏、胡江、刘攀峰、李铁柱、王璐、李钦、王淋、包文泉、杜兰英等著作完成，由国家林业局杜仲工程技术研究中心、中国林科院经济林研究开发中心、中国社会科学院社会发展研究中心、社会科学文献出版社于 2014 年 11 月 26 日在中国社会科学院第一学术报告厅召开了新闻发布会。中国网现场直播，新华社、新华社电视台、中央人民广播电台、中央电视台、《人民日报》、《光明日报》等 36 家新闻单位报道。

这是我国完成的第一个天然橡胶植物基因组精细图，也是世界上第一个木本药用植物基因组精细图，将杜仲作为胶用和木本药用植物的模式植物，搭建了分子遗传学和育种研究的关键技术平台。本研究首次在木本植物全基因组测序中将第二代和第三代测序技术科学结合，攻克了杜仲基因组的高杂合度带来的组装困难等瓶颈问题；获得了大量杜仲橡胶合成途径中的功能基因家族，将加快高产胶杜仲新品种培育，有效降低杜仲橡胶产业化成本，促进杜仲产业的健康快速发展；挖掘了大量与杜仲药用成分相关的功能基因家族，为筛选和培育杜仲药用成分含量高的新品种奠定了坚实基础；发现了与杜仲抗逆性和环境适应性相关的功能基因，揭示了杜仲适应性强的分子机制。杜仲是古老的双子

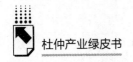

叶植物，其分类地位一直有争论，研究成果揭示了杜仲的系统发育地位。杜仲基因组的研究成果将直接应用到高产橡胶和高活性成分优良新品种的选育中，加快杜仲育种工程进程，促进杜仲橡胶及现代中药产业化开发速度。

十七、2014年11月26~30日，湖南九九慢城实业有限公司滕晓萍经理、陈剑经理、舒靖经理参加《杜仲全基因组测序重要研究成果》新闻发布会，与国情调研杜仲项目课题组座谈设计规划杜仲橡胶新品种种植培育等事项。

十八、2014年12月6~8日，北京绿泽华富林业科技有限公司董事经理李铜、郝凤琳、徐高元、赵海宇等与国情调研杜仲项目副组长胡文臻、杜红岩商议杜仲新品种资源在河北、内蒙古、宁夏等省（自治区）种植的研究规划。

十九、2014年12月10日，国家发改委应对气候变化司发布了《碳排放权交易管理暂行办法》（国家发改委令第17号）。

Abstract

Eucommia ulmoides is a very important and strategic resource for *Eucommia* rubber reserve in China, and significant progress has been recently made in new eucommia rubber resources cultivation and industry development, which has attracted the attention of different circles of society. Particularly after the publication of " *Green Book of Eucommia Industry*", the news media including " Xinhua News Agency", "CCTV", "People's Daily", "Guangming Daily" and "China Net" etc. have been very supportive. The broad attention from government and societies, some state-owned enterprises have also stimulated interests from nongovernmental venture capital to join the Eucommia industry. Several governmental departments showed keen interest in the new modes of Eucommia rubber resources cultivation, such as orchard – like cultivation model.

In the past one year, the significant progress has been made by the core Eucommia teams. (1) sequencing of the whole Eucommia genome was finished, and the genome map was created. This map is made not only for the first natural rubber plant in China, but also for the first medicinal xylophyta in the world. Through this work the *E. ulmoides* will be used as a model plant in rubber and medicinal xylophyta. As a result, study of the molecular biology and genetics and breeding in *E. ulmoides* were established, which was the milestone. (2) The book "*China Eucommia ulmoides Illustrated*" was published. To meet the demand of Eucommia industry development, this book reviewed the progress of Eucommia research comprehensively and systematically by figures and texts. Thisbook is easy to read and understand. (3) in Eucommia rubber resources cultivation and comprehensive utilization technologies, the *E. ulmoides* varieties were approved by the national and state governments, the patents were invented and technologies with broad applications were developed. These achievements will promote the development of Eucommia industrialization.

However, some major difficulties remain in Eucommia industry development:

the rate of establishment of the cultivation base is slow, the interest is lacking from large enterprises, the state policies and financial support are inadequate, and the important step is the resources cultivation of new eucommia rubber resources. Meanwhile, technological support should be strengthened in Eucommia industry development. This report provides some guiding principles for new Eucommia rubber resources cultivation and industry development in China.

Contents

Ⅽ I   General Report

Ⅽ Ⅱ   Subject Reports

Abstract: *Eucommia ulmoides* is a very important resource for national strategic
Eucommia rubber reserve. The progress in new eucommia rubber resources cultivation
and industry development in recent years was distinct, and the more various circles of
society were focued. Especially with the publication of " *Green Book of Eucommia
Industry*" , the media including Xinhua News Agency, CCTV, People's Daily,
Guangming Daily and China Net etc. were important support pathway. Then the
widespread attention from national government and societies, some state-owned
enterprises showed more interests, and some nongovernmental funds required joining
in the Eucommia industry. This review is based on large number of documents and
field data, the development of new eucommia rubber resources cultivation was

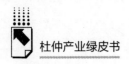

analyzed. The results exhibited that although the new eucommia rubber resources cultivation mode was focused by related departments, but the speed of building cultivation base also was slow, which was the key problems in Eucommia industry. Meanwhile, the related research organization was less and at different levels, their direction was focused on paper publication but the technology of industrialization application was lack, and the technology can not meet the demand of Eucommia industry. Based on the current situation, this paper provides some guiding principles for Eucommia rubber resources cultivation and industry development.

Keywords: *Eucommia Ulmoides*; New Rubber Resources Type; Science and Technology Support; Guiding Principles

G Ⅲ   Topic Reports

G. 3   Progress on the Very Complicated Genomic Sequencing of Hardy
Rubber Tree — *Eucommia ulmoides*

Wuyun Tana, Du Hongyan, Liu Huimin, Wang Lin,

Bao Wenquan and Du Qingxin / 085

Abstract: *Eucommia ulmoides* is a quaternary glacial ancient plant. As a traditional Chinese medicine plant, Eucommia tree is among the few woody plants which contains hardy rubber around the world. Except for *Hevea brasiliensis*, Eucommia tree is one of the most potential natural rubber resources and a strategically important resource for Chinese rubber reserve. To comprehensively analyze the genomic structure, locate the key function genes, study the origin and evolution and reveal the genetic blueprint in *Eucommia ulmoides*, the refined genome map of *Eucommia ulmoides* was completed based on shortgun and combining the second and third sequencing to overcome the difficulty in assembling complicated genome sequences. The results showed that the genome of *E. ulmoides* has a large genome size about 1. 02 G. Its heterozygosity and repeatitive sequence are 0. 9% ~ 1. 1% and 66%, respectively. The problem of short Scaffold in sequence length of Scaffold N50 over 932 kb was solved. After annotation, we found more than 26 thousand genes and over 3377 non-coding RNAs. Among these genes, one part of key genes associated with rubber synthesis were found that was result in the upstream synthesis pathway was determined; the genes and members related to the major medicinal components being found including phenylpropanoids, flavonoid, alpha linolenic acid; the genes or transcription factors being found related to the environmental stress including heat-resisting, anti-cooling, anti-drought, water stress, salt and alkali stress, anti-insect, and anti-disease, etc. ; which will exhibit the molecular mechanism in wide adaptability. And the genes being found related to the sex will be an efficient approach for exhibiting the sex identification mode. With the refined genome map of *Eucommia ulmoides* was completed, the results will provide a basis for application research, including the efficient synthesis pathway of Eucommia rubber, the accumulation mechanism of medicinal component, the ability enhancement of the stress resistance, and the uncovering of the sex identification mode and revealment the origin and evolution, etc. The series of research fruits of genome sequencing can not only break through breeding problems at higher rubber content and medicinal component, but also is a milestone for new Eucommia rubber resources cultivation.

Keywords: *Eucommia Ulmoides*; Genome Sequencing; Eucommia Rubber; Refined Genome Map; Functional Genes

G. 4 Report on the Development of *Eucommia ulmoides* Industry in Henan Province

Wang Lu, Hu Wenzhen, Du Hongyan and Du Lanying / 096

Abstract: Henan Province, as one of the main areas for *Eucommia ulmoides* with traditional cultivation mode, is the first region for promoting the new *Eucommia* rubber resources cultivation mode (orchard − like cultivation model, etc.). This review is based on large number of documents and field data. We systematically and thoroughly analyze the cultivation history and resources development, mode and techniques for culitvation, technical support for the development of *Eucommia* industry and research in Henan province. Finally, we make some recommendation on resolving some actute problems in modern *Eucommia* industry. This paper provides

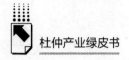
some guiding principles for managing *Eucommia* rubber resource and healthy development of *Eucommia* industry in Henan province.

Keywords: *Eucommia Ulmoides*; Henan Province; Cultivation Pattern; Industrial Development

G. 5　Report on the Development of *Eucommia ulmoides* Industry in Hunan Province

Jin Xiaoling, *Hu Wenzhen*, *Wang Xiaoyu*,

Yan Wende, *Hu Xijun and Du Yatian* / 125

Abstract: Hunan Province is one of the main areas for *Eucommia ulmoides* typically with traditional cultivation mode that receives low management with the result of low yield and low economic return. Adoption of the new cultivation mode of *Eucommia* rubber (orchard − like intensive cultivation) in Hunan province has just begun, further improvement is still needed in establishment and management of orchard − cultivating mode. The results based on large number of documents, field data and on − the − spot surveys showed that the important factors for the stagnation for the *Eucommia* industry in Hunan are lack of leading enterprises and overall planning organization. This paper provides some guiding principles for managing *Eucommia* rubber resource and healthy development of *Eucommia* industry in Henan province.

Keywords: Hunan Province; Eucommia Rubber; Resource Cultivation; Industrial Development

G. 6　How to Resolve the Key Problems in Industrialization and National Strategic *Eucommia* Rubber Reserve

Du Hongyan, *Hu Wenzhen*, *Wuyun Tana*,

Liu Panfeng and Du Lanying / 150

Abstract: *Eucommia ulmoides* is a very important and strategic resource for national strategic *Eucommia* rubber production in China. Its industrialization upgrade is confronted with bottle – neck problem. Firstly, the current resource cannot be efficiently exploited at industrial scale; secondly, innovation of cultivation technology innovation and green extraction technique of *Eucommia* rubber are still lacking. There remains a large gap in the scale of enterprises, talent reserve, product research and development, and management, as compared to modern management. Finally, the national policies and management are falling behind the modern industrialization development. Survey of national research in *E. ulmoides*, the establishment of China Rubber Industry Association and The *Eucommia* Engineering Research Center of State Forestry Administration, and the publication of "*Green Book of Eummia Industry*" are beneficial to the *Eucommia* industrialization. We recommend that the adoption of new *Eucommia* rubber resources cultivation mode should be widely promoted, state and local forestry administration should be responsible for the development of *Eucommia* industry, the fund for *Eucommia* rubber resources cultivation should be broadened, and the communication and cooperation of related society should be strengthened, and the quality standard of *Eucommia* cultivation technology and new products should be establishment as early as possible.

Keywords: *Eucommia* Rubber; Industrialization Upgrade; Key Technology Problems; Development Suggestion

G. 7　Research and Development of New *Eucommia* Resource Health Food

Li Qin, Zhang Jingjing, Ding Yanxia, Zhang Feng,

Li Tiezhu, Liu Hongliang and Cong Yue / 164

Abstract: With the rapid development of economy and the growing global population, the shortage of healthy food resource has been increasingly apparent. Because of the common disease caused by diet and lifestyle, such as hypertension and hyperlipemia, and so on, the health consumption and the demand of the new health food resources become more concerned. *Eucommia ulmoides* is a valuable traditional Chinese medicinal crop with a long cultivation history of 2000 years. The increasing

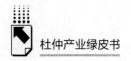
evidence suggests that *Eucommia ulmoides* has some unique characteristics that are effective for body health. The main features are: (1) As high quality drug if can strengthen bone, improve liver and kidney functioning, maintain healthy blood pressure, anti −cytotoxic and anti −osteoporosis, and lower body fat. (2) As important healthcare products if reduces fatigue, improves sleep quality, lowers high blood pressure and reduces body fat. It is one of the 32 health foods authorized by the State Food and Drug Administration. (3) Potential functional food made from if include vinegar, grain, and soft capsule with seed oil, staminate tea, wine and drinks, mushrooms, agaric, drinks excluded staminate, spirit, noodles, bean sprouts, and cake, etc. Especially, *Eucommia* seed oil and staminate tea have been authorized by national family planning council in recent years. Health foods from *Eucommia ulmoides* will have a very bright future in China.

Keywords: *Eucommia Ulmoides*; New Food raw Material; Functional Foods; Industrialization

Ɠ Ⅳ   Quality Standards

Ɠ Ⅴ   Proposals and Cases

Gr VI   Appendices

Abstract: Many new discoveries of *Eucommia* have caused great concerns at home and abroad. The modern *Eucommia* industry with four key areas, i. e. rubber industry, medicine and health, healthy diet and safe food, ecological construction as the core, is underway. It will be possible to form a strategic huge green industry cluster in the future. This green industry will be base on Eucommia as raw materials, with Chinese intellectual property, and can output value of several hundred billion RMB directly and associated with other productions. At present, revolutionary innovations have been achieved on *Eucommia* breeding, cultivation models, rubber extraction techniques and its related products. Particularly, the innovation of breeding and cultivation model laid the foundation for modern Eucommia industry. The authors regarded that the current modern *Eucommia* industry is facing problems such as a shortage of resource, non –uniform knowledge, small industrial scale, low utilization levels, etc. In view of the important strategic value and potential development of *Eucommia*, the authors suggested that the industry should attach great concern and national Eucommia rubber reserve system should be built. Technological support on *Eucommia* breeding should be strengthened. The Eucommia base construction should be guided scientifically to increase the resource. The protection of intellectual property of new *Eucommia* varieties should be strengthened.

Keywords: *Eucommia*; Eucommia Rubber; Industrialization; Policy

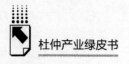

国家林业局杜仲工程技术研究中心
简介

国情调研重大项目杜仲项目课题组于 2008 年调研、推动杜仲橡胶新品种培育以来，全国政协委员、中国社会科学院学部委员李景源于 2011 年、2013 年、2014 年数次向全国两会提交提案，获得国家及国家发改委、国家林业局等相关部委高度重视。2011 年国家发改委调整支农投资项目指南，将"天然橡胶及杜仲种植生产"培育列入农林产业支持范围。2013 年 1 月国家林业局批复，依托中国林业科学研究院经济林研究开发中心成立"国家林业局杜仲工程技术研究中心"。

"杜仲工程中心"成立以来，组建了以中国林业科学研究院经济林研究开发中心、中国社会科学院社会发展研究中心为核心团队，以河南大学等单位为合作技术研究机构的全国跨学科杜仲研究与产业开发团队，组建了国情调研与技术应用办公室，与国内主要从事杜仲研究、开发的高等院校、科研院所、企业开展长期合作与跟踪研究，聚集了实力雄厚的自然科学与社会科学跨行业、跨部门开展杜仲研究的权威专家。国家林业局杜仲工程技术研究中心与中国社会科学院社会发展研究中心合作出版发布的《杜仲产业绿皮书》，成为我国林业行业单个树种唯一一个以"绿皮书"形式发布的产业报告，是我国杜仲产业发展最权威的话语平台。

杜仲工程中心目标：

站在我国战略性新兴产业发展的高度，组织研究杜仲种质保存工程技术、育种工程技术、良种繁育工程技术、优质高效栽培技术、集成与创新工程技术，以及杜仲橡胶、杜仲中药、杜仲雄花茶和杜仲亚麻酸等功能食品（功能饲料）、功能性食用菌等产品的产业化开发技术。建立综合实验室、杜仲长期育种基地、良种规模化繁育基地、高效生产示范基地、技术培训及网络服务中心等，形成从实验室到基地，从示范、培训到推广的一体化体系。攻克杜仲育种、高效培育、综合加工利用等环节的技术瓶颈，建成我国杜仲工程技术创新平台、科技成果转化示范基地、杜仲产业发展技术培训中心和工程技术国际交流的主要窗口和信息平台。

杜仲工程中心的主要职能、发展方向：

1. 行业管理职能：承担指导杜仲橡胶资源新品种的培育种植、橡胶产品研发及杜仲综合产品的开发、管理、研究职能，承担新建杜仲项目与升级转型企业的可行性评审、项目投资建设、项目验收等行业研究、评估管理职能。实现杜仲产业的务实、创新、效益和科学管理目标，引导企业健康、有序地探索生态杜仲产业的可持续发展模式。

2. 搭建技术平台：建立研发—中试—转化—产业化的开放性技术平台。按照国家对科技创新体系的功能定位，瞄准生态资源经济体系建设的国内国际工程技术发展趋势和研究前沿，开展杜仲重大工程及关键技术的设计、研发和试验，满足我国杜仲产业发展的需要，通过技术创新和机制创新，逐步形成完善的管理体制和运行机制。

3. 解决关键技术：针对目前我国杜仲工程建设中存在的技术问题，吸收、消化国内外最新研究成果，集成组装，进行中试后推广和转化。围绕关键技术难题，解决杜仲高产胶（药）育种和高效培育的关键技术，对杜仲橡胶、杜仲功能食品和药品等进行研发，创新具有自主知识产权的核心技术。

4. 促进成果转化和产业化：以市场为导向，持续不断地为我国杜仲产业提供先进技术、工艺、产品和装备，提供工程技术验证和咨询服务，促进成果转化，实现科技成果的快速产业化。

5. 建立杜仲产业示范区，培育龙头企业：

（1）根据我国杜仲产业发展重点，统筹规划，科学布局；

（2）以杜仲工程中心为依托，建立全国性和区域性生态经济文化产业示范区或示范园；

（3）积极培育龙头企业，逐步形成杜仲领域的全国知名品牌；

（4）以杜仲胶为龙头，杜仲药品、功能食品、保健品、化妆品和功能型食用菌等全面开发，带动杜仲完整产业链的良性循环、健康发展。

6. 加强国际交流与合作：采用出国培训、邀请国外同行专家来华指导、举办国际学术交流会等形式，开展国际交流与合作，凝聚、培养杜仲工程技术创新和管理人才。

杜仲工程中心主要成就：

国家林业局杜仲工程技术研究中心拥有不可替代的技术和人才资源。先后承担杜仲育种、高效栽培和综合利用研究等方面的国家科技支撑计划、国家自然基金项目、国家林业公益性行业科研专项、国家"948"引进计划、农业成果转化资金等项目20余项，已形成以国家林业局杜仲工程技术研究中心为核心，林业、医药和化工（橡胶）等行业专家组成的全国杜仲研究和创新团队。先后取得杜仲研究成果20多项，荣获国家和部省级科技奖励10多项；获得国家发明专利20余项；发表杜仲学术论文100余篇，出版了《杜仲产业绿皮书》《中国杜仲图志》《杜仲全基因组测序重要研究成果》《第一层级复合产业哲学——以杜仲橡胶资源培育复合产业研究为例》等一大批自然科学与社会科学研究成果专著。

在杜仲育种工程方面，经过近30年的不懈努力，选育出高产杜仲橡胶（药、雄花）良种16个，其中10个国审杜仲良种均由中国林业科学研究院经济林研究开发中心主持选育，这些良种在我国主要产区推广后取得了良好的示范作用；在分子育种方面，克隆了杜仲胶合成关键酶基因，并揭示了果实和叶片杜仲胶形成积累的机理；完成了对杜仲研究具有里程碑意义的"杜仲全基因组精细图绘制"。

在杜仲高效栽培模式和技术创新方面，首创杜仲果园化栽培模式和系列技术，突破了杜仲高效栽培的技术瓶颈，杜仲橡胶产量提高30~40倍，为我国杜仲产业发展提供了强有力的科技支撑。

在杜仲药用及综合利用技术研究方面，研发出杜仲雄花茶、杜仲雄花茶饮料、杜仲α-亚麻酸及其系列产品、杜仲酒系列产品、杜仲绿色功能饲料、杜仲功能型食用菌系列产品等，有效促进了杜仲全树综合利用，大幅度提高了林农收入和杜仲综合效益，有效促进了杜仲产业发展。

在杜仲胶提取方面，进行了杜仲生物提胶和综合提胶技术研究，并取得了重要进展。

由此，国家林业局杜仲工程技术研究中心积极与企业合作，着力推进杜仲实用技术和研究成果转化。营建了规模化良种采穗圃和全国10多处栽培示范基地。涌现出了山东贝隆杜仲公司、甘肃润霖杜仲公司、北京绿泽华富林业科技有限公司、湖南省长沙九九杜仲种植科技公司等杜仲综合利用企业。这些企业均获得国家有关部门和地方政府的扶持与支持。

为推动杜仲产业快速发展，国家林业局杜仲工程技术研究中心与中国社会科学院社会发展研究中心一起承担重大国情调研杜仲项目，成立了跨部门的课题组，并对国内一些典型杜仲企业进行了调研活动。新华社、中央电视台参与调研并向社会介绍了国情调研杜仲项目的实践活动。国情调研杜仲项目是国家研究智库首次进行的跨部门、跨行业的重点创新工程实践项目，涉及生态资源经济培育、工业、农业、林业、食品（饮料）、饲料、军事材料、包装材料等多个领域及生态文明、生态哲学、生态文化、杜仲文化产业、生态技术、生态环境、生态消费、生态生活、国情调研、应用对策、跨学科研究等多个研究方向，科研院所、企业、地方政府、林农户等多部门协同参与，旨在研究和推动杜仲橡胶资源培育和综合产业的可持续发展。几年来，在国家相关部委的支持下，中国社会科学院社会发展研究中心、国家林业局杜仲工程技术研究中心、地方政府和相关企业参与研究，探索合作模式和机制，探索了一条中国特色的培育生态资源经济体系建设的综合开发、利用的新型生态文明建设道路。

杜仲工程中心的基地建设简况：

2014年，国情调研杜仲项目实施单位——中国社会科学院社会发展研究中心、国家林业局杜仲工程技术研究中心、中国林科院经济林研究开发中心——与地方政府、企业合作建立科研实验基地的基本情况有如下几个方面。

1. 山东贝隆杜仲公司着力推进杜仲实用技术和研究成果转化，营建了500亩规模化良种繁育基地和5000亩栽培示范基地。企业开发杜仲系列产品，获得了显著的经济收益，积极出资，赞助、支持《杜仲产业绿皮书》《中国杜仲图志》《杜仲全基因组测序重要研究成果》等系列成果的出版发行，获得中国林科院经济林研究开发中心的表彰。山东贝隆公司还获得了国家林业局杜仲工程技术研究中心、中国林科院经济林研究开发中心授予的在山东省内进行新杜仲品种使用和杜仲苗木销售的资质和权利，规范了杜仲产业的合理发展。公司接受中国林科院经济林研究开发中心的全面指导。

（根据公司提供的资料报告整理，企业承担本信息的合法及规范性责任）

2. 河南汝州杜仲种植基地由汝州市政府支持参与、恒瑞源实业有限公司申请上海股权托管交易中心上市（即 Q 版上市和 E 版上市）融资，已经完成实地调查、财务检查、生产线评估、科研成果支撑、辅导等基本程序，完成了规定的各项协议。企业报告指出，2015 年 4 月上市，企业可实现融资 1~6 亿元，将全部用于政府监管立项，申请中国林科院经济林研究开发中心杜仲橡胶新品种的使用权。企业在政府支持下申请了一批与杜仲产业相关的专利技术。企业接受政府监管指导，依法办理了杜仲种苗生产技术、杜仲橡胶酶解法实验技术、杜仲粉生产技术、杜仲油生产技术、杜仲茶生产技术等生产销售许可证，完成了市场准入的合法手续，接受政府监督管理。

（根据恒瑞源公司提供的资料报告整理，企业承担本信息的合法及规范性责任）。

3. 甘肃润霖杜仲种植产业开发公司在新杜仲苗木种植技术、培育技术、杜仲药用及综合利用技术研究，杜仲雄花茶、杜仲雄花茶饮料、杜仲 α-亚麻酸及其系列产品、杜仲果酱系列产品、杜仲绿色功能饲料、杜仲功能型食用菌等系列产品研发方面取得了多项成果。已经完成天水全自动化杜仲饮料生产线设备的安装，完成康县自动化杜仲饲料生产线设备的安装，完成康县杜仲橡胶成套设备的加工、制造和安装，完成康县杜仲菌类生产线安装，完成康县 10 万亩综合林地管理和万亩杜仲林疗养保健场道路、房屋、溪流架桥等景观改造和苗木种植建设。公司获得了中国林科院经济林研究开发中心许可的在甘肃省内培育杜仲新品种的权利。截至 2014 年 12 月 2 日，公司已完成 15 种类杜仲产品的不同行业生产许可证件办理的技术工作，部分生产许可证已办理或正在办理中；获得了甘肃省政府、陇南市政府、康县人民政府的大力支持。陇南市检察院将公司列入促进发展联系企业。润霖公司积极出资支持《杜仲产业绿皮书》《中国杜仲图志》《杜仲全基因组测序重要研究成果》系列成果的出版和发布。润霖公司与中国林科院经济林研究开发中心全面合作，有效促进了杜仲全树综合利用实验，提高了区域林农的收入和杜仲的综合效益，有效促进了杜仲产业的健康发展。公司接受政府监督指导，接受中国林科院经济林研究开

发中心的全面指导。

（根据润霖公司提供的资料报告整理，企业承担本信息的合法及规范性责任）。

4. 上海华仲檀成杜仲种植科技发展有限公司与国家林业局杜仲工程技术研究中心、中国林科院经济林研究开发中心开展全面技术合作，投资杜仲造林碳汇，在模型设计与方法学研究方面，聘请了澳大利亚、新西兰政府的专家团队参与合作。在杜仲橡胶资源种植培育和无锡基地建设方面，与相关省市在杜仲造林碳汇技术方面进行了全面合作。公司多次积极出资支持《杜仲产业绿皮书》《中国杜仲图志》等杜仲系列研究成果的出版和发布，接受中国林科院经济林研究开发中心的全面指导。

（根据上海华仲公司提供的资料报告整理，企业承担本信息的合法及规范性责任）。

5. 2014 年 9～12 月，国情调研杜仲项目实施单位——中国社会科学院社会发展研究中心、国家林业局杜仲工程技术研究中心、中国林科院经济林研究开发中心——与湖北华中农业高新投资公司（湖北省内）、北京绿泽华富林业科技有限公司（河北省内）、湖南省长沙九九杜仲种植科技公司（湖南省内）等杜仲综合利用企业商议，支持企业规范、合理投资并申请 10 万～50 万亩杜仲橡胶资源种植合作研究课题。这些企业均获得了国家有关部门和地方政府的政策扶持与资金支持，正在办理国情调研合作研究相关文件和手续，以及出资取得国家林业局杜仲工程技术研究中心杜仲新品种种植与产品销售的许可权。

声　明

为规范杜仲产业发展过程中的资源培育与产品开发管理，国家林业局杜仲工程技术研究中心、中国林业科学研究院经济林研究开发中心、中国社会科学院社会发展研究中心特此声明：

国家林业局杜仲工程技术研究中心、中国林业科学研究院经济林研究开发中心培育的国审杜仲良种、杜仲果园（雄花园、叶用和药用园等）高效栽培技术、杜仲系列产品研发技术等，在使用时均须由中国林业科学研究院经济林研究开发中心和中国社会科学院社会发展研究中心与相关企业签订评估规划指导建设合作研究协议，进行科学规划和有序开发。其他假借国家林业局杜仲工程技术研究中心、中国林业科学研究院经济林研究开发中心和（或）中国社会科学院社会发展研究中心名义进行的所谓杜仲国审良种和高效栽培技术推广的活动，均属于违法侵权行为，我们将保留依法追究其法律责任的权利。

国家林业局杜仲工程技术研究中心

中国林业科学研究院经济林研究开发中心

中国社会科学院社会发展研究中心

2014 年 12 月 16 日

法 律 声 明

权威报告 · 热点资讯 · 特色资源

皮书数据库
ANNUAL REPORT(YEARBOOK)
DATABASE

当代中国与世界发展高端智库平台

WWWW P SHU CO T C2

S 子库介绍
ub-Database Introduction

中国经济发展数据库

涵盖宏观经济、农业经济、工业经济、产业经济、财政金融、交通旅
商业贸易、劳动经济、企业经济、房地产经济、城市经济、区域经济
领域，为用户实时了解经济运行态势、把握经济发展规律、洞察经济
势、做出经济决策提供参考和依据。

中国社会发展数据库

全面整合国内外有关中国社会发展的统计数据、深度分析报告、专
读和热点资讯构建而成的专业学术数据库。涉及宗教、社会、人口
治、外交、法律、文化、教育、体育、文学艺术、医药卫生、资源
等多个领域。

中国行业发展数据库

以中国国民经济行业分类为依据，跟踪分析国民经济各行业市场运
况和政策导向，提供行业发展最前沿的资讯，为用户投资、从业及
经济决策提供理论基础和实践指导。内容涵盖农业，能源与矿产业
通运输业，制造业，金融业，房地产业，租赁和商务服务业，科学
环境和公共设施管理，居民服务业，教育，卫生和社会保障，文化
育和娱乐业等 100 余个行业。

中国区域发展数据库

以特定区域内的经济、社会、文化、法治、资源环境等领域的现
展情况进行分析和预测。涵盖中部、西部、东北、西北等地区，
珠三角、黄三角、京津冀、环渤海、合肥经济圈、长株潭城市群、
天水经济区、海峡经济区等区域经济体和城市圈，北京、上海、
河南、陕西等 34 个省份及中国台湾地区。

中国文化传媒数据库

包括文化事业、文化产业、宗教、群众文化、图书馆事业、博物馆
档案事业、语言文字、文学、历史地理、新闻传播、广播电视、出版
业、艺术、电影、娱乐等多个子库。

世界经济与国际政治数据库

以皮书系列中涉及世界经济与国际政治的研究成果为基础，全面整
内外有关世界经济与国际政治的统计数据、深度分析报告、专家解读
热点资讯构建而成的专业学术数据库。包括世界经济、世界政治、世
文化、国际社会、国际关系、国际组织、区域发展、国别发展等多个子